過期的青春

人生沒有那麼多「早知道」，拋開
不必要的負面心態，讓命運之神再度尋來

莫宸，江城子 編著

考試失常、車禍受傷、情感不順，人的一生總有各種挫折，
每件事都要計較、天天負能量爆棚，超沒意義還徒增煩惱！
但「積極」也是一門學問，大多數人其實都用錯方法？
要如何做到真正開朗，而不僅僅是強顏歡笑？

從立定目標到坦率以對，掌握「真·幸福」的關鍵，人生從此不再後悔！

目錄

目錄

第五章
自己的命運，自己來決定

目錄

第八章
能夠堅持到底，終會收穫成果

目錄

第九章
遠離愚蠢人生，追尋智慧人生

第十章
豁達面對人生，人生終將美好

目錄

前言

人生，這一個永遠也不會過時的話題，與我們每個人都有著千絲萬縷的連繫，而且關係著我們的切身利益。

有些人，因為無法正視身處的現實環境，或是不甘心於自己的社會地位，或者不滿足於自己的物質財富，或者不滿意於自己的有限所得等等，於是煩惱就接踵而來。更可悲的是，有的人因此而自暴自棄，甘於沉淪，結果只能生活在悔恨之中。

對他人的所有，我們沒必要羨慕，因為那是屬於他人的精彩；對他人的成功，我們不可能複製，因為我們未必具有他人成功的條件。我們可以做的是立足於自己的現狀，努力進取，堅持不懈；我們應該做的是掌握住自己的命運，創造一方屬於自己的天地。

凡事努力，努力才可能成功；凡事努力，努力過才不後悔。只有在付出一個又一個的努力之後，你才能夠一步一步接近人生的巔峰。生命之花的燦爛，少不了辛勤汗水的努力澆灌；人生之歌的嘹亮，離不開自始至終的努力奮鬥。人生的所有努力源自我們對生命的熱愛，對當下的執著，對未來的期待。

人生猶如一個競技場，誰也無法預知結果。你若想笑到最後，就必須進行不懈努力的長途跋涉。無論是誰，放棄了努力，即使走過長長的一生，仍會兩手空空；只有堅持不懈，才會得到應有的回報。只要你真正努力了，無論結果如何，你都不必後悔。只要你不懈努力了，你所得到的也一定不會讓你後悔。

人生不如意事十之八九。再多的繁華，散盡之後，就如浮雲一樣，留給你的只有一片虛空。以積極的心態，豁達地面對命運的挑戰，你終將獲得命運之神的青睞。

人生百年，頃刻之間，就成過往。回首往事之時，你能夠無悔於過往的人生嗎？

第一章
立足於當前，把握住現在

不管你如何抱怨已逝的人生，你都無法對其加以改變。身處當下，你能做的只有正視自己的現狀，把握住現在。如果不然，此時的當下也終將成為彼時的悔恨之因。

還有明天

因為現實世界中的人們生活在一片祥和的氛圍之中，人人行善，所以上天堂的人越來越多，下地獄的人越來越少。

這對於人們來說是好現象，但對於掌管地獄的閻羅王來說就不是什麼好現象了。為了改變這種現狀，閻羅王緊急召集群鬼，商討如何引誘人們下地獄。

群鬼各抒己見。

牛頭提議說：「我告訴人類，『丟棄良心吧！根本就沒有天堂！』」閻羅王考慮了一會兒，搖搖頭。

馬面提議說：「我告訴人類，『為所欲為吧！根本就沒有地獄！』」閻羅王想了想，還是搖搖頭。

過了一會兒，旁邊一個小鬼說：「我去對人類說，『還有明天！』」閻羅王終於點了頭。

因為世上沒有天堂，你可以丟棄良心；因為世上沒有地獄，你可以為所欲為，但這些都不足以把一個人推向死亡，真正將一個人引向死亡的是「還有明天」。

故事啟示

今天的事情今天辦，絕不拖延到明天。「明日復明日，明日何其多。我生待明日，萬事成蹉跎。」這可以作為我們把握現在的警言。

耶穌與看門人

在一座教堂裡，有一尊耶穌被釘在十字架上的雕像，大小和一般人差不多。因為有求必應，專程前來這裡祈禱、膜拜的人特別多。

教堂看門人見十字架上的耶穌每天要應付這麼多人，於心不忍，希望能分擔耶穌的辛苦。於是，有一天他在祈禱時，向耶穌表明了這份心願。

他意外地聽到一個聲音說：「好啊！我下來為你看門，你上來釘在十字架上。但是，不論你看到什麼、聽到什麼，都不可以說一句話。」

看門人覺得這個要求很簡單，於是就和耶穌換了位置。

教堂裡來來往往的人潮依舊絡繹不絕。他們的祈求有合理的，有不合理的，千奇百怪不一而足。看門人依照先前的約定，靜默不語，聆聽教友的心聲。

有一天，來了一位富商。當富商祈禱完後，竟然忘記帶走手邊的錢包。他看在眼裡，真想叫這位富商回來，但是，他忍著沒有說。

後來，來了一位窮人。他祈禱耶穌能幫助他渡過生活的難關。當他要離去時，發現先前那位富商留下的袋子，打開一看裡面全是錢。窮人高興得不得了，耶穌真好，有求必應，萬分感謝地離去。十字架上偽裝的耶穌看在眼裡，想告訴他，這不是你的。但是，有約定在先，他仍然憋著不能說。

再後來，來了一位打算出海遠行的年輕人。他是來祈求耶穌降福，保佑他平安的。正當年輕人要離去時，富商衝進來，抓住年輕人的衣領，要年輕人還錢。年輕人不明白原因，兩人吵了起來。

這個時候，十字架上偽裝耶穌的看門人終於忍不住，開口講明了事情的原委，既然事情弄清楚了，富商便去找冒牌耶穌所形容的窮人，而年輕人則匆匆離去，生怕搭不上船。

這時，化裝成看門人的耶穌出現了，指著十字架上的人說：「你下來吧！那個位置你沒有資格待了。」

看門人不明白自己有什麼不對的地方，辯解道：「我把真相說出來，主持公道，難道不對嗎？」

耶穌說：「你主持公道？！那位富商並不缺錢，他那袋錢不過是要用來嫖妓，可是對那個窮人來說，卻是可以養活一家大小數口人的救命錢。最可憐的是那位年輕人，如果富商一直糾纏下去，延誤了他出海的時間，他還能保住一條命，而現在，他所搭乘的船正沉人海中。」

故事啟示

在現實生活中，我們常自以為是地判定怎樣才是最好的，但往往事與願違，使我們心理難以平衡。事實上，我們必須相信目前我們所擁有的，不論順境還是逆境，都是命運對我們最好的安排。人生的事，很難分出對錯好壞，我們應認真地活在當下。

珍惜現在的時光

晚上，外面正下著大雨。猴子和蟾蜍坐在一棵大樹底下，互相抱怨這天氣太冷了。

「咳！咳！」猴子咳嗽起來。

「呱——呱——呱——」蟾蜍也喊個不停。

牠們被淋成了落湯雞，凍得渾身發抖。這種日子多難過啊！牠們想來想去，決定明天就去砍樹，用樹皮搭一個暖和的棚子。

第二天一早，太陽露出了笑臉，大地被晒得暖洋洋的。猴子在樹頂上盡情地享受著陽光的溫暖，蟾蜍也躺在樹根附近晒太陽。

猴子從樹上跳下來，對蛤蟆說：「喂！我的朋友，你感覺怎麼樣？」

「好極了！」蟾蜍回答說。

「我們現在還要不要去搭棚子呢？」猴子問。

「你這是怎麼啦？」蟾蜍被問得不耐煩了，「這件事明天再做也不遲。你瞧，現在我多暖和、多舒服呀！」

「當然啦，棚子可以明天再搭！」猴子也爽快地同意了。

牠們為溫暖的陽光高興了整整一天。

傍晚，又下起雨來。

牠們又一起坐在大樹底下，抱怨這天氣太冷，空氣太潮溼。

「咳！咳！」猴子又咳嗽起來。

「呱 —— 呱 —— 呱 —— 」蟾蜍也凍得喊個不停。

他們再一次下了決心：明天一早就去砍樹，搭一個暖和的棚子。

可是，第二天一早，火紅的太陽又從東方升起，大地上灑滿了金光。猴子高興極了，趕緊爬到樹頂上去享受太陽的溫暖。蟾蜍也一動不動地躺在地上晒太陽。

猴子又想起昨晚說過的話，可是，蟾蜍卻說什麼也不同意：「為什麼要浪費這麼寶貴的時光，棚子留到明天再搭嘛！」

故事啟示

千萬不要把今天的事拖到明天。人的生命只有一次，而人生也只不過是時間的積累。時間並不能像金錢一樣讓我們隨意儲存起來，以備不時之需。我們能使用的只有被給予的那一瞬間，也就是今日和現在。每個人都只生存在現在，過去早已消失，而未來尚未來臨。昨天，是一張作廢的支票；明天，是尚未兌現的本票；只有今天，才是現金，是有流通價值的財富。因此，要好好珍惜現在的時光，千萬不要將今天應該做的事拖延到明天去做。

快樂就是現在

曾經有個男孩，他喜歡動物、跑車與音樂，喜歡爬樹、游泳、踢球，喜歡漂亮的女孩子。他希望自己擁有理想中的幸福生活。

一天，男孩子對上帝說：「我想了很久，我知道自己長大後需要什麼。」

「你需要什麼？」上帝問。

「我要住在一幢前面有庭院的大房子裡，門前有尊維納斯的雕像，並有一個帶後門的花園。我要娶一個身材高挑而面容姣好的女子為妻，她的性情溫和，長著一頭黑黑的長髮，有一雙藍色的眼睛，會彈吉他，有著清脆的嗓音。」

「我要有三個會踢球的男孩，我們可以一起踢球。他們長大後，一個成為科學家，一個做政治家，而最小的一個將是足球明星。」

「我要成為登山、航海的冒險家，並在途中救助他人。我要有一輛黃色的藍寶堅尼跑車，而且永遠不需要載送別人。」

「聽起來真是個美妙的夢想，」上帝說，「希望你的夢想能夠實現。」

後來，有一天踢球時，男孩摔壞了膝蓋。從此，他再也不能登山、爬樹，更不用說去航海了。因此，他學了企業經營管理，之後經營醫療設備。

他娶了一位溫柔美麗的女孩，長著黑黑的長髮，但她卻不高，眼睛也不是藍色的，而是褐色的。她不會彈吉他，甚至不會唱歌，卻做得一手好菜，畫得一手好畫。

因為要照顧生意，他住在市中心的高樓大廈裡，從那裡可以看到藍藍的大海和閃爍的燈光。他的房屋門前沒有維納斯的雕像，但他卻養著一隻長毛狗。

他有三個女兒，天生侏儒症的小女兒是最可愛的一個。三個女兒都非常愛她們的父親。她們雖不能陪父親踢球，但有時她們會一起去公園玩，而小女兒就坐在旁邊的樹下彈吉他，唱著動聽的歌曲。

他過著富足、舒適的生活，但他卻沒有黃色藍寶堅尼。

一天早上醒來，他想起多年前的夢想。「我很難過」，他對周圍的人不停地訴說，抱怨他的夢想沒能實現。他越說越難過，簡直認為現在的這一切都是上帝與他開的玩笑。對妻子、朋友們的勸說，他一句也聽不進去。

最後，他終於悲傷得病倒了，住進了醫院。一天晚上，所有人都回家了，這時，他對上帝說：「還記得我是個小男孩時，對你講述過我的夢想嗎？」

「那是個可愛的夢想。」上帝說。

「祢為什麼不讓我實現我的夢想？」他問。

「你已經實現了。只是我想讓你驚喜一下，給了一些你沒有想到的東西。」上帝說。

「我想你應該有注意到我給你的東西：一位美麗溫柔的妻子，一份好工作，一處舒適的住所，三個可愛的女兒 —— 這是個最佳的組合。」

「是的，但我以為祢會把我真正希望得到的東西給我。」他打斷了上帝的話。

「我也以為你會把我真正希望得到的東西給我。」上帝說。

「祢希望得到什麼？」他問。他從來沒想過上帝也會希望得到東西。

「我希望你能因為我給你的東西而快樂。」上帝說。

他在黑暗中靜想了一夜。他決定要有一個新的夢想，他要讓自己夢想的東西恰恰就是他已擁有的東西。

後來，他康復出院，幸福地住在高樓大廈中，欣賞妻子深褐色的眼睛、孩子們悅耳的聲音以及精美的花鳥畫。晚上，他注視著大海，心滿意足地看著明明滅滅的萬家燈火。

故事啟示

我們每個人都擁有快樂，這個快樂就是現在。樂觀的人會把這些看作是上帝的一種恩賜，懷著感恩的心情去享受現在。悲觀者的眼睛卻始終盯著未得到的和已失去的，一味對未來存在幻想。

美景就在身邊

有一隻挑食的小羊，十分不滿意農場主人給牠的食物，總覺得農場主人虧待了牠，牠決定要自行找東西吃。

起初，小羊遇見兩隻雞正愉快地吃著穀粒，但牠上前嘗了一口，馬上就吐了出來：「好難吃！」

不久，小羊又看到一隻貓正喝著牛奶，而一隻狗則津津有味地啃著骨頭，但那些食物一點都不好吃。小羊只聞了一下，就無法忍受那種怪味道了。

最可怕的是，小羊看到鴨子吃蚯蚓。對小羊而言，那真是恐怖殘忍的一幕，於是，小羊趕緊逃走。在農場走了一大圈，所有動物吃的東西，牠都覺得不合胃口，甚至還感到噁心。

小羊飢腸轆轆地回到羊圈，才發現那些為牠所準備的草料，正是天底下最美味可口的食物，於是小羊三兩口就把草料吃了個精光。

故事啟示

別總以為美景必在遠方，其實，我們身邊的東西一樣可以令我們富足快樂。很多時候，我們都把最美好的希望寄託在明天、後天……其實，今天才是最美好的。

一次就過一天

有個富翁對自己窖藏的葡萄酒感到非常自豪。地窖裡保留著一罈只有他知道的、某種場合才能喝的陳酒。

一天，州府的總督登門拜訪。富翁提醒自己：「這罈酒不能僅僅為了一個總督啟封。」

又一天，地區主教來看他，他自忖道：「不，不能開啟那罈酒。他不懂這種酒的價值，酒香也飄不進他的鼻孔。」

後來，王子來訪，和他同進晚餐，但他想：「區區一個王子喝這種酒過於奢侈了。」甚至在他兒子結婚那天，他還對自己說：「不行，接待客人，不能拿出這罈酒。」

許多年後，富翁死了。

下葬那天，陳酒罈和其他酒罈一起被搬了出來，左鄰右舍的農民把酒通通喝光了。誰也不知道這罈陳年老酒的久遠歷史。對他們來說，所有倒進酒杯的僅僅是酒而已。

故事啟示

絕大多數的人都同時活在過去、現在以及未來這個時空交錯的空間裡，以至於無法明白自己到底該扮演什麼角色。昨天已成過去，明天也只是一種期許，我們所擁有的只有今天。因此，我們必須學著一次只過一天，因為只有今天才是我們真正擁有的。

與自己賽跑

一個叫炎圭的苦行僧從東海之濱起身，去西天取經。他每天在太陽剛剛升起的時候，就行色匆匆地向西走，而且越走越快，似乎要趕上自己的影子，踩住自己的影子。

直到正午時分，他的身影終於被他趕上、踩在他的腳下，他才坐下來，坐在自己的身影上吃點東西喝口水。然後，他又開始與自己賽跑。他奔走的速度越來越快，一心一意地想拋下自己的身影。

直到日落西山，他身後的影子真的不見了，他才找個棲身之處，安心地睡上一覺。太陽再次升起時，他又動身開始新一天的征程，週而復始地與自己的影子賽跑。

據說，炎圭和尚是繼玄奘之後又一個隻身抵達西天印度的僧人。西天之行，玄奘用了整整十七年的時間，而炎圭僅用了三年的時間。

與自己賽跑，與自己的影子較量，聽起來荒唐，其實是一種充滿進取的人生態度和志向，是走向成功的另一個方式和途徑。

故事啟示

時光是構成人生的重要元素，百年人生無非也就三萬多天。每個人的生命都是在倒計時，浪費一天的光陰，就是殘害三萬分之一的生命。如此看來，虛度光陰無異於慢性自殺。能真正把握時間、調配光陰的人，是不會虧待自己的生命的，這樣的人能無怨無悔地度過每一天。

世界末日來臨之時

一份新創刊的《漫畫週刊》，為了盡快提升讀者對刊物的熱情和擴大發行量，經過一番策劃之後，推出了一項「徵畫活動」，要求應徵作品以《世界末日來臨之時》為題，表現在世界即將毀滅的最後時刻，你或你的親人們會做些什麼呢？

在限定的日期內，來自世界各地的作品堆積如山。為了獲取高額獎金，所有的應徵者都將想像力發揮到了極致：在世界末日來臨之時，情侶緊緊抱在一起，一邊喝酒一邊接吻；在世界末日來臨之時，將鈔票堆在大街上燃燒；在世界末日來臨之時，坐上宇宙飛船逃離地球……

最後，獲得十萬美金頭獎的，是一位家庭主婦用鉛筆在一張包裝紙上畫的漫畫：她在廚房洗完碗筷後，正伸手關緊水管開關，丈夫則正坐在餐桌前的地板上，懷中兩個小男孩正在玩積木遊戲……

評委們對這幅看似平常的作品的評語是：我們震驚於這一家的平靜。他們理解了世界存在的意義和人類的最高追求。

故事啟示

不要被即將得到的東西所左右，也不要為即將失去的東西所嚇倒。活在現在，擁有現在，珍惜現在，才不致被人生的大起大落奪去太多。

鑽石樣的人生

一天晚上，一群游牧部落的牧民向上天祈福，忽然被一束耀眼的光芒所籠罩，他們知道上帝就要出現了。因此，他們殷切地期盼者、恭候著來自上蒼的重要旨意。

「不用祈求未來，幸福一直就在你們身邊。如果現在你們能多撿一些鵝卵石，把它們放在你們的口袋裡，那麼，明天晚上，你們會非常快樂，但也會非常懊悔。」上帝說完就消失了。

牧民們感到非常失望，因為他們原本期盼上帝能夠給他們帶來無盡的財富和健康長壽，沒想到上帝卻吩咐他們去做這樣一件毫無意義的事。但是不管怎樣，那畢竟是上帝的旨意，他們雖然不滿，仍舊各自撿拾了一些鵝卵石，放在他們的口袋裡。

就這樣，他們又走了一天。當夜幕降臨，開始安營紮寨時，他們忽然發現，昨天放進口袋裡的每一顆鵝卵石竟然都變成了鑽石。他們高興極了，同時也懊悔極了，後悔沒有撿拾更多的鵝卵石。

故事啟示

因為祈求明天，我們常常對今天視而不見。工作中，有許多看似鵝卵石一樣的東西被我們毫不在意地丟棄了，直到時過境遷，當我們發現它的珍貴時，留下來的只能是懊悔不迭。如果想擁有鑽石樣的人生，我們就必須珍視現在，珍惜擁有，盡可能多地收集自己生命中的「鵝卵石」。

快樂來自珍惜擁有

很久以前，有一位富翁，雖然非常有錢，卻常常自憐。他可憐自己空有錢財，卻從來沒有體會到全然的快樂。

他常常想：「我有很多錢，可以買到許多東西，為什麼卻買不到快樂呢？如果有一天我突然死了，留下一大堆錢又有什麼用呢？不如把所有的錢拿出來買快樂。如果能買到一次全然的快樂，我死也無憾了。」

於是，他變賣了大部分家產，換成一小袋鑽石，放在一個特製的錦囊中。他想：「如果有人能給我一次純粹的全然的快樂，即使只是一剎那，我也要把鑽石送給他。」

他開始旅行，到處詢問：「哪裡可以買到全然快樂的祕方？什麼才是人間純粹的快樂呢？」他的詢問總是得不到令他滿意的解答，因為人們的答案總是庸俗而相似的：

「你如果有很多的金錢，就會快樂。」

「你如果有很大的權勢，就會快樂。」

「你擁有的越多，就會越快樂。」

他早就有了這些東西，卻沒有快樂。這使他更疑惑：「難道這個世界沒有全然的快樂嗎？」

有一天，他聽說在一個偏遠的廟宇裡有一位高僧，無所不知，無所不通。歷經艱辛，他找到那位高僧。高僧正坐在一棵大樹下閉目養神。

他問高僧：「大師，人們都說你是無所不知的。請問在哪裡可以買到全然快樂的祕方呢？」

「你為什麼要買全然快樂的祕方呢？」高僧問道。

他說：「因為我很有錢，可是很不快樂，這一生從未經歷過全然的快樂。如果有人能讓我體驗一次，即使只是一剎那，我願意把全部的財產送給他。」

高僧說：「我這裡就有全然快樂的祕方，但是價格很昂貴，你準備了多少錢，可以讓我看看嗎？」

他把懷裡裝滿鑽石的錦囊拿給高僧，沒想到高僧連看也不看，一把抓住錦囊，跳起來，就跑掉了。他大吃一驚，過了一會兒才回過神來，大叫：「搶劫了！救命呀！」可是在偏僻的廟宇，根本沒人聽見，他只好死命地追趕那位高僧。

他跑了很遠的路，跑得滿頭大汗、全身發熱，也沒有發現高僧的蹤影。他絕望地跪倒在山崖邊的大樹下痛哭，沒有想到費盡千辛萬苦，花了幾年的時間，不但沒有買到快樂的祕方，連錢財也被搶走了。

他哭到聲嘶力竭，站起來的時候，突然發現被搶走的錦囊就掛在大樹的枝頭上。他取下錦囊，發現鑽石還在。一瞬間，一股難以言喻的、純粹的、全然的快樂充滿他的全身。

故事啟示

快樂由心而生，心由事而定，事由人而做。全然的快樂是一種全然的、來自於心靈的、一瞬間的、讓人永生陶醉其中的那種快樂。全然的快樂就是珍惜自己已經擁有的東西。

生活在當下

有個小和尚，每天早上負責清掃寺廟院子裡的落葉。

清晨起床掃落葉實在是一件苦差事，尤其是在秋冬之際，每一次起風時，樹葉總是隨風飛舞落下，落得到處都是。

每天早晨，小和尚都需要花費許多時間才能清掃完樹葉，這讓小和尚頭痛不已。他一直想要找個好辦法讓自己輕鬆一些。

有一天，小和尚想出了一個好辦法。他起了個大早，使勁地搖樹，這樣他就可以把今天跟明天的落葉一次全掃乾淨了，一整天小和尚都非常開心。

第二天，小和尚到院子一看，不禁愣住了。院子裡如往日一樣，落葉滿地。

故事啟示

每一天都有每一天的人生功課要交，無論你今天怎樣「用力搖樹」，明天的落葉還是會落下來。世事難料，更無法提前預知，唯有認真地生活在當下，過好現在的每一分鐘，才是最真實的人生態度。如果明天有煩惱，可以到明天再去解決。今天就是今天，活好了就划算。

無悔每一天

伊庵權禪師是一位刻苦修練、嚴於律己的高僧。他惜時如金、每日三省，每到傍晚時分總是感懷時光、淚流滿面。新來的弟子不了解情況，就關切地問他為什麼哭泣。他憂傷而慚愧地說：「今天我又混混沌沌、碌碌無為地度過了，不知明天能不能有所長進、有所作為呢？」

無獨有偶，魯南青山寺的一位禪師，早年就給自己規定：每天誦讀經文三百句、背誦古詩四句、書寫古體詩四句，書寫的時候要用毛筆寫正楷，以便練習書法，陶冶情操；另外，在清晨和晚上各練習半小時的拳腳，上下石階兩百階，風雨無阻、從不懈怠……既注重心靈營養、又不耽誤身體的鍛鍊。

他在八十多歲高齡的時候，仍然是耳不聾，眼不花，鶴髮童顏、紅光滿面。談到人生世事、詩歌經文，他揮筆寫下筆勢清圓、筆畫遒美的兩行字：有文有武伴百年，無怨無悔每一天。

故事啟示

用全身心的愛來擁抱今天，不斷地拚搏迎接挑戰，讓夢想變成現實，鑄就瞬間的永恆。讓每一天都如生命中的最後一天，讓時間創造出更多的奇蹟。

做好眼前的事情

有位園丁養了一匹馬。這匹馬總是認為自己的工作很多，但得到的飼料卻很少。於是，牠乞求上帝為牠另找一位新主人。

這個願望很快實現了。園丁把馬賣給了陶匠，馬很高興。不料陶匠那兒的工作更多，馬又抱怨自己的命不好，乞求上帝再為牠另找一位好主人。

這個願望也實現了。陶匠把馬賣給了皮革匠。當馬在皮革匠的院子中看見馬皮的時候，大聲哀嘆道：「唉，我這個可憐蟲！還不如跟著原來的主人好。看樣子，把我賣到這裡不是要我工作，而是要剝我的皮。」

故事啟示

學會適應環境，順其自然。與其焦慮於未來莫測的前途，不如踏踏實實地做好眼前的事情。眼前的事情都做好了，一切自然就會好轉。

國王的問題

從前，有位國王想勵精圖治。他覺得如果有三個問題能夠解決，則國家立刻可以富強。這三個問題是，如何預知最重要的時間；如何分辨最重要的人物；如何辨明最緊要的事情。

於是，群臣獻策說，把時間支配得正確，最好是列出行程表；國家最重要的任務是培養教師或科學家；當務之急是弘揚科學與嚴正法律。

然而，國王卻並不滿意這些回答。他去問一個隱士，隱士正在耕地，國王問這三個問題，懇求隱士的忠告，但隱士並沒有回答他。

隱士挖土累了，國王就幫他的忙。天快黑時，遠處忽然跑來一個受傷的人，國王與隱士救了這個受傷的人，幫他包紮好傷口，抬到隱士家裡。

翌日清晨，受傷的人醒來時，他看了看國王說：「我是你的敵人。昨天，我知道你來訪問隱士，準備在你回程時埋伏，可是被你的衛士發現了。他們追捕我，我受了傷逃過來，卻正好遇到你。感謝你的救助，我不再是你的敵人了，我要做你的朋友。」

國王再去請教隱士，還是懇求他解答那三個問題。

隱士說：「我已經回答你了。」

國王說：「你回答了我什麼？」

隱士說：「你如果不憐憫我的勞累，因為幫我挖地而耽擱了時間，昨天回程時，你就被他殺死了。你如果不憐恤他的創傷並且為他包紮，他不會這樣容易地臣服於你。所以，你所問的最重要的時間是『現在』，只有現在才可以把握；你所說的最重要的人物是你『左右的人』，因為你立刻可以影響他；而最重要的事情是『愛』，沒有『愛』，活著還有什麼意思？」

故事啟示

生命的價值不是依賴於我們想得到的處境，也不是取決於我們想要結交的人物，而是取決於我們自身，取決我們對自身的珍惜，對現在時間的把握。只有擁有現在，你才是你。

銀鳥與金鳥

有一個樵夫，每天上山砍柴，日復一日，過著平凡的日子。

有一天，樵夫跟往常一樣上山砍柴，在路上撿到一隻受傷的銀鳥。銀鳥全身包覆著閃閃發光的銀色羽毛。

樵夫欣喜地說：「啊！我一輩子從來沒有看過這麼漂亮的鳥！」

於是，樵夫把銀鳥帶回家，用心地替銀鳥療傷。

銀鳥在療傷的日子裡，每天唱歌給樵夫聽，樵夫過著快樂的日子。

後來，鄰人看到樵夫的銀鳥，告訴樵夫他看到過金鳥，金鳥比銀鳥漂亮千倍，而且，歌也唱得比銀鳥更好聽。樵夫想著，原來還有金鳥啊！從此樵夫每天只想著金鳥，也不再仔細聆聽銀鳥清脆的歌聲，日子越來越不快樂。

有一天，樵夫坐在門外，望著金黃的夕陽，想著金鳥到底有多美？此時，銀鳥的傷已康復，準備離去。

銀鳥飛到樵夫的身旁，最後一次唱歌給樵夫聽。

樵夫聽完，只是很感慨地說：「你的歌聲雖然好聽，但是比不上金鳥；你的羽毛雖然很漂亮，但是比不上金鳥的美麗。」

銀鳥唱完歌，在樵夫身旁繞了三圈後，向他告別朝金黃的夕陽飛去。

樵夫望著銀鳥，突然發現銀鳥在夕陽的照耀下，變成了美麗的金鳥。他夢寐以求的金鳥，就在那裡，只是，金鳥已經飛走了，飛得遠遠的，再也不會回來了。

故事啟示

我們常常在不知不覺之中成了故事裡的樵夫，自己卻不知道。不知道原來金鳥就在當下。在這個世界上，什麼是最重要的？它既不是你已然失去的，也不是你沒有得到的，而是你正在擁有的。

光陰就像斑斕的猛虎

烈日炎炎的午後，一個小沙彌耐不住酷暑和煩悶，偷偷跑出唸經的禪房，躲到一棵大樹的陰涼裡。正在酣睡的時候，他被師傅叫醒了。他迷迷糊糊地爬起來，睡眼惺忪地看著師傅，吞吞吐吐地說：「這……這裡，涼

風徐徐，多……多麼好的地方和……和光景啊！」

「我看著不好，這種地方和光景太可怕了！」師傅說。

「有什麼可……可怕的？」小沙彌問。

「太可怕了，我分明看到了斑爛的虎皮！」師傅語氣陰森森地說。

「虎……虎皮？」小沙彌緊張起來，害怕地問師傅，「哪……哪有虎皮？」

「你仔細瞧瞧，這光影不像虎皮嗎？光陰就像斑爛的猛虎啊！」師傅指著斑駁的樹影，繪聲繪色地說。

回禪房的路上，師傅又語重心長地對小沙彌說：「夏熱冬冷，春睏秋乏，就好比猛虎的四個利爪，每時每刻都在剝奪著人們的意志和恆心，稍不留神就會葬身『虎腹』啊！」

小沙彌終於幡然醒悟。

故事啟示

光陰猛於虎，它一口口地吞噬著每個人的生命。珍惜時光，就是珍惜自己的生命。我們必須把握這短暫的一生，努力奮鬥，創造輝煌。這樣，到我們老了的時候，回首自己的一生，可以問心無愧地說：「我已經了無遺憾了。」

幸福就是此時

一個富人和一個窮人談論什麼是幸福。

窮人說：「幸福就是此時。」

富人望著窮人的茅舍、破舊的衣著，輕蔑地說：「這怎麼能叫幸福呢？我的幸福可是百間豪宅、千名奴僕啊！」

後來有一天，一場大火把富人的百間豪宅燒得片瓦不留，千名奴僕各奔東西。一夜之間，富人淪為乞丐。

酷熱的盛夏，汗流浹背的乞丐路過窮人的茅舍，想討口水喝。

窮人端來一大碗清涼的水，問乞丐：「你現在認為什麼是幸福？」

乞丐眼巴巴地說：「幸福就是此時你手中的這碗水。」

故事啟示

幸福就是此時，只有將一個個此時串起來，才有一生一世的幸福。珍惜此時吧！你手中的一杯水，一頓粗茶淡飯，一份並不體面的工作都是幸福。

奔向明天的人

有一個人，總是在迫不及待地「奔向明天」。

大家約好了下班去喝一杯，他所談論的第一件事就是，我們該去哪裡吃晚飯；到了晚飯的時候，他又急急忙忙地吃完最後一道甜食，趕奔一家電影院；在電影院，最後一個鏡頭還沒結束，他就已經站起來準備走了；回家的車裡，他又在做明天、下一週、明年的計畫。

他從來都不是生活在此時。因此，他很忙，過得很充實，但並不快樂。

故事啟示

生活有它自己的時間表。生育一個孩子要十個月，而養育一個孩子成人要近二十年，很長時間才能造就出一名小提琴好手或是滑雪健將……凡事只向著結果、明天而去，你只是生活在你的腦子裡，而無法體會生活本身的美妙。

贏得了人生

有一座山，高聳入雲，飛鳥難越，沒有人知道它有多高。山前山後有兩條路可供攀登，前山大路由石階鋪就，筆直坦蕩；後山小路荊棘叢生，蜿蜒曲折。

一天，有父子三人來到山腳。父親舉手遮陽，眺望峰頂，聲如洪鐘：「你們比賽爬上這山。上山有兩條路，大路平而近，小路險而遠。選擇哪條路，你們自己決定。」

兄弟倆思忖再三，各自選擇路線，踏上征程。

一段時間之後，一個西裝革履的身影出現在峰頂，哥哥走來了。他面色潮紅，略顯發福，頭髮一絲不亂。他驕傲地走向充滿期待的父親，說：「我贏了，我贏了！這一路真是春風得意。在坦蕩的大路上，我只需向前走！舒緩的坡度讓我走得從容，平整的石階使我心曠神怡。這裡沒有岔路讓我傷神，沒有突出的山石絆腳。我的心靈沒有欺騙我，是英明的選擇助我勝利。實踐證明：在平坦和崎嶇間，只有傻瓜才會放棄平坦，選擇崎嶇。聰明的選擇使我有了多麼得意的旅程。我理當獲得勝利！」

父親慈祥地看著他：「你的選擇的確聰明，一路走得也十分風光，我的好兒子……」

這之後不知過了多久，又一個身影出現了。他步伐穩健，全身充滿著生命的活力。儘管他瘦削，衣衫襤褸，但雙目炯炯有神，透著聰慧與睿智。

弟弟微笑著走向父親和哥哥，從從容容地講起路上的故事：「哦，這是多麼有意義的一次旅程！感謝您，父親，感謝您給我選擇的機會。一路上陡峭的山崖阻擋著我攀爬的腳步，叢生的荊棘刺破了我裸露的臂膊，疲憊的身心增添了著孤獨的酸楚。但我堅持住了，我學會了靈活與選擇，學會了機敏與自我保護，學會了獨立與堅忍。」

「路邊美麗的景色，吸引我放慢腳步享受自然的饋贈。在山腳下，我看見山花爛漫，彩蝶翩翩，於是我與山花同歌，伴彩蝶共舞。在山腰，我看見綠草如茵，華木如蓋，清澈的小溪靜靜流淌在林間，朝聖的百鳥盡情放歌於林梢。我擁抱自然的和弦，追逐歡快的節奏。這是我最快樂的時光。」

「但更多的時候是陰冷濃霧的環抱，荊棘的阻隔。放眼望去，黃葉連天，枯草滿路，但我在黃葉林中看到豐碩的果實，從枯草叢內悟出新生的希望。我感覺自己在成熟，一點點地成熟。再往上，是沒有一點生機的寒風和礫石，令我想要放棄，但一路的攀登所得溫暖著我，啟迪著我，給我力量，給我信心，使我忘掉比艱險更艱險的死寂，拋掉比痛苦更痛苦的迷茫！」

「我最終到達了這裡！一路上，我閱盡山間春色，也飽嘗征途冷暖，為此，我感謝您，父親，感謝您給我選擇的權力，我從自己心靈的選擇中懂得了很多很多。」

哥哥眼中露出不解，但馬上消失。他不無輕蔑地說：「可是你輸了！」

「是的，」父親遺憾地說，「孩子，你輸掉了比賽……」

弟弟放眼遠方，臉上露出平和的微笑：「但，我贏得了人生！」

事實正如弟弟說的那樣。多年以後，哥哥平平庸庸，而弟弟則事業有成。

故事啟示

人的一生中會面臨許多比賽。很多時候，比賽的結果並不重要，重要的是比賽的過程。在過程中，才能學到本領，才能悟出一些道理。輸掉了比賽並不重要，重要的是要贏得人生。

與過去告別

第二次世界大戰期間，一位名叫伊麗莎白的女士在慶祝盟軍北非獲勝的那一天，收到了國際部的一份電報，她的侄兒，她最愛的一個人死在了戰場上。她無法接受這個事實，她決定放棄工作，遠離家鄉，把自己永遠藏在孤獨和眼淚之中。

在清理東西，準備辭職的時候，她忽然發現了一封早年的信，那是她侄兒在她母親去世時寫給她的。信上這樣寫道：

「我知道妳會撐過去的。我永遠不會忘記妳曾教導我：不論在哪裡，都要勇敢地面對生活。我永遠記著妳的微笑，像男子漢那樣，能夠承受一切磨難。」

她把這封信讀了一遍又一遍，似乎他就在她身邊，一雙熾熱的眼睛望著她：妳為什麼不照妳教導我的那樣去做？

伊麗莎白打消了辭職的念頭，一再對自己說：我應該把悲痛藏在微笑下面，繼續生活，因為事情已經是這樣了，我沒有能力改變它，但我有能力繼續生活下去。

故事啟示

事情既是這樣的，就不會變成那樣。人生是一張單程車票，若是陷在痛苦的泥潭裡不能自拔，只會與快樂無緣。告別痛苦的手得由你自己來揮動。享受今日盛開的玫瑰的捷徑只有一條：「堅決與過去告別。」

雙面神像石雕

一位哲學家途徑荒漠，看到很久以前一座城池的廢墟。歲月已經讓這座城池變得滿目滄桑，但仔細看卻依然能分辨出城池昔日輝煌的風采。哲學家想在此休息一下，就隨手搬過一個石雕坐下來。

他點燃一支菸，望著被歷史淘汰的城垣，想像著曾經發生過的故事，不由得感嘆了一聲。

忽然，他聽到有人說：「先生，你感嘆什麼呀？」

他四下張望，卻沒有人。他疑惑起來。那聲音又響起來，是來自那個石雕，原來那是一尊「雙面神像」石雕。

他沒有見過雙面神像，所以就奇怪地問：「祢為什麼會有兩副臉孔呢？」

雙面神像回答說：「有了兩副臉孔，我才能一面察看過去，牢牢吸取曾經的教訓；另一面又可以瞻望未來，去憧憬無限美好的明天。」

哲學家說：「過去的只能是現在的逝去，再也無法留住，而未來又是現在的延續，是你現在無法得到的。祢不把現在放在眼裡，即使祢能對過去瞭如指掌，能對未來洞察先知，又有什麼具體的實際意義呢？」

雙面神像聽了哲學家的話，不由得痛哭起來說：「先生啊，聽了你的話，我才明白，我今天落得如此下場的根源。」

哲學家問：「為什麼？」

雙面神像說：「很久以前，我駐守這座城時，自詡能夠一面察看過去，一面瞻望未來，卻唯獨沒有好好地把握住現在，結果，這座城池便被敵人攻陷了，美麗的輝煌都成了過眼雲煙，我也被人們遺棄於廢墟之中。」

故事啟示

美好的過去，美麗的未來，都需要現在這座橋梁。現在是過去的將來，也是將來的過去，是時間長河中最為鮮活美麗、最值得珍惜的一段。只有把握現在，我們才可以更好地回顧過去，放眼未來。

第二章
夢想有多大，天地有多寬

沒有夢想的人生就如一潭死水，毫無生機可言。有了夢想，你才能充滿生活的希望，擁有前進的力量。在夢想的指引下，你的生活才會更加充實、更加精彩。擁有的夢想越大，屬於你的天地越寬。

無藥可救的病人

在一家醫院裡，一位病人已經病入膏肓，家人都很痛苦。

儘管如此，醫生仍感覺還有一線生機，便按照慣例來詢問病人：「先生，您想吃點什麼嗎？」病人搖了搖頭，默不作聲。

「先生，那您有什麼喜好嗎？」醫生想用心理療法來為他治療。病人還是搖搖頭。

「那您對打牌、喝酒，甚至找女人都沒有興趣嗎？」醫生仍不死心。

這一次，病人用極其微弱的聲音回答：「沒興趣。」

醫生想繼續問下去，病人的家屬在一邊趕緊說：「醫生，沒有用的，他連健康時都沒有什麼愛好，更別說是現在這個樣子了。」

醫生聽了之後，神情一下子憂鬱起來。他嘆了口氣，轉身走了出去。

家屬們一看，不明白發生了什麼事情，急忙趕上去追問：「醫生，是不是有不好的情況？」

醫生說：「我醫治過成千上萬的病人，每次都是全力以赴，但這個病人，我想是徹底沒有希望了，因為他是一個失去了一切欲望的人。這樣的人對生活沒有任何留戀，也不會有信心活下去。沒有哪個病人可以完全單靠醫生的醫治，就能好轉起來的。」

故事啟示

一個人的心中，需要擁有對生活的愛好、追求、欲望，只有這樣，人生才會幸福，也才會有希望。如果心中沒有了希望和追求，那也就意味著死亡，自然也就無所謂快樂和幸福了。

有志者事竟成

曾有三個工人，在炎炎烈日下同樣辛苦地建造一堵牆。一個行人問他們：「你們在做什麼？」

「我在砌牆。」第一個工人答道。

「我做 1 小時賺 180 元。」第二個工人答道。

行人又稍微向前走了幾步，來到第三個工人面前，提出同樣的問題。第三個工人仰望著天空，用充滿想像的聲音說：「我正在修建一座大教堂。建造一座對本地區產生巨大精神影響的、能夠與世長存的教堂。」

多年以後，前兩個工人庸庸碌碌，沒什麼作為，還是在砌牆，而第三個工人則成了一位享譽世界的建築工程師。

故事啟示

古人云：「有志者事竟成。」所謂志，就是指一個人為自己確立的遠大志向，確立的人生目標。人生目標，是生活的燈塔。目標對於人生，正像空氣對於生命一樣，沒有空氣，生命就不能夠存在。

為夢想而努力

保羅．傑克森是一位很有名氣的眼科醫生。儘管他還年輕，但這並不妨礙他成為美國佛羅里達州眼科界的權威。

有一次，他在接受記者採訪時談及他成功的經歷，有一句話很能給人啟示。他說：「無論遇到怎樣對你不利的事情，有一樣東西你一定不可以丟棄，那就是——堅持你的夢想。」

保羅．傑克森還談到自己學醫的動機。在他童年時，他的父親患上了嚴重的眼病，花了很多錢，尋訪了許多醫生，然而，父親的眼睛還是沒能保住。從那時候起，保羅．傑克森發誓要做最好的醫生，幫助那些像他父親一樣的人，使他們可以重見光明。為此，他疏遠了以前的玩伴，也不結交學業以外的朋友。他這樣做的目的當然只有一個：節省下一切時間，為了心中的夢想努力學習。

保羅．傑克森一家並不富有。父親失明後，生活更是陷入貧困。所以保羅．傑克森大學畢業後，在工作和繼續深造的十字路口猶豫不定。

這時，他的母親，一位普通的家庭主婦使他下定了決心。她母親說：「不要讓眼前的東西迷失了自己的眼睛。如果你已經選擇了，就不要輕易放棄。一切的付出都是有回報的。」

因此，保羅．傑克森放棄了唾手可得的高薪工作，繼續攻讀他的學業。幾年後，他終於成為美國醫學界令人驚訝的後起之秀。

故事啟示

生活中，我們經常會遇到夢想和現實相衝突的時候。是堅持夢想還是屈服於現實，總是令我們很難選擇。這個時候，我們不妨想想保羅．傑克森，細細體會他的經驗之談 —— 堅持你的夢想，無論何時何地。

比照目標前進

哲學家漫步於田野中，發現水田當中新插的秧苗竟排列得如此整齊，猶如用尺量過一樣。他不禁好奇地問田中的老農，是如何辦到的？

老農忙著插秧，頭也不抬，要他自己插插看。哲學家捲起褲管，喜滋滋地插完一排秧苗，結果竟是參差不齊，慘不忍睹。

哲學家再次請教老農。老農告訴他，在彎腰插秧時，眼睛要盯住一樣東西。

哲學家照做，不料這次插好的秧苗，竟成了一道彎曲的弧線。

老農問他：「你是否盯住了一樣東西？」

「是啊，我盯住了那邊吃草的水牛，那可是一個大目標啊！」

「水牛邊走邊吃草，而你插的秧苗也跟著移動，你想想這個弧形是怎麼來的？」

哲學家恍然大悟。這次，他選定了遠處的一棵大樹，插出來的秧苗果然非常的筆直。

老農並不比哲學家有智慧，但他懂得去瞄準目標前進。

故事啟示

無論你現在在哪裡，重要的是你將要向何處去。只有樹立明確的目標，才有成功的可能。沒有目的地的開船，任何方向的風對他來說都是逆風。

彈斷一千根琴弦

有一老一小兩個相依為命的瞎子每日靠彈琴賣藝維持生活。

一天，老瞎了終於支撐不住，病倒了。他自知不久將離開人世，便把小瞎子叫到床頭，緊緊拉著小瞎子的手，吃力地說：「孩子，我這裡有個祕方，這個祕方可以使你重見光明。我把它藏在琴裡面了，但你千萬要記住，你必須在彈斷第一千根琴弦的時候才能把它取出來，否則，你是不會看見光明的。」

小瞎子流著眼淚答應了師父。老瞎子含笑離去。

一天又一天，一年又一年，小瞎子用心記著師父的遺囑，不停地彈啊彈，將一根根彈斷的琴弦收藏著，銘記在心。當他彈斷第一千根琴弦時，當年那個弱不禁風的少年小瞎子已到垂暮之年，變成一位飽經滄桑的老者。

他按捺不住內心的喜悅，雙手顫抖著，慢慢地打開琴盒，取出祕方。然而，別人告訴他，那是一張白紙，上面什麼都沒有，他笑了。

老瞎子騙了小瞎子？這位過去的小瞎子，如今的老瞎子，拿著一張什麼都沒有的白紙，為什麼反倒笑了？

就在那一瞬間，他突然明白了師父的用心，雖然是一張白紙，但卻是一個沒有字的祕方，一個難以竊取的祕方。只有他，彈斷了一千根琴弦的他，才能了悟這無字祕方的真諦。

那祕方是希望之光，是師父在漫漫無邊的黑暗摸索與苦難煎熬中為他點燃的一盞希望之燈。倘若沒有它，他或許早就被黑暗吞沒，或許早就在苦難中倒下。就是因為有這麼一盞希望之燈的支撐，他才堅持彈斷了一千根琴弦。他渴望見到光明，並堅定不移地相信，只要永不放棄努力，黑暗過去就是光明無限。

故事啟示

任何事物都有其成長、發展的極限，當到達極限的時候，就會出現意想不到的結果，這結果是對發展過程的全面突破，其面貌是嶄新的，與原有的設想和期盼不同。

螃蟹的方向

白兔、烏龜、青蛙、螃蟹、螞蟻等一群小動物，站在一起，準備出去玩。牠們的目的地是前面那座美麗的花園。

大嗓門青蛙高喊一聲：「走！」大家立即行動起來。

青蛙邊跳邊喊「快！快！」白兔笑嘻嘻地衝在前面，烏龜使勁地爬，螞蟻拚命追趕……

「你們全瘋了吧！往哪兒衝呀？」後面隱隱傳來了叫聲。

大家一驚，轉身向後一瞧，只見螃蟹一邊大喊，一邊橫著往另一個方向爬。

「螃蟹大哥，方向錯啦！」青蛙大聲喊道，「快向我們靠攏！」

「去你的，」螃蟹瞪著眼罵道，「你們都瞎了眼了，向我靠攏才對。」

無論大家怎樣呼喚，螃蟹只當沒聽見，還是橫著朝牠認定的那個方向急急爬去。大家嘆了口氣，只好各趕各的路。

螃蟹噴著白沫，獨自嘟囔道：「我兩眼始終正面盯著那座花園，絕對沒錯。牠們不聽我的，疏遠我、冷落我，一定是出於嫉妒。看，牠們的手腳哪個有我多？……」可是，牠的手腳越多，跑得越快，離目的地也就越遠了。

故事啟示

在資訊時代的今天，勤勉和努力是固然不可少的。然而，你還必須要知道的就是：方向比努力更重要！我們要謹記自己追求的理想和目標到底是什麼。固執己見，一意孤行，越是有才幹犯的錯誤也就越嚴重。

帶著希望啟程

亞歷山大大帝遠征波斯前，他將所有的財產分給了臣下。大臣之一的皮爾底加斯非常驚奇，問道：「陛下，你帶什麼啟程呢？」

「希望，我只帶這一種財寶。」亞歷山大回答說。

聽到這個回答，皮爾底加斯說：「那麼請讓我們也來分享它吧。」於是，他謝絕了分配給他的財產。

亞歷山大帶著唯一的財產 —— 希望啟程，卻帶回來所要征服的全部。

故事啟示

帶著希望啟程。在追求成功的旅途中，不全是掌聲和鮮花，還有挫折和淚水。如果在面臨痛苦時，仍能保持對未來的希望，那就意味著你的成功還有希望。

一顆棋子的玄機

根據史料記載，滑鐵盧戰役的失敗是拿破崙一生經歷的最後一次失敗，但也有人說拿破崙最後的失敗，是敗在一顆棋子上。

拿破崙在滑鐵盧之役失敗之後，被判流放到聖赫勒拿島監禁，終身不得離開。

拿破崙在島上過著十分艱苦而無聊的生活。後來，拿破崙的一位密友透過祕密方式贈給他一件珍貴的禮物，是一副象牙和軟玉製成的棋子。拿破崙對這副精製而珍貴的棋子愛不釋手，一個人默默地下棋，多少減輕了流放生活的孤獨和寂寞。

這位有名的囚犯在島上用那副棋子打發著時光，直到慢慢地死去。

拿破崙死後，那副棋子多次以高價轉手拍賣。最後，棋子的所有者在一次偶然的機會中發現，其中一個棋子的底部可以打開。當那人打開後，發現裡面竟密密麻麻地寫著如何從這個島上逃出的詳細計畫。在當時，這是一則轟動世界的大新聞。

可是，拿破崙沒有在玩樂中領悟到這個奧祕和朋友的用心良苦，所以，他到死都沒有逃出聖赫勒拿島。這恐怕才是拿破崙一生中最大的失敗。

其實，拿破崙被流放之後，他所失去的不只是自由而已，還有他的野心與勇氣。如果上述這個故事是真的，那麼，拿破崙的確是敗在自己手上。怎麼說呢？

假設拿破崙始終保持著他巔峰時期的氣魄與架勢，那麼小小的聖赫勒拿島又能奈他何？

他絕不會呆坐著唉聲嘆氣，滿足於以下棋度日的生活，他必定會終其一生，竭盡所能地想辦法與外界聯絡，思考逃脫的方法。

故事啟示

人一旦失去目標，心志冷卻了，即使有助成功的利器就在手邊，恐怕也會如同拿破崙一般對其視而不見。

他不是你的小寶貝

安地斯山脈有兩個好戰的部落，一個住在低地，另一個住在高山上。

有一天，住在高山上的部落入侵位於低地的部落，並帶走了該部落的一個小嬰兒作為戰利品。低地部落的人不知道如何攀爬到山頂，即便如此，他們仍然決定派遣最佳的勇士部隊爬上高山，去帶回這個小嬰兒。

勇士們試了各種方法，卻只爬了幾百尺高。正當他們決定放棄解救小嬰兒，準備收拾行李回去時，卻看到嬰兒的母親正由高山上爬下來，背上還縛著她的小孩。

其中一位勇士走向前迎接她，說道：「我們都是部落裡最強壯有力的勇士。連我們都爬不上去的高山，妳是如何上去的呢？」

她聳聳肩說：「他不是你的小寶貝。」

故事啟示

每個人的夢想就是自己的寶貝。沒有人會比自己更重視它、保護它，並為它奮鬥。千萬不要期待他人，你必須自我要求，自我追求，而且成功的關鍵是你要有這樣的寶貝。雖然聽人說山那邊的風景很美，你卻沒有想去欣賞的願望，那你也就永遠沒有親自領略其迷人之處的機會。

一定要站起來

在一次火災中，一個小男孩被燒成重傷。雖然醫院全力搶救使他脫離了生命危險，但他的下半身還是沒有任何知覺。醫生悄悄地告訴他的媽媽，這孩子以後只能靠輪椅度日了。

一天，天氣十分晴朗，媽媽推著他到院子裡呼吸新鮮空氣，然後媽媽有事離開了。一股強烈的衝動自男孩的心底湧起：我一定要站起來！

他奮力推開輪椅，然後拖著無力的雙腿，用雙肘在草地上匍匐前進。一步一步地，他終於爬到了籬笆牆邊。接著，他用盡全身力氣．努力地抓住籬笆牆站了起來，並且試著拉住籬笆牆行走。還沒走幾步，汗水就從他額頭滾滾而下，男孩停下來喘口氣，咬緊牙關又拖著雙腿再次出發，直到籬笆牆的盡頭。

男孩在內心深處給自己定下了一個目標，那就是：我一定要站起來。就這樣，每天男孩都要抓緊籬笆牆練習走路。但一天天過去了，他的雙腿仍然沒有任何知覺。他不甘心困在輪椅中的生活，他握緊拳頭告訴自己，未來的日子裡，一定要靠自己的雙腿來行走。

終於，在一個清晨，當他再次拖著無力的雙腿緊拉著籬笆行走時，一陣鑽心的疼痛從下身傳了過來。那一刻，他驚呆了。他一遍又一遍地走著，盡情地享受著別人避之還唯恐不及的鑽心般的痛楚。

從那以後，男孩的身體恢復得很快。他先是能夠慢慢地站起來，扶著籬笆走上幾步。漸漸地，他就可以獨立行走了。最後，他竟然在院子裡跑

了起來。自此，他的生活與一般的男孩子再無兩樣。到他讀大學的時候，還被選進了田徑隊。

他就是葛林．康漢寧博士，他曾經跑出過全世界最好的成績。

故事啟示

很多時候，一些看似不可能的事情，只要我們始終相信，並且勇於探索、實踐，我們的夢想就會變成現實。相信，你就能看見。尋找，你就能得到。

投入讓夢想成真

在里約的一個貧民區裡，有一個很喜歡足球的男孩。但是，由於家境清寒，這個男孩只能從垃圾箱裡撿椰子殼、汽水罐之類的東西練習踢足球的技巧。

有一天，男孩到一個已經乾涸的水塘中玩耍，他的腳下，正踢玩著一個大豬蹄。

這時，恰巧有個足球教練經過，發現男孩踢豬蹄的腳力很強。於是，他便好奇地問男孩為什麼要踢這個豬蹄。

男孩瞪大了眼說：「我在踢足球，不是踢豬蹄！」

教練一聽完，笑了笑說：「豬蹄不適合，我送你一個足球吧！」

男孩開心地拿到了足球，每天更賣力地練習，逐漸地，他已經能夠精準地把球踢進十公尺外的水桶中。

聖誕節到了，男孩對媽媽說：「媽咪，我們沒有錢買聖誕禮物給那位送我足球的好心人，不如這樣，今天晚上祈禱的時候，我們一起為他祝福吧！」

男孩與媽媽禱告完畢後，向媽媽要了一個鏟子，便跑了出去。

只見男孩來到一個別墅的花圃中，努力挖出一個凹洞，就在他快要完成時，有個人走過來，問他在做什麼。

男孩抬起紅紅的臉，甩了甩臉上的汗珠，開心地說：「教練，聖誕節我沒有禮物送給您，只好幫您挖一個聖誕樹坑。」

教練看著男孩哈哈大笑，說：「孩子，我今天得到了世界上最好的禮物，你明天到我的訓練場吧！」

三年後，這個男孩在第六屆世界盃足球賽上，一人獨進 21 個球，為巴西捧回了第 1 個金盃。

這位男孩就是我們熟悉的足球巨星，球王比利。

看著比利練習足球時的投入，不管腳下踢的東西是什麼，他都堅持「足球」的精神，我們就能預言他的未來必定會成功；即使沒有遇上這位足球教練，他也會是未來的足球巨星。

故事啟示

故事中的比利，因為目標明確，所以擁有超強的毅力；因為知道感恩，所以在走向成功的路途上，遇到貴人和機會比別人更多。球王比利成名的故事告訴我們，當天時、地利與人和齊備的時候，只要投入足夠的毅力與努力，不恃寵而驕，勇敢地去追求，我們就能在成功的位子上坐得更安穩、更持久。放飛夢想，未來永遠屬於你。

在絕望中看到希望

有一個人在地上倒了一盆水，地上的落葉就漂了起來。在落葉上正好有一隻螞蟻，看到四周的水，無邊無際，心想這下可完了。

過了一會兒之後，倒在地上的水都蒸發掉了，而那隻在落葉上的螞蟻也隨即爬走了。到蟻穴後，牠痛哭流涕地對同類說：「我差點就見不到你們了。」

這隻螞蟻不知道，當時牠的眼裡只看到了身邊的水，卻沒有看到身邊不遠處沒有水的土地。

故事啟示

失望並不等於沒有希望。無可奈何並不代表已經失去了所有的機會與前途。正因為深切的無可奈何，才使得人在困窘時能有所超越。

不放棄自己的夢想

有一個馬術師的孩子，從小就跟著父親東奔西跑。在他的印象中，生活就是一個馬廄接著一個馬廄，一個農場接著一個農場。

國中時，老師要全班同學寫作文，題目是《長大後的志願》。那晚，他洋洋灑灑寫了三十七頁。

他寫道：「長大後，我將擁有自己的牧馬農場，在農場中央建造一棟占地五千坪的住宅。」

第二天，作業交上去，老師卻給他打了個不及格。

「老師，為什麼給我不及格？」他不解地問。

「你年紀小小的，卻整天做不切實際的白日夢。你沒錢沒背景，怎麼買牧馬農場？怎麼建五千坪的住宅？如果你肯重寫一次，寫得實際點，我會考慮給你打高一點的分數。」老師說。

男孩回家徵求父親的意見。父親說：「兒子，我認為人不該放棄自己的夢想。」

兒子把這句話記在心裡。二十年後，這個男孩有了好幾個牧馬農場，而且建了幾座占地五千坪的住宅。

這個男孩就是美國著名馬術師傑克．亞當斯。

故事啟示

凡是成功人士，其最為重要的特質就是擁有夢想。夢想能給人希望和勇氣。讓我們為了夢想而努力奮鬥吧！

每天都擁有希望

有位醫生素來以醫術高明享譽醫學界，事業蒸蒸日上。但不幸的是，他被診斷患有癌症。這對他來說真是當頭一棒。

他一度情緒低落，但最終還是接受了這個事實，而且他的心態也為之一變，變得更寬容、更謙和，更懂得珍惜已擁有的一切。

在勤奮工作之餘，他從沒有放棄與病魔搏鬥。就這樣，他已平安度過了好幾個年頭。有人驚訝於他的事跡，就問是什麼神奇的力量在支撐著他。

這位醫生笑盈盈地答道：「是希望！幾乎每天早晨，我都給自己一個希望，希望我能多救治一個病人，希望我的笑容能溫暖每個人。」

故事啟示

每天給自己一個希望，我們將活得生機勃勃，激情澎湃，哪裡還有時間去嘆息，去悲哀，將生命浪費在一些無聊的小事上？生命是有限的，但希望是無限的，只要我們不忘每天給自己一個希望，我們就一定能擁有一個豐富多彩的人生。

監獄中的電話

有三個人，分別是美國人、法國人、猶太人，即將被關進監獄三年，監獄長說可以答應他們每個人一個要求。

美國人愛抽雪茄，要了三箱雪茄。法國人最浪漫，要了一個美麗的女子相伴。而猶太人說，他要一部能與外界溝通的電話。

三年過後，第一個衝出來的是美國人。他嘴裡、鼻孔裡塞滿了雪茄，大喊道：「給我火，給我火！」原來他忘了帶打火機了。

接著出來的是法國人。只見他手裡抱著一個小孩子，美麗女子手裡牽著一個小孩子，肚子裡還懷著第三個小孩子。法國人正愁眉苦臉地思考著如何撫養孩子們長大成人。

最後出來的是猶太人，他緊緊握住監獄長的手說：「感謝您讓我擁有一部電話！這三年來，我每天與外界聯繫，我的生意不但沒有停頓，反而成長了 200%。為了表示感謝，我送你一輛勞斯萊斯！」

故事啟示

什麼樣的選擇決定什麼樣的生活，什麼樣的目標導致什麼樣的結果。今天的生活現狀是由三年前我們的目標決定的，而我們今天的目標將決定我們三年後的生活。難怪有人說，目標永遠是你將來生活的底片。

每秒鐘擺一下

一個新組裝好的小鐘被放在了兩個舊鐘當中。兩個舊鐘「滴答」、「滴答」，一分一秒地走著。

其中一個舊鐘對小鐘說：「來吧，你也該工作了。可是，我有點擔心，你走完三千兩百萬次後，恐怕就吃不消了。」

「天哪！三千兩百萬次，」小鐘吃驚不已，「要我做這麼大的事？辦不到，辦不到。」

另一個舊鐘說：「別聽它胡說八道。不用害怕，你只要每秒鐘滴答擺一下就行了。」

「天下哪有這樣簡單的事，」小鐘將信將疑，「如果這樣，我就試試吧！」

小鐘很輕鬆地每秒鐘「滴答」擺一下。不知不覺中，一年過去了，它擺了三千兩百萬次。

故事啟示

每個人都渴望夢想成真，成功似乎遠在天邊遙不可及。其實，我們有了清晰的目標後，只要想著今天我要做些什麼，明天我該做些什麼，然後努力去完成，就像那個小鐘一樣，每秒「滴答」擺一下，成功的喜悅就會慢慢浸潤我們的生命。

不斷校準方向

一個人請調音師到家裡來給鋼琴調一調音。這位調音師還真是個能手。他很仔細地鎖緊了每一根琴弦，使它們都繃得恰到好處，能發出正確的音高。

當他完成整個調音工作後，主人問：「要付多少錢？」

他笑一笑，答道：「還不急，等我下次來的時候再付吧！」

主人不解地問：「下次？你這是什麼意思？」

調音師說：「下星期我還會再來，然後是四個星期後再來一次，再接下來三個月後來一次，共來四次。」

他的話弄得主人一頭霧水，主人不由得問道：「你說什麼？鋼琴不是已經調好音了嗎？難道還有問題？」

調音師清了清喉嚨說道：「我是調好音了，但那只是暫時的，要想讓琴弦始終保持在正確的音調上，就必須繼續『調正』，因為琴弦會在最初的使用中出現變化。所以我還得再來幾次，直到這些琴弦能始終保持在正確的音調上。」

故事啟示

如果我們希望目標能維持長久直至實現，那就得像鋼琴的調音工作一樣，在行動中不斷調整、校準自己的努力方向。目標達成的過程，其實就是不斷瞄準 —— 射擊 —— 再瞄準 —— 再射擊的過程。

紅花下一個春天盛開

有兩個分別叫阿呆和阿土的漁民，他們老實憨厚，卻都夢想著成為大富翁。

有一天，阿呆做了一個夢，夢見對岸島上的寺廟裡種有 49 棵朱槿，其中開紅花的那一株下埋有一罈黃金。阿呆滿心歡喜地駕船去了對岸的小島。島上寺裡果然種有 49 棵朱槿。

此時已是秋天，阿呆便住了下來，等候春天的花開。隆冬一過，朱槿花一一盛開了，但都是清一色的淡黃。阿呆沒有找到開紅花的那一株。

寺裡的僧人也告訴他從未見過哪棵朱槿開紅花。阿呆便垂頭喪氣地駕船回到了村莊。

後來，阿土知道了這件事，就用幾塊錢向阿呆買下了這個夢。阿土也去了那座寺。又是秋天，阿土也住下來等候花開。

第二年春天，朱槿花凌空怒放，寺裡一片燦爛。奇蹟就在那時出現了：果然有一棵朱槿盛開出美豔絕倫的紅花。阿土激動地在樹下挖出一罈黃金。後來，阿土成了村莊裡最富有的人。

阿呆與富翁的夢想只隔了一個冬天。他忘了把夢帶入第二個花開燦爛的春天，而那株足可令他一世激動的紅花其實就在第二個春天盛開了！

故事啟示

我們的人生何曾缺少夢想？那朵絕豔的朱槿花一度又一度在你我的心靈深處搖曳。然而我們總是習慣於只守候第一個春天。面對第一個季節的荒蕪，我們往往輕率地將第二個春天棄之門外，將夢交還於夢。但夢想需要我們不懈地追求，方能實現。

為鐵路而工作

幾年前的一個炎熱的日子，一群工人正在鐵路的路基上工作。這時，一列緩緩開來的火車打斷了他們的工作。

火車停了下來，最後一節車廂的窗戶打開了，一個低沉的、友好的聲音響了起來：「大衛，是你嗎？」，

大衛·安德森，這隊工人的負責人回答說：「是我，吉姆，見到你真高興。」

於是，大衛．安德森和這條鐵路所屬公司的總裁吉姆．墨菲進行了愉快的交談。在長達一個多小時的愉快交談之後，兩人熱情地握手道別。

大衛．安德森的下屬立刻包圍了他，他們對於他是墨菲鐵路公司總裁的朋友感到非常震驚。大衛解釋說，二十多年以前，他和吉姆．墨菲是在同一天開始為這條鐵路工作的。

其中一個人半認真半開玩笑地問大衛，為什麼他現在仍在驕陽下工作，而吉姆．墨菲卻成了總裁。

大衛非常惆悵地說：「二十多年以前，我為一小時兩美元的薪水而工作，而吉姆．墨菲卻是為這條鐵路而工作。」

成功學大師安托萬．羅賓說：「如果你是個業務員，賺一萬美元容易，還是十萬美元容易？告訴你，是十萬美元！為什麼呢？如果你的目標是賺一萬美元，那麼你的打算不過是能養家餬口便可以了。如果這就是你的目標和你工作的原因，請問你工作時會興奮有勁嗎？會熱情洋溢嗎？」

故事啟示

夢想越大，成就越高。人生真的是夢做出來的。越是卓越的人生，越是夢想的產物。可以說，夢想越大，人生就越豐富，能實現的成就也越卓絕。夢想越小，人生的可塑性越差。也就是通常說的：「期望值越高，實現期望的可能性越大。」一個敢想敢做的人，即使沒有實現最終目標，他實際上達到的目標都可能比夢想小的人的最終目標還大。所以，夢想不妨大一點，只要你敢想，沒有實現不了的事情。

第三章
選擇了什麼，就得到什麼

在人生的旅途中，每個人都不可避免地會遇到各式各樣的選擇，有時，在選擇了一些東西的同時就意味著要放棄另一些東西。從容地掌握選擇與放棄，作出明智的人生抉擇，你才能實現終極的人生目標，無悔於自己的人生。

選擇活下去

懷特是個不同尋常的人。他的心情總是很好，而且對事物總是有正面的看法。

好朋友比爾問他近況如何時，他會說：「我快樂無比。每天早上，我一醒來就對自己說，懷特，你今天有兩種選擇，你可以選擇心情愉快，也可以選擇心情不好。我當然選擇心情愉快。每次有壞事發生時，我可以選擇成為一個受害者，也可以選擇從中學些東西，我當然選擇從中學些東西。每次有人跑到我面前訴苦或抱怨，我可以選擇接受他們的抱怨，也可以選擇指出事情的正面，我向來是選擇後者。」

幾年後，懷特出事了。有一天早上，他忘記了關後門，被三個持槍的強盜攔住了。強盜因為緊張而受到驚嚇，對他開了槍。幸運的是，懷特被及時發現並送進了急診室。經過 18 個小時的搶救和幾個星期的精心照料，懷特出院了，只是仍有小部分子彈碎片留在他的體內。

事情發生後半年，比爾見到了懷特，問他近況如何。他答道：「我快樂無比。想不想看看我的傷疤？」比爾屈身去看了他的傷疤，又問他面對強盜時，在想些什麼。

「第一件在我腦海中浮現的事是，我應該關後門，」懷特答道，「當我躺在地上時，我對自己說我有兩個選擇：一是死，一是活。我選擇了活。」

「你不害怕嗎？有沒有失去知覺？」比爾問道。

懷特繼續說：「醫護人員都很好。他們不斷告訴我，我會好的。但當他們把我推進急診室後，我看到他們臉上的表情。從他們的眼中，我看出來他們的看法：他已經是個死人。我知道我需要採取一些行動了。」

「你採取了什麼行動？」比爾趕緊問。

「有個身強力壯的護士不經意地問我問題，她問我有沒有對什麼東西過敏。我馬上答：『有的。』這時，所有的醫生、護士都停下來等著我說下去。我深深地吸了一口氣，然後大聲吼道：『子彈！』在一片大笑聲中，我又說道：『我選擇活下來，請把我當活人來醫，而不是死人。』」

懷特活了下來，一方面要感謝醫術高明的醫生，另一方面得感謝他那積極樂觀的生活態度。

故事啟示

生活充滿了選擇，懷特總是積極地選擇正面，我們有什麼理由去選擇反面呢？我們總會遇到很多挫折和傷害，如果我們用正確的態度去對待，一切困難都可以迎刃而解。

魚和釣竿

四位朋友一起出外遊玩，不小心在大草原上迷了路。為了走出草原，他們決定每兩人一組分別朝著相反的方向走，然後由首先走出草原的那組帶著救援隊一直按原路返回，這樣就可以找到另外一組了。約好之後，這兩組人便按計畫上路了。

當這兩組朋友都已經筋疲力盡，眼看就要窮途末路時，神仙降臨了。於是，兩組中都有一個人得了一簍魚，一個人得了一根釣竿。

第一組的兩個人拿到這兩樣東西之後，生怕對方跟自己搶，便分道揚鑣了。得到魚的人趕緊找個地方生火烤魚吃，得到釣竿的人趕緊找池塘釣魚去，要知道，他們都已經兩天沒有吃過東西了。就這樣，有魚的人天天吃著免費的魚，有釣竿的人則天天拚命尋找著池塘。可是當魚吃完時，得到魚的人還沒有看到草原的盡頭。而有釣竿的人直到餓死時也還沒有找到池塘。

第二組的兩個人沒有各奔東西，而是一起用那簍魚維持著生命，又一起尋找著池塘。等到魚快吃完時，第一個池塘終於被他們發現了，於是，他們又有了一簍新的魚。靠著這種方式，他們最後終於活著走出了大草原。

當第二組按照約定帶領救援隊尋找到第一組的兩個人時，卻發現他們都已經死了，一個死在了空空的魚簍旁，一個死在了嶄新的釣竿旁。

故事啟示

與人合作不僅重要而且必要。個人的力量總是有限的，團隊的力量卻是無限的。學會與人合作，取人之長，補己之短，我們才能各得所需，獲得生存空間。

回到兩年前

一個少婦投河自盡，被河中划船的老船夫救上了船。

船夫問：「妳年紀輕輕的，為何尋短見？」

少婦哭訴道：「我結婚剛兩年，丈夫就遺棄了我，接著孩子又不幸病死。你說，我活著還有什麼樂趣？」

船夫又問：「兩年前妳是怎麼過的？」

少婦說：「那時候我自由自在，無憂無慮。」

「那時妳有丈夫和孩子嗎？」

「沒有。」

「那麼，妳不過是被命運之船送回到了兩年前，現在妳又自由自在，無憂無慮了。」

少婦聽了船夫的話，心裡頓時敞亮了，便告別船夫，高高興興地跳上了岸。

故事啟示

一個人心裡想的是快樂的事，他就會變得快樂；心裡想的是傷心的事，心情就會變得灰暗。人生的成功或失敗，幸福或坎坷，快樂或悲傷，有相當大一部分是由人自己的選擇造成的。

趟河而過

有一條河，河面雖寬，河水卻不深。中等身高的成年人從河裡涉水過去的話，最深處的水面也不過到胸部高。

深秋的一天，天氣已經很冷了。一位老人來到河邊，在呼呼的西北風裡把自己的衣服脫掉，然後用雙手舉著打算過河去。

「老爺爺，你往上游走，十里處有橋。」我急忙喊他道。

「我知道。」老人回頭應了一聲，就踏進了已經冰涼刺骨的河水裡。

「或者往下游走也行，八里處有船。」我不甘心，依然提醒著他。

「我也知道。」老人又說。這次，他連頭也沒回，河水已經漫到了他的腰部，他瘦長枯乾的軀幹在清澈的河水裡分外醒目。

這時，一位年輕人來到了河邊。他看了看河，也脫了衣服打算過去。可是剛走幾步，他就皺著眉頭又跑回了岸上，顯然，河水太涼了，他受不了。

「這附近有橋或者船沒有？」年輕人問我。

「上游十里有橋，下游八里有渡。」我回答。

年輕人「哦」了一聲便向下游走去。

他的身影剛剛消失，又有一位要過河的年輕人來了。他像前面那位一樣，先打量了一會兒河面，然後轉過頭來問我：「這附近有橋或者船嗎？」

「上游十里有橋，下游八里有渡。」我答。

「哦，我暈船，還是往上走十里過橋吧！」年輕人自言自語著，便向上游走去。

我知道，雖然這三個過河的人來的時間差不太多，但當後兩位年輕人到達河對岸時，前面那位老人早已經完成了要走的路。這個「早」字，不僅僅是因為老人年齡大，還因為他拒絕「繞道」。

這些年輕人，在繞道十次、百次、千次之後，也會變得和老人一樣髮鬢皆白，但是他們到達目的地的時間，卻會比老人落後很多，雖然他們走過的總路程並不見得比老人少多少。

故事啟示

選擇「繞道而行」有時確實能解決困難，但生命是有限的，無限拓展其寬度，結果必然是縮短其長度。如果你習慣了「繞道」，在繞不過去時你就會理所當然地停滯不前。

5 元和 1 元

一天，小鎮上來了一位乞丐，誰都沒想到，這位呆頭呆腦的流浪者竟然能夠在鎮上「安身」下來，成為「常住」人員。

這是怎麼回事呢？他安身立命的收入從何而來呢？原來，一切都源於他的「大智若愚」——鎮上的居民看他傻乎乎的，便常常把他當成傻瓜戲耍，想盡辦法開他的玩笑和捉弄他。大家最常用的方法就是：在地上放一個 1 元的和一個 5 元的硬幣，讓他來挑選，看著他急忙去拿那個 1 元的，大家都譏笑他的愚蠢。

這樣的事情，乞丐每天都能遇上好幾次，最多的一回，他一天經歷了

五十幾次。也就是說，光靠這一項「表演」，他每月就能有幾千元的收入。乞丐對生活的要求又不高，日久天長，他不但能夠吃飽喝足，還有了一點點存款。

終於有一天，一位有愛心的婦女再也看不下去人們對乞丐的嘲笑了，她偷偷地對乞丐說：「難道你真的分不清5元和1元嗎？那我來告訴你吧，是5元的大。以後啊！你拿那個5元的，他們就不會再笑你傻了。」

「我才不要呢！」乞丐固執道。

「為什麼不要啊，可憐的人？」婦女大惑不解地問。

沒想到乞丐狡黠地眨了眨眼睛說道：「因為我要以此為生啊！如果我拿了那個5元，以後誰還會再跟我玩這種遊戲呢？這不等於自斷財路嗎？」

婦女大吃一驚，頓時啞口無言。

故事啟示

當人自以為聰明而嘲笑他人的愚蠢時，其實正暴露了自身的愚昧無知。選擇以謙卑柔和的態度與人相處，才是真正的智者所為。

集中營的囚犯

維克多．弗蘭克是一位精神病博士。他曾經在納粹集中營中被關押了很多日子，飽受凌辱。弗蘭克曾經絕望過，這裡只有屠殺和血腥，沒有人性和有尊嚴。那些持槍的人，都是野獸，他們可以毫不眨眼地屠殺一位母親、兒童或者老人。

他時刻生活在恐懼中，這種對死的恐懼讓他感到一種巨大的精神壓力。集中營裡，每天都有人因此而發瘋。弗蘭克知道，如果自己不控制好自己的精神，也難以逃脫精神失常的厄運。

有一次，弗蘭克隨著長長的隊伍到集中營的工地上去工作。一路上，他都被一種幻覺困擾著，晚上能不能活著回來？是否能吃上晚餐？他的鞋帶斷了，能不能找到一根新的？這些幻覺讓他感到厭倦和不安。

於是，他強迫自己不去想那些倒楣的事，而是刻意幻想自己是在前去演講的路上。他來到了一間寬敞明亮的教室中，他精神飽滿地在發表演講。他的臉上慢慢浮現出了笑容。弗蘭克知道，這是久違的笑容。當他知道自己還會笑的時候，他就知道，他不會死在集中營裡，他會活著走出去。

從集中營中被解放出來時，弗蘭克顯得很有精神。他的朋友不明白，一個人如何可以在魔窟裡保持年輕？

而這就是樂觀的力量。

故事啟示

有時候，樂觀可以擊敗許多厄運。因為對於人的生命而言，要存活，只需些許食物和水足矣。但要活得精彩，就需要有樂觀的心胸、百折不撓的意志和化解痛苦的智慧。所以，你要選擇對自己有利的樂觀精神，如果精神垮了，就沒有人救得了你了。

泥巴和星星

美國內戰期間，一個家在美國中部的女人隨著新婚不久的丈夫駐防加州，住在靠近沙漠的營地裡。因為是在戰爭期間，又因為處在沙漠邊緣，營區的生活條件非常差，因此丈夫很是擔心妻子的身體和心情。

他們的小木屋設在離印第安村落很近的一塊空地上。由於沒有什麼遮擋，白天屋裡悶熱難耐，氣溫達到攝氏 40 度以上；晚上，凜冽的大風又刮個不停，塵土到處都是。但不管面對氣候惡劣也好，條件艱苦也罷，女

人都毫不畏懼，只有一點 —— 丈夫天天在外防守，旁邊住的又全是不懂英語的印第安人 —— 讓她每日寂寞難熬。

終於有一天，丈夫要更長時間地離她遠去。上級有命令，他必須外出兩週參加部隊的演習。一聽說這個消息，女人的眼淚立刻流了下來。

「我會很寂寞，」她說，「我要寫信給母親，讓她來接我回家。」

信寄出之後，母親的回信很快就來了，但令女人驚訝的是，母親只在信中寫了一句話：「兩名囚犯從獄中眺望窗外，一個看到了窗框上的泥巴，一個看到了天空中的星星。」

她將這句話看了又看，感覺到一種前所未有的勇氣和開闊從心底升了起來。

「好吧！」她自言自語道，「那我就去尋找天上的星星吧！」說著，她便走出屋外，走向附近的印第安部落，並和印第安人交上了朋友。

她請他們教她如何織東西和製陶器。作為回報，她也把自己出色的烹飪手藝傳授給了對方。日子一天天過去，她越來越了解印第安人的文化、歷史、語言以及風俗了。

後來，她由此及彼，開始研究起印第安朋友長年棲居的沙漠。很快，在她的眼中，那片荒涼之地變成了一處神奇而美麗的地方。

戰爭結束時，這位曾經被寂寞折磨得幾近瘋狂的女性成了一位沙漠專家，還寫了一本十分暢銷的關於沙漠和沙漠居民的書。

故事啟示

境由心造，情由心生。快樂並非一種客觀事物，而是一種主觀心態。只要你的心選擇積極，眼睛選擇美好，困境中的一切也會變成愉悅的源頭。

卡在花瓶中的手

一天早上，媽媽正在廚房清洗早餐的碗碟。4 歲的孩子自得其樂地在沙發上玩耍。不久，媽媽聽到孩子的哭聲。究竟發生了什麼事呢？媽媽衝到客廳看孩子。

原來，孩子的手插進了放在茶几上的花瓶裡。花瓶上窄下闊，他的手伸得進去，但抽不出來。媽媽用了不同的辦法，想把卡住的手拿出來，但都不得要領。

媽媽開始著急了，她稍微用力一點，小孩子就痛得大哭。在無計可施的情況下，媽媽想了一個下策，就是把花瓶打碎。可是她有些猶豫，因為這個花瓶不是普通的花瓶，而是一件古董。不過，為了兒子的手能夠拔出來，這是唯一的辦法。結果，她忍痛將花瓶打破了。

雖然損失不菲，但兒子平平安安，媽媽也就不太計較了。她叫兒子將手伸給她看看有沒有受傷。雖然孩子完全沒有任何皮外傷，但他的拳頭仍是緊緊握著。是不是抽筋了呢？

媽媽再次驚慌失措了。

原來，小孩子的手不是抽筋。他的拳頭不張開，是因為他緊握著一枚硬幣。他為了拿這一枚硬幣，才將手卡在了花瓶裡。他的手抽不出來，不是因為花瓶口太窄，而是因為他不肯放棄。

故事啟示

放棄本身就是一種選擇。選擇淘汰掉自己的弱項，選擇發現自己的強項。放棄不是不思進取，恰到好處的放棄，正是為了更好地進取。常言道：「退一步，海闊天空。」懂得了放棄的真意，也就理解了「失之東隅，收之桑榆」的真諦。

意志的自由

30 歲前，我是一位健康活潑、喜歡跳舞的女性，常常在週末請鄰居和朋友們來我家跳舞。看到大家興高采烈的樣子，我感覺既幸福又滿足。可是 30 歲時，這一切都被毀掉了。

我至今記得那個痛苦的早晨，起床時我發現自己怎麼也動不了。醫生的診斷結果說我的脊椎中長了一個瘤，而且無論切除與否，我都不可能再站起來了。當得知我再也不能恢復到以前的樣子，再也不能教我可愛的女兒跳舞，我真是傷心極了。

有好長一段時間，我都躺在病床上反覆問自己這種日子還值不值得過下去。但是某天，我忽然被一個念頭擊中了：我至少還有選擇的自由啊！這個念頭頓時掃光了我的沮喪，讓我歡喜不已，當時我便告訴自己，我要選擇堅持與樂觀。

後來，我創辦了當地第一家殘疾人輔導社團，還做過一個殘疾人電臺節目的主持人，也曾到各大監獄給那些四肢健全的年輕人們講授人生道理，並和他們成了好朋友。

某天，女兒突然問起我當年是怎麼熬過來的，我微笑著指指自己的腦袋：「用我的自由意志啊！自由有很多種，我只不過是失去了身體自由這一種而已。」

故事啟示

無論處境多麼艱難，只要還活著，我們就有選擇的自由，或快樂或痛苦、或堅持或放棄、或生存或死亡，都掌握在我們自己的手裡。更重要的是，我們還擁有更改原來的選擇的自由。

真正想要的是什麼

有一個美國男孩，在父母的關愛下長大，男孩的父母都希望他能成為一個體面的醫生。可是，男孩讀到高中便被電腦迷住了，整天玩著一臺舊電腦，不斷地把電腦的主機板拆下又裝上，樂此不疲。

男孩的父母見了很擔心，也很傷心。他們苦口婆心地勸告他：「你應該用功唸書，否則根本無法在社會立足。」

男孩的內心非常矛盾，他既不願意放棄自己的興趣，也不願意讓父母難過，最後，他按照父母的願望考上了一所醫科大學，可是他的內心始終只對電腦感興趣。第一個學期快要結束的時候，他毅然決然地告訴父母他要退學。父母苦勸無效，也只好很遺憾地同意他退學。

男孩後來成立了自己的電腦公司，創立了自己的品牌。開業第二年，公司就順利地上市發行股票，頃刻間他擁有了一千八百萬美元的資金，那年他才二十三歲。

十年後，他更創出了不下於比爾．蓋茲的神話，擁有資產達四十三億美元。他就是美國戴爾公司總裁麥可．戴爾。

故事啟示

面臨抉擇的時候，最好還是先問一問自己心中真正想要的是什麼，因為唯有不勉強、不委屈，才能讓自己在追求目標的過程中，不埋怨、不推卸責任。「擇你所愛，愛你所選」是對自己人生負責的第一步。

狐狸吃葡萄

覓食的狐狸被一陣果香吸引了。順著香味，牠尋找到了源頭——一個長得茂盛的葡萄架。正值葡萄成熟的初秋，架上晶亮的果實把狐狸饞得垂涎欲滴。

於是，狐狸圍著籬笆轉起來，牠希望能夠尋找到一個入口。結果，牠還真發現了一個小洞。可是那洞實在太小了，狐狸肥碩的身體根本鑽不進去。怎麼辦？狐狸眼珠轉轉，想出了一個辦法：餓自己幾天，讓身體瘦下來。

在籬笆牆外絕食七天之後，狐狸的身體已經變得非常苗條了，一下子就鑽到了籬笆牆裡面。這下好了，架上誘人的葡萄全都是牠的了。

美美地享受了半個月之後，架上的葡萄基本上已經被狐狸吃光了。這時，心滿意足的牠打算打道回府。可是再次來到出去的洞口時，牠才發現自己胖起來的身體又無法成功鑽過那個小洞了。沒辦法，狐狸只好再次絕食七天，把自己餓瘦，然後鑽出了籬笆牆。

結果，鑽洞而入的狐狸和鑽洞而出的狐狸看起來幾乎一模一樣。

看到這裡，有人也許會嘲笑狐狸的愚蠢，但是我對它的做法卻抱有幾分敬意。其實，人或者其他任何一種生命，最初和最終的狀態都是差不多的。而如何對待中間階段，便是生命含義的不同所在——偉大的人，會選擇創造；聰明的人，會選擇享受；愚蠢的人，會選擇逃避。

故事啟示

花開之後是凋謝，人生的終點是死亡。任何事物包括生命在內，都是一個左右對稱的過程。只不過，把途中風景畫成什麼樣，決定權在你。

數鈔票的遊戲

某電視臺新開了一個娛樂節目，其中有一個單元叫做「數鈔票」，也就是在限定的時間內，讓參加者盡情地數擺在眼前的鈔票。這個單元之所以吸引人，是因為它的規則：只要你報出的數字正確無誤，你數過的鈔票就全是你的了。當然，桌子上的鈔票是雜亂疊放、金額不一的。

這期的參加者一共是四位，主持人宣布開始之後，四個人都緊張地忙碌起來。但是站在最右邊的小個子男人有點與眾不同，只見他先是迅速地挑著面額最大並且一致的鈔票，等到比賽時間大約過了一半時，他才開始仔細數手中的鈔票，數完一遍之後，他又數了一遍。他剛數完，主持人便喊停了。

按照順序，第一位報出的數字是 5,036 元，第二位報出的是 3,758 元，第三位報出的是 4,229 元，第四位也就是那個小個子男人報的是 680 元。小個子男人的話音剛落，下面的觀眾就哄堂大笑開。如此又笨又蠢的人，當然會成為大家的笑料。

五分鐘之後，主持人開始宣布剛才四位參加者所數鈔票的正確總額，第一位：5,031 元；第二位：3,751 元；第三位：4,228 元；第四位：680 元。

主持人響亮的聲音迴蕩在演播廳裡。這次，下面的觀眾都不笑了，他們都愣住了。然後，主持人宣布，今天報數完全正確、獲得獎金的是第——四——位！

這個結果顯然太出乎大家的意料了，所以臺下的觀眾開始交頭接耳地議論起來。主持人示意大家安靜下來，然後微笑著說道：「自從這個節目開辦以來，還沒有誰能獲得超過 1,000 元的獎金。按照普通人的能力，一分鐘之內是數不了很多鈔票的。如果盲目圖快，最後只會是忙中出錯，有時，有些人甚至會因為 1 元之差而與獎金無緣。」

故事啟示

只有懂得自身能力有限，學會適當放棄，我們才可能獲得更多。這不但是經營人生的一種策略，更是一種智慧和勇氣。

金錢與尊嚴

有位富翁總是得不到旁人的尊重，他為此苦惱不已，每日苦思如何才能得到眾人的敬仰。

某天，在街上散步時，他看到街邊一個衣衫襤褸的乞丐，心想機會來了，便在乞丐的破碗中丟下一枚亮晶晶的金幣。

誰知乞丐頭也不抬地仍是忙著捉虱子。富翁不由得生氣：「你眼睛瞎了？沒看到我給你的是金幣嗎？」

乞丐仍是不看他一眼，答道：「給不給是你的事，不高興可以拿回去。」

富翁大怒，意氣用事起來，又丟了十個金幣在乞丐的碗中，心想這次他一定會趴著向自己道謝，不料乞丐仍是不理不睬。

富翁幾乎要跳了起來：「我給了你十個金幣，你可要看清楚。我是有錢人，好歹你也尊重我一下，道個謝你都不會？」

乞丐懶洋洋地回答：「有錢是你的事，尊不尊重你則是我的事，這是強求不來的。」

富翁急了：「那麼，我將我財產的一半送給你，能不能請你尊重我呢？」

乞丐翻了翻白眼後看他：「給我一半財產，那我不是和你一樣有錢了嗎？為什麼我要尊重你？」

富翁更急起來道：「好，我將所有的財產都給你，這下你可願意尊重我？」

乞丐大笑：「你將財產都給我，那你就成了乞丐，而我成了富翁，我憑什麼來尊重你？」

故事啟示

故事中的富翁有錢後，渴望別人的肯定與尊重，而乞丐的表現，則清楚地說明了金錢與尊重在許多時候是難以畫上等號的。富翁若能明白這一點，要受人尊重也就不是難事了。

奇特的禮物

1976 年時，麥克．萊恩還是一名探險隊員。也正是在那一年裡，他跟隨英國探險隊成功登上了聖母峰。可是在下山時，他們卻遇到了極其危險的狂風大雪，而且很長時間之後，大雪還是沒有要停下來的跡象。

見此情景，麥克一行人非常著急，因為他們的食品已經不多了，如果停下來紮營休息，一定無法撐到下山。而一旦不能補充足夠的熱量，在那樣嚴寒的天氣裡，他們會必死無疑。可是繼續前行又幾乎不可能，因為大雪早已經覆蓋了大部分路標，過多的彎路會讓身背沉重增氧設備的隊員們體力消耗過大，還是會有生命危險。

怎麼辦？正當整個探險隊陷入迷茫時，麥克．萊恩率先丟棄了所有的隨身裝備，提議只留下食品，輕裝前行。「不行！」其他隊員幾乎異口同聲地反對。要知道那時他們離山下至少還有 10 天的時間，如果丟下增氧設備的話，中途休息時，身體很可能會因為缺氧而被凍壞。

但是，麥克．萊恩卻堅持讓大家這樣做。他說：「看樣子，這暴風雪

十天半個月都不會停，再拖延下去，所有的路標就都會被埋住了。那樣的話，我們即使不被餓死，也會迷失方向，陷入更可怕的絕境。倘若徒手前行，我們就可以提高下山的速度，保證最大的生還希望。」

最終，隊友們聽從了他的建議，開始不分晝夜地加速前行。8 天後，他們安全到達了山下，雖然都被凍傷，卻沒有一個人丟掉性命。誠如麥克．萊恩所料，一直到那時，惡劣的天氣還沒有好轉。

後來，當國家軍事博物館的工作人員們請求麥克．萊恩贈送博物館一件與登上聖母峰有關的物品時，他奉上了這份既奇特又珍貴的禮物——10 個腳趾、5 個右手指尖，這都是在下山過程中，因為凍壞而被截掉的。但是，這又恰恰證明了他當年選擇的正確性，否則，軍事博物館裡要收藏的，恐怕就是他的遺物了。

故事啟示

選擇的同時，必然需要放棄。正確地放棄，選擇才可能成功。這其中最關鍵的，就是要認清事物的主要矛盾點，抓住對自己更有價值的東西。

珍珠項鍊

五歲生日時，妞妞得到了一串假的珍珠項鍊。她對這串項鍊愛不釋手，無論穿什麼衣服都會把它戴在脖子上，晚上睡覺還要把它放在枕邊。一直到六歲生日來臨時，她對這條項鍊的愛依然有增無減。

「媽媽，妳今天會送什麼禮物給我？」妞妞問媽媽。

媽媽彎下腰，用額頭抵住她可愛的小臉：「寶貝，媽媽當然要送妳一件很漂亮的禮物，但是妳得拿妳那串珍珠項鍊來交換。」

聽到這裡，妞妞的大眼睛一下子裝滿了淚水：「不可以的，媽媽，妳知道我很愛它。我用別的來交換好嗎？」

「不可以。」媽媽的語氣很溫柔但也很堅定。

「我可以把我的小白象送給妳，它一直是我非常喜歡的一件玩具。我還可以把那條美麗的公主裙送給妳……」妞妞很著急地說著。

「不可以，媽媽就要妳的項鍊。」媽媽搖著頭重複道。

妞妞不出聲了，晶瑩的淚珠從她臉上一顆一顆地滾落下來。沉默了許久之後，妞妞終於慢慢地從脖子上摘下了那條珍貴的項鍊，雙手呈給媽媽。

「寶貝，這是媽媽送給妳的禮物。」媽媽的聲音有些哽咽。

妞妞緩緩地抬起頭，她模糊的淚眼中出現了一個精美的盒子，裡面是一條閃著柔和光澤、美麗絕倫的珍珠項鍊，這是真的珍珠。

原來，媽媽一直在等著女兒放棄那串假的項鍊後，才肯把真的給她。

故事啟示

放棄假的珍寶，才能得到真的珍寶。如果讓沒有真正價值的東西占滿我們的世界，有真正價值的珍寶便不會到來，忍痛割愛，往往能得到更多。

讀書與雕塑

麥可是個調皮搗蛋的孩子，他覺得單調乏味的讀書生活很煩。因為成績不好，老師的責罰與同學的嘲笑成了他的家常便飯。母親因此傷透了心，不得不把「望子成龍」變成了「望洋興嘆」，認為自己的孩子再也沒有什麼前途可言了。

但麥可雖然成績不好，卻有著一向本事，隨便什麼木頭、石塊，經他的手擺弄幾下，就會變成一個玲瓏可愛的小玩意兒。看著兒子每天「不務正業」，母親便讓他退了學，找了家工廠去工作。在工作時，麥可依然是個雕塑愛好者，常常為了雕刻一個小東西而忙到凌晨兩三點鐘，在第二天的工作中哈欠連天。可憐的母親因此常常淚水洗面，她實在是太憂慮兒子的將來了。

但是出人意料的是，原本「不務正業」的麥可後來竟然成了轟動一時的雕塑大師，因為他在某場雕塑大賽中獲得了特等獎。為了表示對這位雕塑天才的尊重，市政府還特意將他的作品放大，安置在市政大樓前的廣場上。

面對這一結果，失望了 20 多年的母親瞠目結舌。

故事啟示

你最喜歡做什麼，能做什麼，只有你自己最清楚。按照內心的真實意願去選擇人生道路，你才可能做成最棒的自己。

鐵鍋和砂鍋

鐵鍋建議砂鍋和它結伴旅行。砂鍋委婉地說自己最好還是待在爐火旁，對它來講，哪怕稍有點磕碰就將粉身碎骨，變成碎片一堆。

「跟你相比，」砂鍋說，「你比我硬朗，沒有什麼能使你受損。」

「我可以保護你，」鐵鍋說，「假如有什麼硬東西要碰撞你，我會將你們隔開，使你安然無恙的。」

砂鍋終於被鐵鍋說服了，就與鐵鍋結伴上路了。它們的主人一瘸一拐地在路上行走，稍有歪斜，兩口鍋就撞在了一起。砂鍋難受死了，走了不到百步，還沒來得及抱怨，就已被它的保護者撞成了一堆碎片。

故事啟示

擇友要選擇和自己趣味相投的人，否則將會落得像砂鍋一樣的下場。有人說，擇友不慎等於自殺，選擇朋友除了要與自己趣味相投外，還要記住：「勿交惡友，不與賤人為伍；須交善友，應與上士為伍。」

再嘗試一次

一位生物學家和一位心理學家在一起討論「信心和勇氣」這個話題。生物學家做了一個實驗給心理學家看。

他將一個很大的魚缸注滿水，然後用一塊乾淨的玻璃板把魚缸隔成兩半，一半放上一條已經餓了好幾天的食肉大魚，另一半則放上大魚最愛吃的數條小魚。

剛開始，饑腸轆轆的大魚兩眼放光，拚命衝向小魚所在的區域，可是一次又一次的碰壁之後，牠的速度和衝擊力都明顯地減弱了。一刻鐘之後，撞得鼻青臉腫的大魚停止了攻擊，失望地伏在缸底搖尾乞憐。

這時，生物學家輕輕地抽掉了那塊玻璃板，讓小魚可以自由自在地游到大魚嘴邊去。結果，對於近在咫尺的美食，食肉大魚居然無動於衷，只敢看不敢吃！很顯然，是多次的失敗經歷把大魚嚇住了。

「在動物界，大魚吃小魚本是天經地義的，當然也是輕而易舉的。可是，這條大魚卻害怕起自己的珍饈美味來，這不能不說是牠的悲哀啊！」生物學家嘆惜道。

「再相信自己一次，你就可以吃到美味了！」心理學家對著麻木的食肉大魚說道，之後又轉過身來，「看來，哪怕失敗 999 次，第 1,000 次我們也必須站起來，因為很可能，這一次就是捅破窗戶紙的時候。」

「由此可見，因為一次兩次的失敗便放棄努力，有時會留下很多遺憾！」生物學家總結說道，我們應該記住這句話：「無論何時，都要再嘗試一次。」

故事啟示

因為害怕失敗的痛苦，所以我們選擇放棄或者不再嘗試。可是，不選擇也是一種選擇，放棄不是等於選擇了一種更大的痛苦嗎？

丟失的一美元

一個小鎮商人有一對雙胞胎兒子。這對兄弟長大後，就留在父親的店裡幫忙，直到父親去世，兄弟倆共同接手經營這家商店。生活一切都很順利。

直到有一天，一美元丟失後，兄弟倆的關係開始發生改變。哥哥將一美元放到收銀機裡，並跟顧客外出辦事。當他回到店裡後，發現收銀機裡的錢不見了。

他問弟弟：「你有沒有看到收銀機裡的錢？」

弟弟回答：「我沒有看到。」

但哥哥對此事一直耿耿於懷，咄咄逼人地追問，不願罷休。

哥哥說：「錢不會長了腿跑掉的，我認為你一定看到了這筆錢。」語氣中隱約帶有強烈的質疑意味，怨恨油然而生。

不久，手足之情就出現了嚴重的隔閡。剛開始，雙方不願交談，後來，決定不在一起居住，他們在商店中間砌起一道牆，從此分居而處。

二十年過去了，敵意和痛苦與日俱增，這樣的氣氛也感染了雙方的家庭和整個社區。

後來，有位開著外地車牌的車的男子，在哥哥店門口停下來。他走進店裡問道：「你在這個店裡工作多久了？」哥哥回答說他一輩子都在這個店裡工作。

這位客人說：「我必須告訴你一件往事，二十年前，我還是個不務正業的流浪漢。有一天流浪到這裡，已經好幾天沒吃東西了，我偷偷地從這家店的後門溜進來，並且將收銀機裡的一美元拿走。雖然時過境遷，但我對這件事一直無法忘懷。一美元雖然是個小數目，但我深受良心的譴責，我必須回到這裡請求你的原諒。」

當說完原委後，這位客人很驚訝地發現店主已經熱淚盈眶，語帶哽咽地請求他：「你能否也到隔壁將故事再說一遍呢？」當這個男子到隔壁說完故事以後，他驚愕地發現兩個面貌相像的中年男子，在商店門口痛哭失聲，相擁而泣。

故事啟示

猜疑是人生大害，它可以平地生出隔閡，讓至親成仇敵。人生切忌將光陰虛耗在無端的猜疑中。放棄生活中無端的猜疑，讓家庭中的溫暖長存。

像咖啡那樣生活

廠裡晉升職位，曉閩又沒升上。想想自己多年來的努力，他很氣惱，於是決定以後再也不像從前那樣積極主動地做事了。

晚飯時，曉閩跟父親談起了這件事，做廚師的父親一聲不吭地聽著。吃過飯後，父親突然把懶散的他叫進了廚房裡。

曉閩莫名其妙地看著父親忙碌，不知道他要做什麼。只見父親把三個

小鍋裝滿了水，然後從冰箱裡拿出來三樣東西：一根紅蘿蔔、一個雞蛋、一包咖啡。等到水沸騰時，父親把這三樣東西丟進了鍋裡。十分鐘之後，父親熄了火，把煮熟的紅蘿蔔、雞蛋和咖啡分別盛放在三個碗裡。

「你看到了嗎？」父親問曉閩。

「看到了，爸爸，可是，我實在不知道你在做什麼？」曉閩回答道。

「你看。」父親用筷子戳了戳紅蘿蔔，軟軟的紅蘿蔔上立刻出現了兩個小洞。

「你再看。」父親敲碎雞蛋殼，雞蛋裡面已經成了固體狀態。

「你再聞一聞咖啡。」父親把碗端到曉閩面前，頓時，一陣咖啡香傳來。

「同是在沸水裡，三種東西的反應卻不同。原本最堅硬的紅蘿蔔軟了；原本軟的雞蛋硬了；原本是粉末的咖啡變成了液體。」

「人這一輩子總有活在『沸水』裡的機會，至於你要如何變化，全在你的選擇。但是作為父親，我希望你能像咖啡那樣。」父親的聲音渾厚莊重。

旁邊，曉閩聽得淚光瑩瑩。

故事啟示

我們無權選擇事事如意的人生，但有權選擇面對逆境時的態度和做法。你可以屈服，可以堅強，也可以努力去改變環境。

改變的代價

春節剛過，顧先生便辭職創業了。聯絡好幾位創業盟友以後，他開始尋找辦公場所。按照廣告上的地址跑了好幾天，最後，他選定了離市中心稍遠但交通很方便的一座辦公室。整棟樓一共八層，一二樓被房東開飯店用了，四到八樓早已被人租去，只有三樓是空的，所以顧先生只能在三樓選了一間。簽好合約，交完整年的租金後，顧先生便開始辦公了。

不料，沒過 3 個月，房東便滿臉堆笑地來找他商量：「有一家公司想租整層，現在三樓就您一家公司，剛好上個月四樓又騰出一間空房，所以我想讓您幫個忙，搬到四樓去，您看怎麼樣？」

「四樓是什麼樣的？」顧先生一邊跟著房東看四樓的房間，一邊問道。

「您也看到了，這間裝修好，而且也比下面那間大，所以，」說到這裡，房東頓了頓，「這租金的事，我們得重新商量商量。」

「那我考慮一下吧！」說完，顧先生就轉身下樓去了。

一週以後，房東又來了，還是滿臉堆著笑：「我想了想，反正現在我手裡也不缺錢，租金的事今年就先這樣了吧。不過我手裡有點貨沒處擺，您看能不能在四樓上幫我隔出一個小倉庫？當然，前提是不影響您辦公。」

「行，我考慮考慮吧！」顧先生還是甩給房東一句這樣的話。

再過一週，房東又堆著笑上來了：「顧先生啊，您就幫我這個忙吧。這邊離市中心遠，房子不好往外租，我打了幾次廣告才找來這麼一家租整層的，真的很想留住這個房客啊！」

「行，我再考慮考慮！」顧先生頭也不抬地說道。

「您別再考慮了，我等不起啊！」房東哭喪著臉，「這樣吧！你搬到四樓去，今年的租金我們還是按合約算，我那批貨也另找地方安放。搬家的人力、費用都由我來出，只要您答應今天就搬上去，行不行？」

顧先生這才微笑著抬起頭來：「早這樣不就得了嘛！說心裡話，我可不是存心想為難你，只不過想告訴你：每一種改變都要付出代價！」

「是！是！」房東一邊賠笑點頭，一邊揮手將早就等在外面的搬家人員叫進來。

看到顧先生這邊收拾完畢，房東急忙地給想租三樓的那個客戶打電

話。不料，對方卻告訴他：「你怎麼不早點打啊？今天上午我們已經租下了別間，連定金都付了，就這樣吧！」

故事啟示

每一種改變都需要付出代價，倘若什麼都不想付出，最後只能是付出更多。減少所付代價的唯一方法就是事先權衡，有所取也有所捨。

開哪扇窗

因為工作太忙，父母將小女孩送到了鄉下爺爺家。缺少了同齡孩子的陪伴，小女孩感覺異常孤獨。只有當她跑進爺爺的玫瑰花園，看著美麗的彩蝶飛舞時，她的臉上才會展露出純真的笑容。

為了讓孫女盡可能地高興，爺爺花高價買了一隻非常可愛的黃毛小鬆獅犬送給她。小女孩果然非常欣喜，每天都會帶著小狗到處跑，原來的憂鬱一掃而光。可是，這樣快樂的日子沒過幾天，小鬆獅犬就因為誤食毒老鼠藥死了。

小女孩傷心極了，她一邊趴在窗臺上看著窗外忙碌的人們——他們正在埋葬自己最心愛的小狗，一邊淚流滿面地哭泣，好像小狗帶走了她全部的快樂。爺爺見狀，趕緊心疼地把她抱下來，抱到另一扇窗邊。

這扇窗正好對著一片玫瑰園。時值盛夏，玫瑰花開得正好，陣陣清香隨風飄來，沁人心脾。小女孩頓時覺得心胸開朗。她呆呆地看著玫瑰花，又想起了不久前在花叢裡奔跑捕蝴蝶的情景。想著想著，她不知不覺就忘記了剛剛死亡的小狗，臉上掛滿甜美的微笑。

這時候，爺爺托起她的下巴說：「寶貝，妳看，妳是可以高興起來的，就看妳要開哪扇窗。」

故事啟示

窗外是什麼樣的風景，我們無法改變，但我們卻可以選擇待在哪扇窗下面。選擇那扇能夠帶給你快樂的窗戶，你也就選對了心情，選對了對待人生的態度。

犧牲和選擇

美國年輕人麥可來臺灣旅遊時，對易雲一見鍾情。追了兩年之後，易雲終於被他感動了。她辭掉舒適的工作，跟麥可飛去了美國。

沒想到，剛度完蜜月，麥可便要求她出去找工作。

「老公，我為你辭掉了工作，遠離家鄉來到了美國，你就不能體諒一下我為你做出的犧牲，好好養我幾年嗎？」易雲撒嬌道。

「什麼？」麥可十分驚訝，「這怎麼會是『犧牲』呢？這是妳的選擇，一切都是妳自願的，不是嗎？」

聽到這句話，易雲差點昏過去，她認為自己看錯了人。由於易雲堅決不肯在人生地不熟的美國找工作，幾個月之後，麥可向她提出了離婚。

離婚後的易雲消沉了很長一陣子。用光麥可分給她的財產後，她不得不再度就業養活自己了。但是沒想到，她慢慢立穩了腳跟，荷包也漸漸鼓了起來。

一直到了解了當地的風土人情之後，易雲才明白：原來在美國人心中，只有尊重對方的選擇之說，沒有感恩對方的犧牲之說。所以，做選擇時你一定要根據自己的真實意願，因為對方是絕對不會出於感激而承擔你的選擇帶來的後果的。

故事啟示

不要讓別人對你的選擇負責，否則就不要怪別人對你不負責。另外，永遠不要放棄自我選擇的權利和自由，這樣你才可能握住幸福的手。

從囚犯到球星

在美國，有一個黑人青年，他在一個環境很差的貧民窟裡長大。他的童年缺乏教育，跟別的壞孩子學會了逃學、破壞公共財物和吸毒。他剛滿12歲就因盜竊一家商店被逮捕；15歲時因為企圖撬開辦公室裡的保險箱，再次被捕；後來，又因為參與對附近一家酒吧的武裝打劫，他作為成年犯第三次被送入監獄。

一天，監獄裡一個年老的無期徒刑犯人看到他在打壘球，便對他說：「你是有能力的，你有機會做些你自己想做的事，不要自暴自棄。」

年輕人反覆思索老囚犯的這席話。雖然他還在監獄裡，但他突然意識到他具有一個囚犯能擁有的最大自由：他能夠選擇出獄之後幹什麼，他能夠選擇不再成為惡棍；他能夠選擇重新做人，當一個壘球手。

5年後，這個年輕人成了明星賽中底特律老虎隊的隊員。底特律壘球隊當時的領隊馬丁在友誼比賽時訪問過監獄，他努力幫助年輕人假釋出獄。不到一年，年輕人就成了壘球隊的主力隊員。

故事啟示

自由是人人都有的，它存在於自由選擇的絕對權利之中，我們所有的人都有這種權利。雖然你失敗了，但你擁有自由，擁有選擇的自由，這已經是失敗給予你的最大恩賜了。

不分輕重

據說，在古代，永州的人們都很會游泳。

有一年夏天，大雨一直不停地下著，一場百年不遇的洪水災害到來了，永州人不得不紛紛外逃。有五六個人還算幸運，不知從哪裡找來了一隻小木船，他們輪換著拚命地搖槳，希望快點逃出這死亡的深淵。

但是，突然一個大浪撲來，小船一下子被打翻了，幾個人都落水了。他們趕緊撲騰著往岸上游去，可是其中有一位即使使出全部的力氣，也沒能游出多遠，他的頭在水裡一沉一浮的，眼看就要不行了。

同伴們回過頭來著急地問道：「平日就你游得最好，今天你這是怎麼了？」

這人一邊掙扎一邊回答道：「我怕到了外地沒法生活，所以就在腰上纏了五百兩銀子。可是，銀子太重了，重得我快要游不動了，你們快來幫幫我吧！」

同伴們聽了這話，生氣地大喊道：「都什麼時候了，你還在意那點銀子！快點解下來扔掉啊，保命重要！」

但是，這個人卻怎麼也捨不得扔掉銀子。結果，同伴們都游上岸了，他還在水裡掙扎著，最後終於被淹死了。

看著他在巨浪中消失，同伴們嘆息道：「唉，別怪我們不救你，是你自己不分輕重，不救你自己啊！」

故事啟示

得失總是相隨的。合理地選擇放棄，也就等於合理地選擇得到。不分輕重地抓住一切，最後只會失去更多，甚至讓所得再無意義。

裝修師傅和油漆工

凱蒂剛剛買了新房子，興奮地與丈夫商量好牆壁的油漆顏色後，就去找油漆工了。雖然丈夫曾是個優秀的裝修師傅，但是很不幸，他的雙眼在一場車禍後失明了。

油漆工找來後，丈夫一邊和他聊天，一邊幫著做點力所能及的事。比如攪拌時，應油漆工的要求幫忙去扶一扶顏料桶。不過，這多少有些奇怪，因為這根本不需要太大的力氣，一隻手攪拌，另一隻手扶住桶就足夠了。

七天之後，粉刷工作完成了，淡綠色的牆壁看上去相當漂亮，凱蒂非常滿意。但是收費時，油漆工只收了原定價格的一半。

「怎麼會這樣？」凱蒂奇怪地問他，想一想又忽然明白了什麼似的說道：「我們過得很好，不需要您的特殊照顧。」

油漆工答道：「我並不是為了照顧妳們，而是為了表示感謝。在和妳丈夫一起工作的這幾天，我過得非常快樂。我想，這段日子會改變我今後的人生，因為他的樂觀讓我意識到，我的境況並不是最壞的。少算的那部分錢，就當作是我對他表示的謝意吧。」

說完這些，油漆工便提著顏料桶走了。粗心的凱蒂這才發現，這位油漆工只有一隻右手。

故事啟示

我們無法選擇人生，卻能選擇面對人生的態度；我們無法改變事實，卻能改變面對事實的心情。所以，無論境況如何，我們都能快樂，只要我們選擇快樂。

耶穌和撒旦

畫家大衛想畫一幅關於耶穌的畫，卻苦於找不到一位純真聖潔的人當模特兒。半年後的某天，他忽然在修道院裡看到一位虔誠的修道士。

「太棒了，就是你了！」大衛興奮地喊道。顯然，修道士清澈如水的雙眼給了他靈感。

自從畫了這幅畫後，大衛一炮而紅，成了家喻戶曉的著名畫家。為了表示對修道士的謝意，大衛給了他很大一筆錢。

三年後，偶然有人建議大衛道：「你畫了耶穌，應該再畫一幅魔鬼撒旦才是。」大衛一聽有道理，立刻答應了下來，但問題是：去哪裡找一位與撒旦形象相符的模特兒呢？

跑了許多地方之後，大衛最終來到了監獄裡。在那裡，他終於找到了他心目中的撒旦。沒想到當他把自己的請求告訴對方時，那位髒兮兮的囚犯竟然哭了起來。

「你難道不認識我了嗎，大衛？」囚犯問道。

「你是？」大衛疑惑地望著囚犯。

「我就是 N 年前你畫耶穌時的模特兒修道士啊！」囚犯說道。這個回答讓大衛大吃一驚。

「自從有了錢以後，我就再也無法像原來那樣虔心修道了。」囚犯回憶道，「每天，我都會躲開眾人的眼睛，偷偷地跑出去花天酒地。把錢花光後，我的欲望卻還像魔鬼一樣瘋狂滋長，沒辦法，我只好去偷、去搶、去騙……就是因為這個，三個月前，我被抓到了這裡。讓我最難過的是：你以前畫的聖人是我，現在要畫的魔鬼居然還是我！」

故事啟示

人性中既有善的一面，也有惡的一面。修身養性是聖潔品性的使者；放縱墮落是魔鬼撒旦的催生劑。成為哪種人，全在你的一念之間。

先救哪個人

這是一道非常著名的測試題，它曾經影響了許多人的一生。

在一個暴風驟雨的晚上，你開著一輛車經過一個車站，看到有三個人正在等公共汽車。其一是位快要病死急等救治的老人，非常可憐；其二是位醫生，他曾經救過你的命，是你的大恩人，你做夢都想報答他；其三是個女人（男人），她（他）正是你做夢都想娶（嫁）的那個人，一旦錯過也許就不會再遇上了。但不巧的是，你的車子太小了，除了司機之外只能再搭乘一個人，這時候，你會如何選擇呢？

從理論上來講，每一種選擇都能講得通：沒有什麼比生命更重要，老人就快要死了，所以應該先救他。但是大千世界，有誰不是最終只能把死亡當成終點站呢？這樣一想，你決定先讓那個醫生上車，因為他曾經救過你，而眼下正是一個最好的報答機會。可是你又在想：錯過這一次，將來你還可以尋找很多機會去報答他，但那個女人（男人），一旦錯過了，就很可能永遠也遇不到像她（他）這樣令自己心動的人了，畢竟這是關係自己一輩子幸福的大事，比其他的一切份量都更重一些，所以你又決定載走她（他）。

果然，人們對這個問題的答案五花八門，而且都有充分的理由。最終，有一個最佳答案獲得人們的普遍認同：給醫生車鑰匙，讓他帶老人去醫院，而自己則留下來陪夢中情人一起等公車。這樣既顧全了道義，又報答了醫生（把車送給了他），還保證了自己一生的幸福。

這個結果顯然是令所有人滿意的，但卻幾乎從未有人一開始就這樣想過。因為當事情落到自己頭上時，有誰想過要放棄手中已經擁有的優勢（車鑰匙）呢？

故事啟示

得失總相隨，若想尋找到最佳的平衡點，放棄是前提。很多時候，你之所以不能得到更多，是因為你不願主動放棄某些優勢。

小女孩訂新鞋

有一個小女孩是個優柔寡斷的孩子。10 歲那年，她拿著媽媽給的壓歲錢去一家鞋店訂做新鞋。

「妳想做方頭的還是圓頭的？」老闆問她。

「這個，我不知道。」小女孩猶豫著答道。

「你覺得哪一種好看？」為了幫她做決定，老闆把圓頭鞋和方頭鞋各拿了一隻來，擺在櫃檯上供她參考。

小女孩看了半天圓頭鞋，又拿起方頭鞋來思索了一會兒。

「哎呀，我還是不知道。這樣吧，你讓我先考慮幾天，我想清楚了再回來告訴你。」小女孩說。老闆答應了。

幾天後，鞋店老闆在大街上遇到了小女孩，又問起鞋子的事，結果小女孩依然拿不定主意。忽然，老闆大聲說：「哦，我知道妳需要什麼樣的鞋子了，放心，我一定做出妳想要的樣子來！」

一個星期後，老闆通知小女孩前來取鞋。當小女孩打開鞋盒時，她驚訝地發現盒裡的兩隻鞋子居然一個方頭、一個圓頭。

「怎麼會這樣呢？你為什麼要這麼做？」小女孩既委屈又生氣地質問老闆。

「你不能怪我，孩子，」老闆溫和卻堅決地說，「我等了好幾天，妳都拿不定主意，所以我只好替妳做決定了。這兩隻鞋就算是妳花錢買的一個教訓吧！記住：以後不要讓別人來替妳做決定，否則妳很可能會後悔莫及！」

故事啟示

自己的事情要自己決定。如果你猶豫不決，就等於把決定權拱手讓給了別人。而一旦別人做出不符合你意願的決定，後悔的只會是你。

第四章
沒有不可能，只有不努力

很多時候，我們沒將事情辦好，不是因為事情本身不可能被辦好，也不是因為我們不具備必要的條件或能力，而是因為我們對自己信心不足，沒有持之以恆地堅持下去。

拿出 120%的努力

卡洛斯 · 山塔那是一位世界級的吉他大師。他出生在墨西哥，17 歲的時候隨父母移居美國。由於英語太差，剛開始，山塔那在學校的功課是一團糟。

有一天，他的美術老師把他叫到辦公室，說：「山塔那，我翻看了一下你來美國以後的各科成績，除了『及格』就是『不及格』，真是太糟了。但是你的美術成績卻有很多『優』，我看得出你有繪畫的天分，而且我還看得出你是個音樂天才。如果你想成為藝術家，那麼我可以帶你到舊金山的美術學院去參觀，這樣你就能知道你所面臨的挑戰了。」

幾天以後，美術老師真的把全班同學都帶到舊金山美術學院參觀。在那裡，山塔那親眼看到了別人是如何作畫的，深切地感到自己與他們的巨大差距。

美術老師告訴他說：「心不在焉、不求進取的人根本進不了這裡。你應該拿出 120%的努力，不管你做什麼或想做什麼都要這樣。」

美術老師的這句話對山塔那影響至深，並成為他的座右銘。1999 年，山塔那以《超自然力量》專輯一舉獲得了 9 座葛萊美音樂大獎。

故事啟示

很多時候，一個人不能成功往往並不是因為天分不足，而是因為沒有付出足夠的努力。無論做什麼事，若想成功，都必須找出差距，然後付出比別人多得多的努力來填補這一差距，只有這樣才能趕上並超過別人。

沒有魚鰾的鯊魚

很多年以前，有一位年輕人，因為家裡貧窮沒有讀多少書就去了城裡，他想找一份工作。可是他發現城裡很難生存，因為他沒有文憑。

就在他決定要離開那座城市時，忽然想給當時很有名的銀行家羅斯寫一封信。他在信裡抱怨了命運對他如何不公：「如果您能借一點錢給我，我會先去上學，然後再找一份好工作。」

信寄出去了，他就一直在旅館裡等。幾天過去了，他花完了身上的最後一點錢，也將行李打包好了。就在這時，房東說有他一封信，是銀行家羅斯寫來的。可是，羅斯並沒有對他的遭遇表示同情，而是在信裡跟他說了一個故事。

在浩瀚的海洋裡生活著很多魚，那些魚都有魚鰾，但是唯獨鯊魚沒有魚鰾。沒有魚鰾的鯊魚照理來說是不可能活下去的，因為牠的行動極為不便，很容易沉入水底。在海洋裡只要一停下來就有可能喪生，所以，為了生存，鯊魚只能不停地運動，不停地為生存而奮鬥。很多年後，鯊魚擁有了強健的體魄，成了同類中最凶猛的魚。

最後，羅斯說，這個城市就像一個浩瀚的海洋，擁有文憑的人很多，但成為強者的人很少。你現在就是一條沒有魚鰾的魚……

那天晚上，這個年輕人躺在床上久久不能入睡，一直在想著羅斯的信。突然，他改變了決定。第二天，他跟旅館的老闆說，只要能給他一碗飯吃，他就可以留下來當服務生，連一分薪水都不要。旅館老闆不相信世上有這麼便宜的勞動力，就很高興地留下了他。

10 年後，他擁有了令全美國羨慕的財富，並且娶了銀行家羅斯的女兒。他就是石油大王哈默。

故事啟示

在這個世界上，只有強者才能生存得更好。每個人總有自己不如意的地方，但這不能成為不努力成為強者的藉口。只要放下姿態，不停地去奮鬥，就一定能夠成為生活的強者。

富翁與年輕人

有一個富翁特別小氣，甚至對自己的子女都非常吝嗇。兒女們因為受不了他的刻薄，紛紛離家不再管他。

富翁年紀大了，身體越來越不好，一場大病之後，他終於癱瘓在床，再也動不了了。看著孩子們都裝成不知道這件事的樣子，富翁只好再想別的招數，他想呀想呀，終於想到了一個不用花錢也能得到照顧的兩全其美的辦法：利用鎮上那個無所事事的年輕人。

那個年輕人自己沒什麼本事，還成天想著發財。富翁看準了這一點，對這個年輕人說：「我的子女都不管我，所以我準備不把財產留給他們。你來照顧我吧！等我死了，這裡所有的財產都歸你。」

碰上這種好事，把這個年輕人樂壞了。自此以後，無論富翁吩咐什麼，他都會照辦，就像照顧親生父親那樣照顧富翁。

幾年後，富翁去世了。年輕人迫不及待地趕到銀行，銀行職員卻告訴他：為了建造一個富麗堂皇的墓園，富翁的財產早就花得一分不剩了，連他的房子都抵押給銀行了。

年輕人一下子呆在了原地：白白浪費了幾年好青春，除了大家的嘲笑和鄙視之外，自己竟一無所獲。

故事啟示

天下沒有免費的午餐，也不會有天上掉餡餅的好事。妄想不勞而獲的人，只會付出更沉重的代價，甚至落個「勞也不獲」的下場。

與英特爾合作

1992 年的時候，張明正還是個僅憑藉 5,000 美元在洛杉磯創業兩年多的小人物。他的「趨勢科技」公司在全球的高科技行業中很少有人知道，他還名不見經傳。

但是跨入 21 世紀以後，他的公司市值達到 100 億美元。他本人連續兩年被美國《商業週刊》選為「亞洲之星」。在全球的高科技行業中，不知道他的人已經很少了。

他事業的轉折點就在他名不見經傳的 1992 年，那一天他突發奇想，要與世界上最大的英特爾公司合作。

機會終於來了。英特爾網路部門的主管將在紐約參加一個研討會，張明正好前去求見。

第一次去，祕書上下打量著他，看看這個陌生的沒有名氣的年輕人，然後冷冷地說了一句：「主管沒有時間。」

第二次去，祕書見到是他，不假思索地說：「沒時間。」

第三次去，祕書見到又是他，立刻說：「主管太忙了，他沒有時間。」

第四次，第五次……張明正下決心非要見到主管不可。

他鍥而不捨地求見，終於使祕書的態度軟了下來，告訴他：「主管在開會，什麼時候結束不清楚，您如果願意可以等他。」

張明正當然願意等。他先是一分鐘一分鐘地等，然後是一小時一小時地等。在等過了 5 個小時之後，他終於見到了日夜盼望的主管。

他告訴主管，他找了他多少次，等了他多少個小時，主管大為驚訝。

主管想，他費這麼大勁兒找我，一定有重要事情，於是他耐心地傾聽了這個年輕人講述自己的公司和公司的產品：防毒軟體。聽著聽著，這位主管產生了興趣，答應使用他們的防毒軟體，不僅下了大量訂單，竟然還同意張明正以英特爾的品牌行銷。

張明正沒想到後面的事情竟然來得這樣順利。他知道，像英特爾這樣的大牌公司從來不與名不見經傳的小公司合作，能夠與他合作真是絕無僅有，他感到萬分幸運。

後來在接受採訪時，他感慨萬千地說：「很多事情不是不可能，而是看你有多大的決心去嘗試。淺嘗輒止，嘗試了也等於沒有嘗試。非得本著破釜沉舟的態度，志在必得，才有成功的希望。」

故事啟示

哪怕有百分之一的機會，我們都應該做出 100% 的努力。很多事情不是不可能，而是看你有多大的決心去嘗試。只要把握機會並且付諸行動，想成功並不是件難事。

牆角的金子

史坦頓是個窮小子，他最大的夢想就是哪天發筆大財，改變一下自己窮困潦倒的生活。淘金熱潮興起之後，一心想發財的他也加入了這個行列。

可是，不遠千里地來到目的地，又辛苦勞作了半年之後，運氣欠佳的他不但一無所獲，還把來時帶的錢也花光了。沮喪之下，史坦頓打算打道回府了。他的行李都裝好了，就等著第二天啟程了。

「史坦頓，史坦頓。」史坦頓忽然聽見有人在叫他，轉過頭去，發現了一位靠門站著的老人。

「有事嗎？」史坦頓問老人。

「告訴我你最大的願望是什麼，我可以幫你實現。」老人微笑著對他說。

「願望？」飽受打擊的史坦頓搖了搖頭，「原本我還夢想著哪天能得到一批金子，現在看來一切都是做夢而已，算了吧，以後我再也不敢談『願望』二字了。」

「哈哈哈，」老人突然大笑了起來，「如果你真的只想要金子的話，你又何必跑這麼遠呢？你家中房屋的牆角處，就埋著一罐金子嘛。」說完，老人就消失了。

一急之下，史坦頓醒來了，哦，原來自己是做了個夢。在清晰夢境的刺激下，異常興奮的他再也睡不著了。

「難道這暗示著什麼？難道自己家的牆角處真的埋藏著金子？」他翻來覆去地想著，結果還沒等到天亮，他就背上行李朝家的方向出發了。

後來，史坦頓成了當地最有名的富翁。因為按照神的指示，他真的在自己家的牆角處挖出了一罐金子。

得知這件事之後，有人半是嫉妒半是惋惜地對他說：「早知道這樣，還不如不跑那麼遠去淘金呢，吃了那麼多苦，原來金子就在自己的腳底下。」

「不，如果我不去淘金，恐怕永遠也不會知道這個結果。」富翁史坦頓回答道。

故事啟示

任何一個驚人的發現，都很難踰越先前艱苦尋找的過程，因為倘若缺少了這個漫長的「修練期」，我們的發現就很難有金子的價值。

裝不滿的杯子

學生時代馬上要結束了，同學們個個眉開眼笑。教授決定替學生們上最後一堂課，一堂比較特殊的課。

看到教授手裡拿著很多東西，同學們意識到這將是一堂與眾不同的課，所以都安安靜靜地坐下來，等著教授的最後教誨。

教授把手裡的東西一一放在講桌上，包括一個大杯子、一瓶水、一袋石頭、一袋沙子。然後他開始往杯子裡放石頭，等到石頭都堆出杯口時，他問大家：「杯子滿了嗎？」

「滿了。」大家異口同聲地答道。

這時，教授抓起細沙，小心翼翼地往裝著石頭的杯子裡填著。幾分鐘之後，那一小袋沙子都被裝進了杯子。

「杯子滿了嗎？」教授又問。

「滿了。」回答的人只剩下一半了。

於是，教授又拿起水往杯子裡倒，漸漸地，水開始往外溢。

「杯子滿了嗎？」教授再次問道。

下面一片沉寂，誰都不敢再說話了。

「這回杯子才確實是滿了，」教授說道，「看到了嗎？當你們說『滿』的時候，杯子總是不滿的，而當杯子真滿了的時候，你們就會不再說『滿』了。」

同學們心有所悟，不約而同地鼓起掌來。

故事啟示

認為自己已經足夠好的人往往並不怎麼樣；而真正出色的人，又往往認為自己還不夠好。因為閱歷讓後者知道自己總有不足之處，而前者卻從未有過這種閱歷。

賣力的工人

在某個鐘錶廠，有一位工作非常賣力的工人，他的任務就是在生產線上為手錶裝配零件。這個工作，他一做就是 10 年，操作非常熟練，而且很少出差錯，因此獲得了每年的優秀員工獎。

可是後來，企業新購入了一套完全由電腦操作的自動化生產線，許多工作都改由機器來完成，他失去了工作。他本來的教育程度就不高，在這 10 年中又沒有掌握其他技術，對於電腦更是一竅不通。於是他一下子從優秀員工變成了多餘的人。

在他離開工廠的時候，廠長先是對他多年的工作態度讚揚了一番，然後誠懇地對他說：「其實，我在幾年前就告訴了你們引進新設備的計畫，目的就是想讓你們有所準備，去學習一下新技術和新設備的操作方法。你看和你做同樣工作的小胡，他不僅自學了電腦，還找來了新設備的說明書來研究，現在已經是工廠主任了。我並不是沒有給你準備的時間和機會，但你都放棄了。」

故事啟示

物競天擇，適者生存。社會的發展、科技的更新使我們的工作和生活處在一種急速的變革之中，這種趨勢是我們無法改變和逃避的。我們只能抓住各種機會，不斷地充實和壯大自己，時刻準備著去適應新形勢。

畫一隻鳳凰

一位畫家以畫水彩畫著名。人們都稱讚他畫的花能散發香氣，他畫的鳥能開口鳴叫，意思就是說他能把東西畫活。國王聽說了此事，便專程去拜訪那位畫家。

「請你為我畫一隻鳳凰吧，此生我最想見的鳥就是鳳凰了。」國王對他說。畫家答應了國王，並告訴他一年後才能來取。

一年之後，國王如約登門來訪。一進門，國王便問：「我的鳳凰呢？你幫我畫好了嗎？」

「陛下請稍等一下，您的鳳凰馬上就可以畫好。」畫家邊行禮邊回答道，然後他不緊不慢地鋪好畫紙，潤好畫筆，當著國王的面揮筆如飛起來。不一會兒，一隻美麗鮮豔、情態動人的鳳凰出現了，國王連連叫好，可是畫家喊出的價格卻把他著實嚇了一跳。

「什麼？ 500 萬？」國王睜大了眼睛，「就這麼一點時間，而且看起來你毫不費力、易如反掌地就畫成了，竟要這麼高的價錢，你這簡直就是欺君罔上！」

「陛下請息怒，在您接受這個價格之前，我請您先看看我的畫室。」說完，畫家便帶著國王走遍了他的院子。國王看到，畫家院子的每個房間裡都堆著滿屋的畫紙，展開來看，原來每張紙上畫的都是鳳凰。

「我希望您覺得這個價格是公道的，因為這件看起來毫不費力、易如反掌的事，已花費了我每天大半的時間與精力。為了在這一會兒工夫裡給您畫出這隻鳳凰，我已經準備了整整一年的時間！」畫家說道。

故事啟示

沒有誰能夠不勞而獲，巨大的成功背後必然隱藏著辛勤艱苦的勞動。所以，在評價或是羨慕別人的成就之前，請先想想他為此付出的血汗與努力。

抓到的差牌

艾森豪威爾是美國第34任總統，他年輕時經常和家人一起玩紙牌遊戲。

一天晚飯後，他像往常一樣和家人打牌。這一天，他的運氣特別不好，每次拿到的都是很差的牌。開始時，他只是有些抱怨；後來，他實在是忍無可忍，便發起了少爺脾氣。

一旁的母親看不下去了，正色道：「既然要玩牌，你就必須用手中的牌玩下去，不管牌是好是壞。好運氣是不可能都讓你碰上的！」

艾森豪威爾聽不進去，依然憤憤不平。母親於是又說：「人生就和玩牌一樣，發牌的是上帝。不管你名下的牌是好是壞，你都必須拿著，你都必須面對。你能做的，就是讓浮躁的心情平靜下來，然後認真對待，把自己的牌打好，力求達到最好的效果。這樣打牌，這樣對待人生才有意義！」艾森豪威爾此後一直牢記母親的話，並激勵自己去積極進取。就這樣，他一步一腳印地向前邁進，成為中校、盟軍統帥，最後登上了美國總統之位。

故事啟示

我們無法選擇也無力改變自身的生存環境，但如何適應環境則全靠自己掌握。面對挫折，心浮氣躁、怨天尤人解決不了任何問題。我們只有端正態度，勇敢地迎接挑戰，並盡力做好每一件事，才能無悔於人生。

等待時機的年輕人

一個年輕獵人很希望自己有發財的機會，哪怕是讓他多打一些獵物也行。於是，他茫然地靠在一塊石頭上，等待著時機的到來。

這時，從遠處走來一位白鬚老者，老者問這個年輕人：「年輕人，你靠在這裡做什麼呢？你的獵槍都已經生鏽了，難道你沒有看到剛才有一隻野兔跑過去嗎？」

年輕人看了看老者回答說：「我靠在這裡等待時機啊！」

老者笑著反問道：「那你知道時機是什麼樣子嗎？」

「不知道，」年輕人搖了搖頭說，「不過，聽說時機是一個很神奇的東西，只要它來到你的身邊，你就會走運，就會發大財……」

「其實並不是這樣的，年輕人，」老者正色道，「時機是不可捉摸的，如果你專心等它，它可能遲遲不來；而你不留心時，它又可能來到你的面前。你看剛才從你身邊跑過的那隻野兔，那不就是時機嗎？而你卻錯過了它，使它再難回頭了。你既然連時機是什麼樣子都不知道，它來到你身邊的時候你怎麼會知道呢？所以說，你這樣坐著等待簡直就是一種愚蠢的行為啊！」

說完，老者就消失了。年輕人這才明白過來，原來這老者就是時機的化身。可惜的是，他再一次錯過了，不僅僅因為他不知道時機是什麼樣子，更因為他一直靠在石頭上等待。

故事啟示

機會不是等來的。守株待兔，只是一種坐失良機的愚蠢行為。積極行動，尋找時機或者不斷地為自己創造時機，才可能在人生的競賽中獲得勝利。

顯微鏡的發明

他叫雷文，國中畢業以後，來到了這個小鎮，找了一份替政府看門的工作，從此一待便是 60 年。

這樣一位普通到像小草一般的小人物，有什麼本事讓全世界的人都記住他呢？原來，他是靠「磨鏡片」出名的。那時候，他年輕力壯、精力旺盛，工作又相當清閒，所以不得不另外找點事情來打發他多餘的精力。

他選擇了磨鏡片，這個工作又費時又費工，足夠他打發時間了。他磨呀磨呀，一直磨了 60 年。他的鍥而不捨使他的技術漸漸超過了專業磨鏡師。他磨出的鏡片，放大倍數遠遠超過了當時的時代。這麼高的放大倍數能做什麼呢？他無聊地把鏡片貼到眼睛上：啊！他頓時倒吸了一口氣 —— 一個驚人的微生物世界出現了！

顯微鏡就這樣被發明了！所以，只讀到國中的他，被授予了巴黎科學院院士的頭銜，並得到了英國女王的接見。

他就是大名鼎鼎的荷蘭科學家安托萬 · 范 · 雷文霍克，他用畢生的心血致力於每一個玻璃片的完美，直至在平淡無奇的完美裡看到他的上帝。

感謝他，是他讓全世界的科學看到了更廣闊的前景。

故事啟示

勿以善小而不為，人生的每一件大事不都是由無數件小事組成的嗎？如果能執著地把手上的每一件小事都做到完美無缺，上帝早晚會派成功使者光顧你的小屋。

生痲瘋病的病人

從前有個生痲瘋病的病人，病了將近 40 年，一直躺在路旁，等人把他帶到有神奇力量的水池邊。但是他躺在那裡近 40 年，仍然沒有往目標水池邁進半步。

有一天，神見了他，問道：「先生，你要不要被醫治，解除病魔？」

那痲瘋病人說：「當然要！可是人心好險惡，他們只顧自己，絕不會幫我。」

天神聽後，再問他說：「你要不要被醫治？」

「要，當然要啦！但是等我爬過去時，水都乾涸了。」

神聽了痲瘋病人的話後，有點生氣，再問他一次：「你到底要不要被醫治？」

他說：「要！」

神回答說：「好，那你現在就站起來自己走到那水池邊去，不要老是找一些不能完成的理由為自己辯解。」

神的話令痲瘋病人深感羞愧，他立即站起身來，向池邊走去，用手心盛著神水喝了幾口。剎那間，糾纏了他近 40 年的痲瘋病竟然好了！

故事啟示

當你跌倒時，不要等著別人來拉你，你先要自己站起來。不要為當前的困境尋找失敗的藉口，而應該立刻行動起來。很多時候，我們都能夠依靠自己站起來。

癱瘓女孩與文學獎

1858 年，瑞典某富豪歡天喜地地迎來了第一個女兒。然而沒過幾年，這個不幸的小女孩便染上了一種無法解釋的癱瘓症，從此失去了站立和走路的能力。

幾年之後，已經十幾歲的女孩和家人一起乘船去旅行。船長太太喜歡這位金髮碧眼的小寶貝兒，於是便抱著她講起故事來。女孩很快就被她故事裡那隻美麗無比又無所不能的天堂鳥迷住了。

「天堂鳥在哪裡？我們能不能看到牠？」船長太太剛講完，小女孩便迫不及待地問道。

「能啊，如果我們一直站在甲板上的話。」船長太太哄她說。

「那妳快帶我去，我要看天堂鳥！」女孩興奮地大喊道。

無奈，船長太太只好站起來帶她出去。由於忘記了女孩的腿不能走路，她像牽正常的孩子那樣拉著女孩往外走。結果，奇蹟出現了，由於過度渴望看到天堂鳥，孩子竟然忘我地抓住船長太太的手，慢慢地走了起來。從此，她的病痊癒了。

也許這件事給女孩造成了太深的影響吧！長大後的女孩一直相信一點：只要忘我地投入進去，什麼事情都能做到。在以後的文學創作中，她依然對此深信不疑。最後，她竟然成了世界上第一位榮獲諾貝爾文學獎的女性。她就是塞爾瑪·拉格洛夫。

故事啟示

忘我精神是走向成功的一條捷徑，只有沉浸於這種狀態中，人們才可能超越自身條件的束縛，於不知不覺中釋放出驚人的能量來。

吃一對鯨魚

美國著名作家馬克·吐溫由經商轉向文學創作之後，才華迅速地展露了出來，並因一本《跳蛙》而聲名鵲起，他也一下子由原來的窮困潦倒變成了腰纏萬貫。這不但刺激了大量熱愛寫作的人更加堅守自己的夢想，還吸引了一些無所事事但自以為是的青年投入寫作，羅杰爾就是後者中的一個。

不得不說，羅杰爾真是沒有寫作的天分，但是他卻一直自信滿滿，認為自己天生就是當作家的料。在遭遇出版社一次又一次的退稿之後，驕傲的羅杰爾自視其作品為無人理解的陽春白雪，便把他的退稿連同一封信一起寄給了馬克·吐溫，並在信的末端寫了這麼一段話：「聽說，磷質非常有益於大腦，而魚骨是含磷最豐富的東西，所以我天天都吃魚，以便能夠早日成為像您那樣的大作家。請問您吃過多少魚？吃的是哪一種呢？」

馬克·吐溫看過這個青年的稿子又看過這個青年的信之後，感到哭笑不得，於是便提筆給這位青年回了一封極短的信：「照你的稿子來看，你得吃一對鯨魚才行。」

故事啟示

除了一直努力，成功別無捷徑。如果放棄努力，轉而苦苦尋覓成功的捷徑，不但本末倒置，而且愚昧無知。想想看，假如吃補品就能成為天才，那世界上還會有庸人嗎？

海邊撿海螺

一個老人和一個年輕人到海邊撿海螺，準備拿到市場上去賣。

由於腿腳便捷，眼睛又好，年輕人覺得自己撿到的海螺肯定比老人的多。因此，他一直把眼睛盯在又大又好的海螺上。

半個小時過去了，年輕人始終走在老人前面，腰也沒見彎下去幾次，雖然他的身後大大小小的海螺到處都是。而老人則正好相反，他一直落後，卻頻頻彎腰，無論大海螺小海螺都如獲至寶地撿起來。

結果一個小時不到，老人的口袋裡就有了很多海螺，而年輕人的口袋裡卻還像剛來時那樣空蕩蕩的。

「年輕人，難道你沒有看到這裡有好多海螺嗎？不要再那麼挑剔了，否則你撿不了幾個的。」老人對年輕人說。

年輕人卻回答：「我要的是又好又大的海螺，那樣才能賣個好價錢。」

不知不覺中，太陽已經快下山了，但年輕人還是收獲不多，因為他很少看到自己所希望的又大又好的海螺。而老人的袋子，則已經滿滿的，幾乎快裝不下了。

故事啟示

「金字塔是用一塊塊的石頭砌成的」，任何事物在發生質變之前都要有一個量的累積過程，所以，如果你不屑於一滴水，你也就相當於放棄了整個海洋。

補習的中年人

暑假到了，某大學打出了一則廣告：招收補習基礎英語的學生。也許是學不好英語的人太多了吧，這個班異常踴躍。

在報名現場，一位中年人被人擠來擠去，好不容易才擠到了報名處前。

「年齡？」接待小姐問。

「43。」中年人回答。

「哦，我是問您要報名的孩子的年齡。」接待小姐說道。

「不是我的孩子學，是我要學。」中年人答道。

「哦？」接待小姐驚訝地抬起頭來，「再過兩年您都 45 歲了，還學這些基礎英語幹嘛？」

「如果我不學，再過兩年難道會是 41 歲嗎？」中年人微笑著反問道。

接待小姐無言以對。

就這樣，這位先生加入了這個補習班。每天晚上和週末，他都會準時來到這裡，與稚氣未脫的孩子們一塊兒讀單字、背課文。不知道是學上癮了還是怎麼的，這位先生竟然一直學了下去，從初級到高級。後來，憑著這兩年補習班的基礎，他竟然考上了某大學的進修部，並拿到了這所大學英語系的畢業證書。

湊巧的是，他的公司當時正好在徵一位翻譯，因為有扎實的英語基礎，又是內部人員，他以絕對的優勢爭取到了這個職位，從而讓薪水輕鬆地漲了一倍。

故事啟示

知識沒有沒用之說，學習沒有年齡之分。即使已經步入老年，今天的所學也有可能給明天的自己贏得巨大的成功。

賣保險的孩子

克萊門·史東是美國「聯合健康保險公司」的董事長，美國最大的商業巨人之一，被稱為「保險業怪才」。

史東自幼喪父，靠母親替人縫補衣服維持生活。為補貼家用，他很小就出去販賣報紙了。有一次他走進一家餐廳叫賣報紙。氣惱的餐廳老闆一腳把他踢了出去，可是史東只是揉了揉屁股，手裡拿著更多的報紙，又一次溜進餐館。那些客人見到他這種勇氣，勸經理不要再趕他，並紛紛買他的報紙看。史東的屁股被踢痛了，但他的口袋裡卻裝滿了錢。

勇敢地面對困難，不達目的絕不罷休 —— 史東就是這樣的孩子，後來也仍是這種人。

史東還在上國中的時候，就開始試著去推銷保險了。他來到一棟大樓前，當年販賣報紙時的情形又出現在他眼前。他一邊發抖，一邊安慰自己「如果你做了，沒有損失，卻可能有大的收穫，那就下手去做」，而且「馬上就做！」

他走到大樓前，如果他被踢出來，他準備像當年賣報紙被踢出餐館時一樣，再試著進去。這次他沒有被踢出來。每一間辦公室，他都去了。每一次沒有收穫地走出一間辦公室，他的腦海裡都想著：「馬上就做！」他也會擔心到下一個辦公室會碰釘子。不過，他毫不遲疑地強迫自己走進下一個辦公室。他找到一個祕訣，就是立刻衝進下一個辦公室，就沒有時間因為感到害怕而放棄行動。

那天，有兩個人跟他買了保險。就推銷數量來說，他是失敗的，但在了解他自己和推銷術方面，他有了極大的收穫。

第二天，他賣出了 4 份保險。第三天，6 份。他的事業開始了。

20 歲的時候，史東設立了只有他一個人的保險經紀公司，開業的第一天，他就在繁華的大街上推銷出了 54 份保險。

經過不斷地積極進取，終於有一天，他有了令人幾乎不敢相信的紀錄——122 份。

故事啟示

有些事一猶豫，害怕就會乘虛而入，十之八九就會被放棄。很多時候，我們都要強迫自己立刻去做，好讓自己沒有時間去害怕。對於某些事，如果你硬著頭皮立刻去做，往往還真能把事做成。

尋求成功的人

有個人常常自嘲，說自己是個「倒楣蛋」，因為從小到大，無論朝著哪個目標努力，他都沒有成功過。過了幾十年被失敗陪伴的日子之後，他終於發自內心地感到了上天的不公，於是，他決定去問上帝到底怎樣才能成功。

翻山越嶺，他來到了一條大河邊，見到了一位釣魚的老者。他走過去問道：「老人家，你知道怎麼樣才能成功嗎？我從來沒有享受過成功的滋味，我非常想嘗一嘗。」

老者看了看他，便把手中的釣竿交給了他。等他釣上一條魚來時，老者對他說：「每天都能釣到魚，你就成功了。」

他非常不滿意老者給他的答案，於是接著往前走去。又走了一個月，過了幾條河，他見到了一位正在樹林裡打獵的中年人，又向他問道：「你能告訴我怎樣才能成功嗎？」

中年獵人搖了搖手中抓著的新鮮獵物：每天都能捕獲獵物，這就是成功啊。」

依然不滿意這個答案的他又向前走去，穿過森林，穿過沙漠，最後終於見到了上帝。

「怎麼樣才能成功？」他忙不迭地問上帝。

「就像你這樣。」上帝給了他一個非常出乎意料的答案。

「我這樣？」他迷惑地反問道。

「是啊，」上帝慈愛地回答道，「我的孩子，這一路走來，你見識了無數人與物，無論胸懷、眼光、智慧都大有長進，這就是成功啊！如果僅僅把成功定義為一個結果，你就很難享受到成功的真正滋味，只有把過程化作成功的一部分，你才能時時刻刻享受到成功的滋味啊！」

故事啟示

結果的成與敗，只是一瞬間。如果僅享受結果，人生的快樂與價值將會大打折扣。只有把整個奮鬥過程都享受一番，我們才能長久地生活在希望與滿足中，而且過程本身就是組成成功的一部分。

鯉魚跳的龍門

一年一度的跳龍門大節又到了，眾鯉魚紛紛來到龍門處。牠們都爭著搶好位置，要知道，只要跳過龍門，自己可就是萬人崇拜的龍了。

可是一次又一次，眾鯉魚們還是沒能夠跳過那高高的龍門。於是，牠們開始抱怨：「這是怎麼一回事，玉皇大帝告訴我們跳過龍門就變龍，可是卻把龍門設得這麼高，這不明擺著騙我們嗎！」、「就是呀，算上今年我都跳了 12 年了，再等到明年我就老得連跳都跳不起來了！」……

怎麼辦呢？眾鯉魚想啊想啊，終於想出了一個好辦法：把龍門降低一些！這個妙計頓時讓牠們興奮不已，於是牠們開始忙碌起來。幾個月過去了，新建的龍門果然夠低，連那些小鯉魚們都能輕鬆地躍過去。所以，所有的鯉魚便都變成了龍。

可是沒過多久，它們就發現了問題：大家都變成了龍，跟沒變成龍時似乎沒什麼兩樣。而且由於龍成了處處可見的動物，人們對龍的崇拜之感一掃而空，甚至開始反感牠們日夜不休地戲水。

帶著疑惑，眾「龍」們來找玉皇大帝商量對策，沒想到玉皇大帝聽後哈哈大笑：「若想找到當龍的真正感覺，你們就得把龍門恢復到原來的高度才行！」

故事啟示

為了盡快成功而降低成功的標準，卻不去努力提升自身能力，這無異於掩耳盜鈴，即便能騙過自己，也騙不了別人。

鐵路上的保險

孟列·史威濟非常喜歡打獵和釣魚。他最喜歡的生活是帶著釣魚竿和獵槍步行 25 公里到森林裡，過幾天以後再回來，雖然筋疲力盡、滿身汙泥，但他快樂無比。這個嗜好帶來的唯一不便是：他是個保險推銷員，打獵釣魚太花時間。

有一天，當他依依不捨地離開心愛的鱸魚湖，準備打道回府時突發其想。在這荒山野地裡會不會也有居民需要保險？那他不就可以在工作的同時享受戶外的逍遙了嗎？結果他發現果真有這種人：他們是阿拉斯加鐵路公司的員工。他們散居在鐵路沿線各段路軌的附近。他可不可以沿鐵路向這些鐵路工作人員、獵人和淘金者拉保險呢？

史威濟就在想到這個主意的當天開始了積極的行動。他向一個旅行社

打聽清楚以後，就開始整理行裝。他沒有停下來讓恐懼乘虛而入，他也不左思右想找藉口，他只是搭上船直接前往阿拉斯加的「西湖」。

史威濟沿著鐵路走了好幾趟，那裡的人都叫他「步行的史威濟」，他成為那些與世隔絕的家庭最歡迎的人。同時，他也代表了外面的世界。不但如此，他還學會了理髮，替當地人免費服務。他還無師自通地學會了烹飪。由於那些單身漢都吃厭了罐頭食品和醃肉，他的手藝當然使他變成最受歡迎的貴客啦。而與此同時，他也做了自己最想做的事：徜徉於山野之間、打獵、釣魚，並且像他所說的「過史威濟的生活」。

在人壽保險事業裡，一年賣出 100 萬元以上保險的人可以贏得一個光榮的特別頭銜，叫做「百萬圓桌」。史威濟的故事中，最使人驚訝的是：在他把突發的一念付諸實踐以後，在動身前往阿拉斯加的荒原以後，在沿線走過沒人願意前往的鐵路以後，他一年之內就做成了百萬元的生意，因而贏得「萬人圓桌」上的一席之位。假使他在突發奇想時，對於做這件事有半點遲疑，這一切就不可能發生。

故事啟示

很多事本來是可以做成的，但由於當時猶豫不決而錯失了時機，或由於考慮太多而放棄了行動。下定決心後，就要立刻去做，這樣才會激發你的潛能，會使你最熱切的夢想得以實現。

天才的「基因」

所謂天才，必然有著與眾不同的特殊基因。這個觀點，是被世界上絕大多數專門研究天才成因的科學家所認可的。可是美國佛羅里達州州立大學的心理學教授艾瑞克森博士，卻根據一個實驗推翻了這個觀點。

實驗是法國肯恩大學的佐瑞歐．馬佐爾博士與其同事在不久之前共同進行的，實驗對象是一位名叫瑞格．蓋姆的數學天才。瑞格．蓋姆有著超常的計算能力，他能夠在數秒內計算出一個 10 位數的 5 次方根；在同樣短的時間裡，他還能夠計算出一個 2 位數的 9 次方；而在被要求將一個整數除以另一個整數時，他能毫不遲疑地講出精確至小數點後 6 位數的答案。

佐瑞歐．馬佐爾博士的實驗過程，就是在這位數學天才進行計算表演時，對他的大腦活動情況進行精密的檢測。透過運用正電子放射層 X 射線照相術，佐瑞歐．馬佐爾發現：與常人相比，瑞格．蓋姆在計算表演時的大腦活動部位多出了 5 個。由於可以使用這些額外的記憶區，所以他可以避免發生常人易犯的計算錯誤。

由此看來，所謂天才的「特殊基因」似乎的確是存在的，可是我要告訴你，現年 26 歲的瑞格．蓋姆並非生來就具備這種超強的計算能力。20 歲時，他還是一個與常人沒什麼兩樣的普通青年。20 歲之後，他才接受了一位專家的訓練：每天都進行 4 個小時的記憶練習。只不過短短的六年時間，原本與常人無異的他便成了人人驚嘆的數學天才，這不正是「天才」非「天生」的最好證明嗎？

除了上述實驗之外，佐瑞歐．馬佐爾博士與同事還對瑞格．蓋姆進行了他所不熟悉領域的技能測試。結果證明，他根本沒有任何不同於常人的表現。

看來，只要經過足夠的訓練和努力，任何人都可能擁有這種因為「長期工作記憶功能」而產生的天才表現。事實是這樣嗎？艾瑞克森博士透過對只能記住 7 位數字的普通人訓練一年，證明了這一點：他們都可以記住長達 80 至 100 位的數字。

而匈牙利的拉斯洛．波爾加及其夫人，也用試驗證實了這一點。當地的人們普遍認為女子不宜參加激烈的西洋棋比賽，而他們卻把 3 個經過嚴格心理訓練的女兒培養成了具有世界級水準的西洋棋大師。

「天才的能力不是天生的，」艾瑞克森教授總結說，「那種貌似天才表現的『長期工作記憶功能』，是能夠透過訓練刻意培養的。」

故事啟示

所謂天才的「基因」，就是天才們不同於常人的刻苦努力與全身心投入。做到這一點，平凡的我們也能撞開天才的大門。

運氣的喜好

寒冷的冬日裡，兩隻饑腸轆轆的鷹在空中久久地盤旋著，牠們很想找到一隻兔子或者一隻山雞。但是，視野裡一片白茫茫，牠們什麼獵物也看不到，甚至連隻老鼠的影子也沒有看到。

在饑寒交迫與疲憊不堪之下，一隻老鷹實在是忍耐不下去了，跟同伴打了聲招呼便落到了山崖上，找了個背風的地方縮著脖子打起瞌睡來。

另一隻老鷹淡淡地笑笑，繼續在空中盤旋著，一圈又一圈。忽然，牠發現枯草叢中有一個褐色的小點，在雪白的背景下甚是醒目。牠立刻以迅雷不及掩耳之勢向下衝去 —— 很明顯，那是一隻野兔。

當捉到兔子的老鷹落到同伴身邊，大吃新鮮的戰利品時，同伴噙著就快流下來的口水，充滿羨慕地對牠說道：「我發現你的運氣真好，比我好得多！」

吃兔子的山鷹一邊大嚼兔肉，一邊若有所思地回答：「是嗎？也許是吧。不過我發現，運氣好像比較喜歡不辭辛勞、有耐心的鷹。」

故事啟示

運氣是個啞巴，如果它到來時你的門是關著的，它便會悄悄離開，而不是開口叫門。所以說，好運並非都是偶然的，至少你要先準備好一扇開著的門。

永久的進帳

俄國著名詩人普希金很有錢，但是他一直保持著樸素的生活作風。他總是穿洗得發白或早已過時的衣服，大部分不了解他的人都會認為他的財富不過是徒有虛名，而他也不過是個窮困潦倒的詩人而已。

這一天，衣著簡樸的普希金在一家飯館裡吃飯。一位衣飾豪華的貴族子弟認出了他，便嬉皮笑臉地上前羞辱他道：「親愛的普希金先生，一看您的打扮，我就知道您的荷包裡必然裝滿大額的鈔票。」

普希金輕蔑地瞥了他一眼，不緊不慢地答道：「當然，我要比你闊氣一些。」

聽了這話，那位紈絝子弟很不服氣地打開錢包，亮出他厚厚的現金：「這不過是些零用錢而已，每個月我尊貴的父親都會匯很大一筆錢給我！」

「所以，」普希金笑了笑，接著他的話說，「如果哪月你不小心提前花完了匯款，你就會鬧饑荒，會挨餓對嗎？而我不會，因為我有永久的進帳。」

「什麼？永久的進帳？我記得你的父母不是……」紈絝子弟有點迷惑。

「我跟你不一樣，我不是靠父母，我是靠那 33 個俄文字母。」普希金幽默地回答。

故事啟示

貧窮和富有是有「真假」之分的，區分的標準就在於財富的來源。一個寄生蟲絕不可能成為真正的富翁，因為會坐吃山空；而靠雙手生活的人不會貧窮，因為創造能使財富源源不斷。

不為自己找藉口

萊瑞·杜瑞松在第一次奉命前去某地服役的時候，接到了連長指派給他的一個任務，這個任務包括七件事：去見一些人；請示上級一些事；申請一種東西，其中包括地圖和當時嚴重缺貨的醋酸鹽；等等。

一經委派，杜瑞松立刻向連長保證，他會把七件事情都完成，雖然他還沒有時間思索應該怎麼去做。

果然，像連長所擔心的那樣，各項事情都不算順利，其中最關鍵的環節就是醋酸鹽的申請。為了兌現自己的承諾，杜瑞松滔滔不絕地向負責補給的中士說明理由，希望他能夠從僅有的存貨中撥出一點給自己。看中士就是不同意，杜瑞松就一直纏著他講了下去，最後，不知道是從杜瑞松的講述中得知了醋酸鹽的重要性，還是實在被講煩了，中士終於批准了他的請求。

當圓滿完成任務的士兵杜瑞松前去連長辦公室覆命時，頗感意外的連長居然一句話也說不出來。因為在他的意識裡，在如此短的時間內同時做完那七件事是不可能的。或者也可以說，即使不能完成任務，他也不會怪罪這位下屬，時間問題倒是其次，關鍵是申請到醋酸鹽幾乎是不可能的。要知道在此之前，已經有不計其數的申請者「慘敗而歸」了。

「你是怎麼做到的？難道你就沒想到不可能嗎？」愣了半天之後，連長終於問道。

「不可能？怎麼會不可能呢？這是你交給我的任務啊？而且我也已經向您保證了會完成。」杜瑞松回答道。

「我知道這件事很難辦，所以早就準備好了聽你的任何藉口，沒想到……」

「藉口？」不等連長說完，杜瑞松很驚訝地重複道，「我沒有想過要找什麼藉口，我只想著怎麼把醋酸鹽要來。」

「我知道了！」連長忽然明白了什麼似的說，「正因為你沒有想過找藉口，你才辦到了這件事！」

故事啟示

不要把寶貴的時間和精力浪費在尋找合適的藉口上。藉口再好，也改變不了你「沒有成功」的結局，而且一旦養成習慣，你就很可能會一事無成。

冒險不是碰運氣

談到喬治·索羅斯，很多人都會以為他是個瘋狂的賭徒，而實際上，索羅斯是個非常謹慎的人，他敢於冒險，卻從不碰運氣。

索羅斯是匈牙利籍猶太人，小時候飽受德國法西斯的迫害，跟隨父母東躲西藏、朝不保夕。

1947 年，17 歲的索羅斯隻身離開祖國，來到英國倫敦。生活對他來說，只有艱辛。為了生活，他做過無數苦力，當過侍者、油漆工、採收過蘋果。19 歲那年，索羅斯考取了著名的倫敦經濟學院。他珍惜這來之不易的學習機會，一刻也不敢放鬆自己。由於貧困，他不得不半工半讀維持生計。有一次，他到火車站當搬運工，不幸摔傷了腿，只能拄著拐杖，一次次地去慈善機構申請救濟。每當回憶起這段日子，他總是說：「我害怕再次跌入和觸及那樣的生活谷底。」

索羅斯從經濟學院畢業後，進入一家證券公司當實習生，他的才華此時開始顯露出來，同時他也迷上了充滿刺激的證券交易。很快，他憑藉自己的聰明才智和勤奮成了這方面的專家。

1956 年，索羅斯帶著自己的全部積蓄，前往美國紐約開創自己的新天地，他以證券分析家的身分，專門給美國的金融投資機構提供歐洲市場的資訊和建議。不久，他便因為做成了幾筆大交易，聲名鵲起。

1970 年代初，銀行的信譽很糟糕，並且人們認為這種現象還會繼續糟糕下去，銀行類的股票無人問津。但索羅斯卻發現，銀行業已悄然出現變化，很多大學畢業生已經在銀行裡占有一席之地；這些新一代的銀行家正在解剖銀行陷入低谷的原因，並提出新對策。他再仔細觀察大銀行的經營情況，發覺銀行業的狀況已略有好轉，其前景將會看好。於是，他馬上投入大量資金，購買銀行業股票。不久，銀行業普遍出現新氣象，股市裡的銀行業股票迅速上漲。索羅斯趁機把股票套現，他投入的錢增加了 50%。

1973 年 10 月，索羅斯每天都要搶先看報紙上有關中東的消息。埃及、敘利亞和以色列的戰爭已經爆發。戰爭開始時，以色列軍隊處於守勢，損失了大量飛機、坦克，還有數千人傷亡。索羅斯的目光盯著報紙上的文字和照片，腦子卻在高速運轉：以色列為什麼開始吃敗仗，主要原因是軍事裝備落後，而他們軍事裝備是美國提供的，這就是說，美國的軍事裝備已經落後，將要更新換代。這麼一來，美國軍事工業會有大發展：而現在的狀況是，自從越戰以來軍工企業大多虧損，並且虧損越來越嚴重。這類企業的股票都成為「垃圾股」，沒有人買。

索羅斯密切關注軍工業的發展，又專程去華盛頓與國防部的官員接觸，他還找軍工企業的承包商一起喝咖啡。一大圈走下來，索羅斯心裡有底了：自己的判斷是正確的。這時，索羅斯又獲得了重要訊息：一些公司已得到大量訂貨合約，最近幾年利潤不會差。於是，索羅斯馬上行動。從 1974 年年中開始，他大量購買軍事工業股票，其中包括「諾斯洛普公司」、「聯合航空製造公司」和「格魯曼公司」等股票，他還購買了傳聞中即將倒閉的「洛克希德公司」的股票。

1975 年，索羅斯買了許多電子類股票。在他看來，在戰爭中以色列空軍輸得很慘，主要原因是其電子對抗設備已經落伍，而在現代戰爭中，武器裝備的性能依靠的技術水準實際上取決於電子技術水準。可以預測，電子設備公司將得到大的發展。

果然，軍工類和電子類企業空前發展，其股票上漲，為眾多的投資者所追捧，索羅斯又大大地賺了一把。

故事啟示

要想成功地賺取到大量財富，就要勇於承擔風險和冒險。勇於冒險不是賭博，也不是碰運氣，而是一種積極主動的進取。真正的冒險，不是頭腦發熱後的產物，而是謹慎之人進行的大膽嘗試。

成功不在於貧富

伊爾·布拉格是美國歷史上第一位榮獲普立茲獎的黑人記者，堪稱美國新聞史上的一大奇蹟。據說這位傳奇人物的成長經歷也有一定的傳奇色彩。

童年時，布拉格家裡很窮，父母都靠賣苦力為生，以至於年幼的布拉格認為，像他這樣地位卑微的黑人是不可能有什麼出息的，他只能子承父業，長大後和父親一樣做個水手。

為了打消兒子這種自暴自棄的錯誤心理，當布拉格 9 歲時，父親帶他去參觀了偉大畫家梵谷的故居。當看到那張破舊狹窄的小木床和那雙龜裂的髒皮鞋時，布拉格很奇怪地問父親：「爸爸，梵谷不是世界上最偉大的畫家嗎？那他應該是百萬富翁才對呀？有錢人怎麼睡這樣的床，穿這樣的皮鞋呢？」父親回答他說：「兒子，其實梵谷是一個連妻子都娶不上的窮人。」

不久之後，父親又帶著小布拉格去丹麥參觀了安徒生的故居。和上次一樣，小布拉格非常奇怪安徒生故居的牆壁上居然斑駁點點，於是他問父親：「安徒生不是生活在皇宮裡嗎？這所破房子怎麼會是他的呢？」父親扭頭看著兒子，意味深長地說：「安徒生只是個鞋匠的兒子，他只能住在這樣的破閣樓裡。皇宮，只有在他的童話裡才會出現。」

有了這兩次參觀偉大藝術家故居的經歷以後，小布拉格那種「只有地位高和生活優越的人才能獲得成功」的觀念被徹底清除掉了，他的一生也由此得到了改變。

故事啟示

人能否成功，不在於貧富，只在於自己是否努力奮鬥。努力的結果，是把劣勢轉化成優勢；懈怠的結果，是把優勢轉化成劣勢。

死神遠離努力的人

蘭頓先生 50 歲時得了一種難以治癒的疾病 —— 癌症。當時因為病情的影響，他的體重大幅下降，瘦得有點嚇人，癌細胞的擴散使他無法進食。

布恩醫生告訴蘭頓先生，自己將會全力為他診治，幫助他對抗癌症，同時，每天會將治療進度詳細地告訴他，並清楚講述醫療小組治療的情形，以及他體內對治療的反應，使他對自己的病情有充分了解，並希望他可以很好地配合治療。其實，就連布恩醫生自己也不相信，癌症可以治癒，更何況蘭頓先生這個重症病人。他只好把希望寄託給上帝。

可是，結果卻完全出乎布恩醫生的意料，因為蘭頓先生對布恩醫生的囑咐完全配合，使得治療過程進行得十分順利。布恩醫生看到了希望，開始教蘭頓先生運用想像力，想像他體內的白血球大軍如何與頑固的癌細胞對抗，並最後戰勝癌細胞的情景。

結果，兩個星期之後，醫療小組果然抑制了癌細胞的破壞性，成功地戰勝了癌症。對這個傑出的治療成果，就連布恩醫生也感到十分驚訝。

「祝賀你，蘭頓先生。」布恩醫生對他的康復表示祝賀。

「謝謝你，布恩醫生，謝謝你對我的治療，包括你對我說的那些話，」蘭頓先生接著說，「當我剛被確診的時候，感覺這個世界已經對我關閉。我只能躺在床上，等待死神的光臨。但是我想起了許多的事情，我還有愛我的家人和朋友，我的小孫女剛會喊我爺爺……所以我不能死，我要活著。」

「很高興你能這麼想，只有留戀這個世界，你才可以得到無窮的力量。」布恩醫生說。

「是的，這個力量真是巨大啊！連死神都可以戰勝。我一定會把這個祕密告訴更多的人。」蘭頓先生激動地說。

如此成功的療效，來源於布恩醫生運用的心理療法。他說：「事實上，你可以運用心靈的力量，來決定你的生或死。甚至，如果你選擇了活下去，你還可以決定有什麼樣的生活品質。對於癌症病人來說，克服對疾病的恐懼很難，活下去的願望給了他生活的希望和動力。最後，他成功了。」

故事啟示

依靠頑強的意志，我們可以完成很多看起來不可能完成的事。強烈的願望就是一種頑強的意志，在這種頑強意志的作用下，我們不但可以克服許多難以想像的困難，甚至連死神都會卻步。

竭盡全力去做

某青年海軍軍官走進海曼．李高佛將軍的辦公室，將軍接見了他。坐定之後，將軍請他挑選任何他所希望討論的領域進行談話，青年軍官選擇了時事、音樂、文學、海軍戰術、電子學等。

在整個談話過程中，將軍一直在注視著青年軍官的眼睛，並不斷地問這問那。當青年軍官被問得瞠目結舌時，將軍微微一笑。頓時，青年軍官明白了將軍的用意 —— 自己挑選的這些自以為懂得很多的問題，看來都知道得很少，更何況其他的呢？

正當青年軍官為自己的無知感到羞愧時，將軍又問道：「你在海軍學院的學習成績怎樣？」

「在 820 人的年級中，我名列第 59 名。」這個問題讓青年軍官稍稍釋然了一點。誠然，這個成績還算是不錯的，但是由於有了剛才的教訓，他的語調和表情依然很謹慎。

「哦，那你竭盡全力了嗎？」將軍微笑著反問道。

「沒有。」青年軍官搖搖頭回答道。顯然，他希望透過這個回答透露給對方兩個資訊：一是自己很謙虛；二是自己還有更大的發展空間。

誰知將軍根本不買帳，說：「哦？那你為什麼不竭盡全力呢？」

立刻，青年軍官窘得無話可說了。是啊，自己為什麼不竭盡全力呢？之後，他便沉默著退出了李高佛將軍的辦公室。

在此後的人生中，青年軍官一直把老將軍的那句話當成自己的座右銘。無論做什麼事，他都會「竭盡全力」。憑著這種精神，數十年之後，他成了美國的第三十九任總統，他的名字叫做小詹姆斯·厄爾·吉米·卡特。

故事啟示

即便不求成功，當你以最大的熱忱去對待自己所做的或者將做的事情時，成功也會不請自來。最起碼，你會獲得一種了無遺憾的幸福。

曾國藩與賊

曾國藩小時候天賦一點也不高，甚至經常被人恥笑為「愚蠢之輩」。據說，哪怕一篇很短的文章，他也要念上幾十遍才能念熟。好在他是個勤奮好學的孩子，從來都不認為讀書是份苦差事。

一天晚上，曾國藩又在家讀起了書。一篇不到 300 字的小文章，他讀了不下 20 遍還沒有背下來。這時他家來了一個賊，躲在他家的屋簷下往屋裡偷窺，想等這個讀書人睡覺之後偷點值錢的東西走。

可是，這賊等啊等啊！曾國藩就是不睡覺，大約一個時辰之後，他還在翻來覆去地讀那篇文章。終於，那賊受不了了，他跳下來對著曾國藩大怒道：「像你這種笨人還讀什麼書！」然後將那篇文章一字不落地背誦了一遍，揚長而去！

看到這裡，我們不得不感嘆這賊人的聰明，曾國藩對著課本念幾十遍都背不下來的文章，他僅是聽幾遍便能一字不落地背誦了。但是同時，我們恐怕也得感嘆另一點：雖然他如此聰明，卻只不過是個賊，偷得再好也是名不見經傳，不知所終。而天性愚鈍的曾國藩，卻因為「天道酬勤」而成為在中國歷史上極有影響的大人物。

故事啟示

努力與收穫是成正比的，偉大的成功可以透過辛勤的勞動換得。即便天生愚鈍，只要不懈不怠，日積月累，奇蹟早晚會被創造出來。

勞動改變貧窮

湯姆的父親去世的時候，他只有十歲。在其他孩子還都在盡情玩耍的年紀，湯姆卻承擔起了家庭的重擔，他要和媽媽一起支撐家庭。他知道這不是一件簡單的事，但他必須這樣做，因為他是家裡唯一的男子漢。

他從來不張口向母親要任何東西，但是這一次，他需要一本字典，這樣才能把課上好。但怎麼向媽媽要這些錢呢？看到母親整天省吃儉用為了這個家而操勞，湯姆心裡實在不是滋味。

躺在床上，他徹夜未眠，天快亮的時候才昏昏沉沉地睡去了。第二天醒來的時候，大雪蓋住了所有的路，寒風吹得每個人都不想去掃雪。

湯姆可不是這樣想的，他只覺得自己賺錢的機會到了。於是，他跑到鄰居家，提出替他們清掃屋前的積雪，這個建議被鄰居接受了。在他完成這項工作後，他得到了自己應得的報酬。

湯姆就這樣換了一家又一家，一整天都在為別人家掃雪，最後他賺的錢足夠買一本字典了，而且還有剩餘。

當他回到家的時候，發現自己家門口的雪早已經被掃乾淨。母親做好熱乎乎的飯，正在家裡等他，母親知道他去做什麼，她用鼓勵的眼神看著自己的孩子。她相信湯姆是最懂事的孩子，將來一定會取得很大的成就。

在學校裡，湯姆坐在自己的座位上，在所有的孩子中他是最開心的，因為他手裡有一本用自己賺的錢買的字典。

長大後的湯姆成了一家大型公司的董事長。

故事啟示

很多成功人士的家境原先都很貧窮，但正是由於貧窮的緣故迫使他們早早地學會了勞動 —— 因為勞動可以改變貧窮。

傻人會有傻福

從小我就是一個心胸寬闊、不喜歡計較的人，所以大家總把不愛做的工作交給我。他們知道，我一定會做，而且毫無怨言。包括一些老師，也總是叫我幫忙他們，比如算考卷分數、做班長，甚至是幫他們倒茶、跑腿。我不覺得這有什麼不好 —— 被別人看重，這難道不是一件好事嗎？

但是我不明白，為什麼那些找我幫忙的同學總叫我「傻子」，而且我越辯駁，他們越笑，越是這樣叫。時間久了，我也懶得理他們了，傻就傻吧！不是說「傻人會有傻福」嗎？我這樣安慰自己。

一直到大學畢業開始工作，我還是保持著原來的習慣。一天，那個有事請假的清潔工為了不被扣薪水，竟然理直氣壯地要求我代他值班。我覺得這無所謂，所以一邊擦著馬桶，一邊愉快地吹著口哨，不知道一旁的同事為什麼笑我。

後來經濟大蕭條，我失去了賴以生存的工作。正當我為生活發愁時，大學裡總喜歡找我幫忙的那位教授打電話問我有沒有時間去做幾個月他的助手，並許諾給我高薪。當時我拮据得差點喘不過氣來，當然有時間。

在母校工作了幾個月後，我出人意料地被留在了那所學校裡，成了人人羨慕的大學老師。直到那一刻我才明白，傻人會有傻福是因為傻人能做聰明人不做的事情。

故事啟示

傻人之所以會有傻福，是因為他們做了「聰明人」能做卻不願意去做的一件聰明事 —— 任勞任怨、不計收穫地付出。

不喪失信心

兩隻螞蟻非常不幸地誤人玻璃杯中。

牠們慌張地在玻璃杯底四處觸探，想尋找一個縫隙爬出去。不一會兒，牠們便發現，這根本不可能。於是，牠們開始沿著杯壁向上攀登。看來，這是通向自由的唯一路徑。

然而，玻璃的表面實在太光滑了，他們剛爬了兩步，便重重地跌了下去。

揉揉摔疼了的身體，爬起來，再次往上攀登。很快，牠們又重重地跌到杯底。

三次、四次、五次……有一次，眼看就快爬到杯口了，可惜，最後一步卻失敗了，而且，這一次比哪次都摔得重，比哪次都摔得疼。

好半天，牠們才喘過氣來。一隻螞蟻一邊揉屁股，一邊說：「我們不能再冒險了。否則，會摔得粉身碎骨的。」

另一隻螞蟻說：「剛才，我們離勝利不是只差一步了嗎？」說完，牠又重新開始攀登。

一次又一次跌倒，一次又一次攀登，牠終於觸到了杯口的邊緣，用最後一點力氣，翻過了這道透明的圍牆。

隔著玻璃，杯子裡的螞蟻既羨慕又忌妒地問：「快告訴我，你獲得成功的祕訣是什麼？」

杯子外面的螞蟻回答：「接近成功的時候可能最困難。誰在最困難的時候不喪失信心，誰就可能贏得勝利。」

故事啟示

做事就像爬山一樣，越往上爬，山勢越陡，消耗的體力越多。快到山頂的時候，體力已消耗得差不多了，再往上走一步都很艱難。此時，只有不喪失信心，繼續堅定地走下去，才能到達勝利的巔峰。

自大的小獅子

看到身為森林之王的父親威風凜凜地發號施令，下面眾獸無一敢不服，小獅子心裡真是熱血沸騰。牠心想：長大了我一定也要幹出一番大事業來，就像父親那樣，受百獸的尊重和崇拜。

從此，小獅子便一門心思地考慮起如何才能做成大事來，以至於媽媽或同伴讓牠幫點小忙時，牠從來都搖頭拒絕：「我生下來就是做大事的，像這種小事我才不做呢，這簡直就是埋沒了我嘛！」久而久之，百獸背地裡都譏笑起牠來，還給牠起了個外號叫「空想家」。

這天，小獅子閒來無事到山下去逛，遇到了一匹老馬。老馬見牠無所事事，便忍不住教訓了牠幾句。

沒想到小獅子立刻反駁道：「我不是不想做事，我只不過是想做大事罷了。我想出人頭地，只有大事才能讓我出人頭地，不是嗎？」

老馬想了想，便把小獅子帶回了家中，從抽屜裡拿出一包花種子：「這是我們整座山上最名貴的花。如果它開放，整山的野獸們都能被它的香氣所迷醉，這可謂是驚天動地了吧？現在，你想個辦法讓它早點抽枝、長葉、開花吧。」

「這還不簡單，把它埋入土中，澆上點水，它自然就會生根發芽，到春天開出美麗的花朵了嘛！」小獅子得意地回答。

「可是，這樣做豈不是首先埋沒了它們嗎？」老馬笑著問道。

「不先埋下它們，它們怎麼會發芽和開花呢？」

「哦，看來你早就知道出人頭地的正確方法啊，孩子。」老馬乘機說道。

「啊，這……」小獅子立刻漲紅了臉。

故事啟示

若想出頭，必須先埋頭。只有首先埋頭做事，日後才可能有所作為。如果心浮氣躁，急於出人頭地，除了自尋煩惱和被人恥笑外，我們什麼也得不到。

富翁學畫畫

威爾福萊特·康是世界織布業的鉅子之一。他腰纏萬貫、家產無數，真可謂要什麼有什麼，但他卻總感覺生活中缺了點什麼東西似的，於是他想起了自己兒時的夢想。

威爾福萊特小時候曾經夢想著成為一名畫家，但因為種種原因，他已經數十年都未拿過畫筆了。現在去學畫畫還來得及嗎？現在的自己還能有那些空閒時間嗎？他猶豫著自問，但想來想去，最後他還是決定每天抽出一個小時來安心畫畫。

自從下定了這個決心，一向以毅力著稱的威爾福萊特再次顯露了他的特長——雖然很忙，可他還是每天都抽出一小時來畫畫並堅持了下來。多年以後，這位半路出家的學畫者已經在繪畫上得到了不菲的回報：他曾經多次舉辦個人畫展，在油畫方面成就更是非常突出。其實他以前從未接觸過油畫，一切都是從他的那個決心開始，然後靠每天一小時的積累完成的。

「每天抽出一個小時來畫畫」，對於一個大企業的負責人來說，若想真正做到這一點並不容易。你可知道，為了保證這一小時不受干擾，威爾福萊特每天早晨5點鐘就得起床，一直畫到吃早餐為止。他後來回憶說：現在想想，那也並不算苦，因為自從我決定每天都學一小時畫之後，一到清晨那個時候，渴望和追求就會把我喚醒，想睡也睡不著了。

再後來，為了方便畫畫，他乾脆把頂樓改為了畫室。

時間是公平的，更是「知恩圖報」的，因為數年來威爾福萊特從未放棄過早晨那一小時，所以時間給了他驚人的回報——他的畫又多了一個收入來源。而他則把這一小時作畫所得到的全部收入變成了獎學金，專門獎勵那些搞藝術的優秀學生們。

故事啟示

時間是公平的，每人每天都是24小時。而成功者總能擠出時間，失敗者總在感嘆沒有時間。看來，成功與失敗的分水嶺可以用這幾個字來表達——我沒有時間。

第五章
自己的命運，自己來決定

「走自己的路，讓別人去說吧！」每個人眼中的世界是千差萬別的，這就決定了每個人的命運不可能完全相同。你的命運若由他人操控，你將前進也不好，後退也不行，左也不是，右也不對，最終一事無成。所以你的命運如何只能由你自己來決定。

自己拿好主意

美國著名女演員索尼亞·史密斯（Sonya Smith）的童年是在加拿大渥太華郊外的一個奶牛場裡度過的。

當時，她在農場附近的一所小學裡讀書。有一天，她回家後很委屈地哭了，父親問她原因。

她斷斷續續地說：「班上一個女生說我長得很醜，還說我跑步的姿勢難看。」

父親聽後，只是微笑。忽然他說：「我能摸得著我們家的天花板。」

正在哭泣的索尼亞聽後覺得很驚奇，不知道父親想說什麼，就反問：「您說什麼？」

父親又重複了一遍：「我能摸得著我們家的天花板。」

索尼亞忘記了哭泣，仰頭看看天花板。將近 4 公尺高的天花板，父親能摸得到？她怎麼也不相信。

父親笑笑，得意地說：「不信吧？那你也別信那女孩的話，因為有些人說的並不是事實。」

索尼亞就這樣明白了，不能太在意別人說什麼，要自己有主張。

索尼亞在二十五歲的時候，已經是個頗有名氣的演員了。有一次，她要去參加一個集會，但經紀人告訴她，因為天氣不好，只有很少人參加這次集會，會場的氣氛有些冷淡。經紀人的意思是，索尼亞剛出名，應該把時間花在一些大型的活動上，以增加自身的名氣。

索尼亞堅持要參加這個集會，因為她在報刊上承諾過要去參加，「我一定要兌現諾言。」

結果，那次在雨中的集會，因為有了索尼亞的參加，廣場上的人越來

越多，她的名氣和人氣因此驟升。

後來，她又自己做主，離開加拿大去美國演戲，從而聞名全球。

故事啟示

人生的道路充滿坎坷崎嶇。很多時候，我們不能太在意別人說什麼，而是要自己拿定主意。當然，自己拿定主意，並不是一意孤行，而是有主見，相信自己。只有這樣，我們才不會被別人所左右。

女神像風潮

在美國的一個州有座很大的女神像，因年久失修，當地州政府決定將它推倒，只保留其他建築。這座女神像歷史悠久，許多人都很喜歡，常來參觀、照相。推倒後，廣場上留下了幾百噸的廢料：有碎渣、廢鋼筋、朽木塊、爛水泥……既不能就地焚化，也不能挖坑深埋，只能裝運到很遠的垃圾場去。200 多噸廢料，如果每輛車裝 4 噸，就需 50 輛車，還要請裝運工、清理工……至少得花 25,000 美元。沒有人為了 25,000 美元的勞務費而願意攬這份苦差事。

托馬斯卻獨具慧眼，竟然在眾人避之唯恐不及的情況下，大膽地將差事攬在自己身上。因為在他看來，這些「廢物」是無價之寶。他來到市政有關部門，說願意承擔這件苦差事。他說，政府不必花費 25,000 美元，只需拿 20,000 美元給他就行了，他可以完全按要求處理好這批垃圾。

合約馬上就定下了。托馬斯還得到一個書面保證：不管他如何處理這批廢物垃圾，政府都不干涉，不能因為看到有什麼成果而來插手。

托馬斯請人將大塊廢料碎成小塊，進行分類：把廢銅皮改鑄成紀念幣；把廢鉛廢鋁做成紀念徽章；把水泥做成小石碑，把神像帽子弄成很好看的小塊，標明這是神像那頂著名桂冠的某部分；把神像嘴唇的小塊標明是她那可愛的嘴唇……裝在一個個十分精美而又便宜的小盒子裡。甚至朽木、泥土也用紅綢墊上，裝在玲瓏透明的盒子裡。

更為絕妙的是他雇用了一批軍人，將廣場上這些廢物圍起來，引來了許多好奇的人圍觀。大家都盯著大木牌上寫的字：

「過幾天這裡將有一件奇妙的事情發生。」

是什麼奇妙的事？誰也不知道。

有一天晚上，由於士兵鬆懈，有一個人悄悄溜進去偷製成的紀念品，被抓住了。這件事立即傳開，於是報紙、電臺、廣播紛紛報導，大肆渲染，立即就傳遍了全美。托馬斯神祕的舉動引起了人們極大的好奇心。

這時，托馬斯就開始推出他的計畫。他在盒子上寫了一句傷感的話：「美麗的女神已經去了，我只留下她這一塊紀念物。我永遠愛她。」

托馬斯將這些紀念品出售，小的1美元一個，中等的2.5美元，大的10美元左右。賣得最貴的是女神的嘴唇、桂冠、眼睛、戒指等，150美元一個，很快都被搶購一空。

托馬斯的做法在全美形成了一股極其傷感的「女神像風潮」，他從一堆廢棄物中淨賺了12.5萬美元。

故事啟示

任何事物都有可利用的價值，關鍵在於我們有沒有一雙識寶的慧眼。善於發現、善於創造機會的人，能從人人避之唯恐不及的垃圾和廢墟中發現無限的商機；而另外一些人，守在機會身邊還在到處尋找機會。

站在腳印的前方

天空中，鵝毛大雪下得正大，漫山遍野都裹上了一層厚厚的雪。

一位樵夫挑著兩擔柴吃力地往山上爬，他要翻過眼前的大山才能到家。樵夫深一腳淺一腳地走在山地雪路上，寂靜的山頭只聽見腳踩著雪發出的吱吱響聲。

肩挑沉重的柴，頭頂著凜冽的北風，樵夫每走一步都十分費力。好不容易爬了許久，原以為離山頂很近了，可是抬頭仰望，仍是看不見盡頭。

樵夫沮喪極了，跪在雪地上，雙手合十乞求佛祖現身幫忙。

佛祖問：「你有何困難？」

「我請求您幫我想個辦法，讓我盡快離開這鬼地方，我實在是累得不行了。」樵夫疲憊地坐在地上。

「好吧，我教你一個辦法。」佛祖說完，把手向樵夫身後一指接著說，「你往身後瞧去，看見的是什麼？」

「身後是一片茫茫白雪，只有我上山時留下的腳印。」樵夫不解地說。

「你是站在腳印的前方還是後方？」

「當然是站在腳印的前方，因為每一個腳印都是我踩下去後才留下的。」樵夫理所當然地回答。

「孺子可教！也就是說，你永遠站在自己走過的路途的頂端。只是這個頂端會隨著你腳步的移動而變化。你只需記住這一點，無論路途多麼遙遠，多麼坎坷，你永遠是走在自己路途的頂端，至於其他的問題你無需理會。」說完，佛祖便消失了。

樵夫照著佛祖的指示，果然輕鬆愉快地翻過山頭回到了家。

故事啟示

人生是一條長長的路，無論這條路是多麼的漫長，其中充滿著多少艱辛，我們總要走下去。堅持著走下去，堅持著走完每一步，只要我們永遠走在自己路途的頂端，再艱難的路也一定能走過去。

貪婪的小鯊魚

在深海裡，一隻小鯊魚長大了，開始和媽媽一起學習覓食，逐漸學會了如何捕捉食物。

媽媽對牠說：「孩子，你長大了，應該離開媽媽去獨自生活。」鯊魚是海底的王者，幾乎沒有任何生物能傷害，所以雖然媽媽不在小鯊魚的身邊，但還是很放心。牠相信，兒子憑藉著優秀的捕食本領，一定能生活得很好。

幾個月後，鯊魚媽媽在一個小海溝裡見到了小鯊魚，牠被兒子嚇了一跳。小鯊魚所在的海溝食物來源很豐富，鯊魚媽媽就是被魚群吸引到這裡來的，小鯊魚在這裡應該變得強壯起來，可是牠看上去卻好像營養不良，很疲憊。

究竟出了什麼問題呢，鯊魚媽媽想。牠正要過去問小鯊魚，卻看見一群鉤吻鮭游了過來，而小鯊魚也來了精神，準備捕食。

鯊魚媽媽躲在一邊，看著小鯊魚隱蔽起來，等著鉤吻鮭進入自己能夠發起攻擊的範圍。一條鉤吻鮭先游過來，已經游到了小鯊魚的嘴邊，絲毫也沒有感覺到危險。鯊魚媽媽想，這下兒子一張嘴就可以飽餐一頓，可是出乎牠意料的是，兒子連動也沒有動。

兩條、三條、四條，越來越多的鉤吻鮭游近了，可是小鯊魚卻還是沒有動，盯著遠處剩下不多的鉤吻鮭，這個時候小鯊魚急躁起來，凶狠地撲了過去，可是距離太遠，鉤吻鮭們輕鬆擺脫了追擊。

鯊魚媽媽追上小鯊魚問：「為什麼不在鉤吻鮭在你嘴邊的時候吃掉牠們？」

小鯊魚說：「媽媽，你難道沒有看到，我也許能得到更多。」

鯊魚媽媽搖搖頭說：「不是這樣的，欲望永遠是無法滿足的，但機會卻不是總有。貪婪不會讓你得到更多，甚至連原來能得到的也會失去。」

故事啟示

欲望像是無底的溝壑，永遠也填不滿。有時候，我們得不到某些東西並不是沒有付出足夠的努力，而是由於我們貪圖太多，積重難返。其實，當機會來臨時，我們只要把握住那些應該屬於自己的東西就行了。

保留自己的本色

曾經有位名叫愛德華的模特兒公司經紀人，看中了一位身穿廉價衣服、不拘小節、不施脂粉的女生。這位女生來自美國伊利諾伊州一個藍領家庭，唇邊長了一顆觸目驚心的大黑痣。她從沒看過時裝雜誌，沒化過妝，要跟她談論時尚等話題，好比是對牛彈琴。

每年夏天，她就跟著朋友一起，在玉米地裡剝玉米穗，賺取來年的學費。愛德華偏偏要將這位還帶著田野玉米氣息的女生介紹給經紀公司，結果遭到了一次次的拒絕。有人說她粗野，理由五花八門，歸根究底還是不滿意她那顆唇邊的大黑痣。

愛德華卻下了決心，要把女生及黑痣捆綁著推銷出去。他幫女生做了一張合成照片，小心翼翼地把大黑痣隱藏在陰影裡。然後拿著這張照片給客戶看，客戶果然滿意，馬上要見真人。真人一來，客戶當即指著女生的黑痣說：「妳給我把這顆痣消除掉。」

雷射除痣其實很簡單，無痛且省時。女生卻說：「去你的，我就是不拿。」愛德華有種奇怪的預感，他堅定不移地對女生說：「妳千萬不要摘下這顆痣，將來妳出名了，全世界就靠著這顆痣來識別妳。」

果然這個女生幾年後紅極一時，日入數萬美金，成為天后級人物，她就是名模辛蒂．克勞馥。她的長相被譽為「超凡入聖」，她的嘴唇被稱作芳唇，芳唇邊赫然入目的就是那顆今天被視為性感象徵的桀驁不馴的大黑痣。

有一天，媒體竟然盛讚辛蒂有前瞻性眼光。辛蒂回顧從前，一次次倒抽涼氣，成名路上多麼艱辛，幸好遇上「保痣人士」愛德華。如果她摘了那顆痣，就是一個通俗的美人，頂多拍幾次廉價的廣告，就淹沒在繁花似錦的美女陣營裡面。暑期到來，可能還是要為了賺取來年的學費站在玉米地裡繼續剝玉米穗，與蟲子、蝸牛為伍。

故事啟示

世上沒有絕對的美與醜，美與醜通常是可以互相轉化的。但有一點可以肯定，就是最美的往往都來自本色、來自自然。所以，不要在乎別人挑剔的眼光，保留自己的本色，妳就是最美。

猶豫不決的代價

石油大王洛克斐勒的女兒伊麗莎白像她父親一樣，對商業也具有濃厚興趣，希望可以在商場上有所作為。

在巴黎新產品博覽會上，做了充分準備工作的伊麗莎白對某項產品專賣權志在必得，她幾乎快要成功了，但卻因她的決定晚了一小時而最終失去了這次機會。

洛克斐勒聽說這件事後感到很遺憾。造成伊麗莎白失利的原因在於，她原本在跑道內側最有利的線路上跑著，占有絕對優勢，但由於伊麗莎白

的重要決定晚下了一步，在最後衝刺的關鍵時刻使得勝利落空了。

伊麗莎白在電話中懊惱地說：「爸爸，博覽會的事您已經知道了吧？歐洲的這家公司竟然如此匆忙地指定美國代理店，我實在沒有料到。我以為可以花點時間，充分考慮之後再做出必要的決定。」

洛克斐勒在電話那邊安慰女兒：「孩子，不管怎樣，妳已經盡力了。不過我只是想對妳說，從事商業的人常見的缺點之一就是缺乏迅速、果斷的判斷力。如果放任猶豫不決去做決定，其對時間的浪費和由此而來的低效率會給公司帶來極大的損失。」

伊麗莎白從這次失敗中得到了深刻的教訓。

故事啟示

不少人在做決定時總是瞻前顧後。猶豫不決固然可以避免做錯一些事的可能，但同時也失去了一些抓住成功的機會。很多時候，優柔寡斷常常使好事變成壞事，堅決果斷才會將噩運轉危為安。

醫術最高明的人

有一次，魏文王問名醫扁鵲說：「你們家兄弟三人都精於醫術，到底哪一位醫術最好呢？」

扁鵲回答說：「大哥最好，二哥次之，我最差。」

魏文王再問：「那麼，為什麼你最出名呢？」

扁鵲答說：「我大哥治病，是治病於病情發作之前。由於一般人不知道他事先能剷除病因，所以他的名氣無法傳出去，只有我們家裡的人才知道。我二哥治病，是治病於病情剛剛發作之時。一般人以為他只能治輕微的小病，所以他只在我們的村子裡才小有名氣。而我扁鵲治病，是治病於病情嚴重之時。一般人看見的都是我在經脈上扎針放血、在皮膚上敷藥等大手術，所以他們以為我的醫術最高明，因此名氣響遍全國。」

魏文王連連點頭稱道：「你說得好極了。」

故事啟示

很多時候，人們往往等到情況無法控制才想到補救，因此，往往把事發後才控制看得很重，而有遠見的人都懂得未雨綢繆的道理，知道事後彌補不如事中控制，事中控制不如事前預防。

尊重自己的選擇

看到人類每個國家都有一個國王，一群青蛙決定請求上帝派給牠們一個國王。上帝感到很有趣。「給你們。」上帝說著就把一根原木扔到青蛙住的湖裡，「這就是你們的國王。」

青蛙嚇得潛入水中，盡可能地往泥裡鑽。過了一會兒，一隻比較膽大的青蛙小心翼翼地游到水面上，看看新國王。「牠好像很安靜。」青蛙說，「牠也許睡著了。」

木頭在平靜的湖面上一動不動，更多的青蛙一個接一個浮上來看。牠們越來越近，最後跳到木頭上面去，完全把牠們剛才害怕的情形忘記了。

有一天，一隻老青蛙說：「這個國王很遲鈍，不是嗎？我想，我們應該要一個能讓我們守秩序的人當國王。這一位國王只知道躺在那兒，放任我們隨便活動，不是和沒有一樣嗎？」

於是，青蛙再次請求上帝：「難道您不能給我們一個好一點的國王嗎？派一個有活動能力的人來吧。」

上帝派一隻長腿鸛到湖裡去。鸛給青蛙們留下了深刻印象，牠們帶著

欽佩的神情擠在鸛的周圍。不過牠們還沒有準備好歡迎詞，鸛就把長嘴伸進水裡吞食看得見的青蛙了。

「這根本不是我們原來的意思。」青蛙喘著氣又潛入水中，鑽到泥裡去。

但這一回上帝不聽他們的話了。「我給你們的就是你們要求的，」上帝說，「這也許可以告誡你們，做錯選擇不要抱怨。」

故事啟示

我們時刻會面臨許多選擇。有些事一旦作出了選擇，就要尊重自己的選擇，不要總想著要再重新選擇一次。很多事如果改變了已做出的選擇，其結果往往還不如當初的選擇。

鷹遲早會高飛

在鷹媽媽外出覓食時，一隻小鷹不慎從窩裡掉了出來，剛巧被雞媽媽看到，便撿回去和一群小雞放在一起餵養。

隨著時光流逝，小鷹一天天長大了，也習慣了雞的生活，小雞們也總把它看成是自己的同類。小鷹也認為自己與小雞一樣，日後要出外刨土覓食，從來沒試過要飛向高空。

一天，在小鷹出外覓食時，忽然遇到了鷹媽媽。

鷹媽媽見到小鷹非常驚喜，對牠說：「小鷹，你怎麼在這裡，隨我一起飛向高空吧！」

小鷹說：「我不是小鷹，我是小雞呀，我不會飛的，天那麼高，怎麼飛得上去呀？」

鷹媽媽有些生氣，但她還是大聲地鼓勵牠說：「小鷹，你不是小雞，你是一隻翱翔藍天的雄鷹呀！不信！我們到懸崖邊，我教你高飛。」

小鷹半信半疑地隨鷹媽媽來到懸崖邊，緊張得渾身發抖。

鷹媽媽耐心地說：「孩子，不要怕。你看我怎麼飛，學我的樣子，用力，用力。」

小鷹戰戰兢兢，但在鷹媽媽的帶動之下，終於飛了起來。

故事啟示

所謂「近朱者赤，近墨者黑。」環境和機遇對一個人來說非常重要。周圍環境的耳濡目染會對一個人的觀點和看法產生極大的影響。但話又說回來了，假如你是一隻鷹，那麼你遲早都要高飛的。

毛遂自薦的小男孩

有一天，倫敦正在進行著一場演出，突然，臺上的演員剛唱兩句就唱不出來了，臺下亂得一塌糊塗。

許多觀眾嚷著要退票。劇場老闆一看大勢不好，只好找人救場，誰知道找了一圈也找不到合適的人。這時，一個 5 歲的小男孩站了出來。

「老闆，讓我試試，行嗎？」

老闆看著小男孩自信的眼神，便同意讓他試一試。結果，他在臺上又唱又跳，把觀眾逗得特別高興，歌唱了一半，好多觀眾便向臺上扔硬幣。小男孩一邊滑稽地撿起錢，一邊唱得更起勁了。在觀眾的歡呼聲中，他一下子唱了好幾首歌。

又過了幾年，法國著名的丑角明星馬塞林來到一個兒童劇團和大家同臺演出。當時，馬塞林的節目中需要一個演員演一隻貓，由於馬塞林的名氣太大，許多優秀的演員都不敢接受這個角色。那個小男孩又自告奮勇地

站了出來，大家都為他捏了一把汗，誰知他和馬塞林配合得非常默契。

這個小男孩，就是後來名揚世界的幽默藝術大師 —— 卓別林！

故事啟示

現實生活中，人人都渴望擁有一展才華的機會。然而，當機會降臨時，很多人又會有這樣那樣的顧慮，猶豫不決，躊躇不前，以至於錯失良機。為了避免不必要的遺憾，在機會來臨時，勇敢地大聲說一句「讓我試試」！

等待奇蹟出現的人

一天晚上，有個人在夢中碰到一個神仙。這個神仙告訴他說，有大事要發生在他身上了，他會有機會得到一筆很大的財富，在社會上獲得卓越的地位，並且娶到一位漂亮的妻子。

這個人終其一生都在等待這個奇蹟的發生，但是什麼事也沒發生。他窮困地度過了他的一生，最後孤獨地老死了。

在死後，他又看見了那個神仙。他對神仙說：「你說過要給我財富、很高的社會地位和漂亮的妻子，我等了一輩子卻什麼也沒有。」

神仙回答他：「我沒說過那種話。我只承諾過要給你機會得到財富、一個受人尊重的社會地位和一個漂亮的妻子，可是你讓這些機會從你身邊溜走了。」

這個人迷惑了，他說：「我不明白你的意思。」

神仙回答道：「你記得你曾經有一次想到一個好點子，可是你沒有行動，因為你怕失敗而不敢去嘗試嗎？」這個人點點頭。

神仙繼續說：「因為你沒有去行動，這個點子幾年以後被另外一個人想到了，那個人一點也不害怕地去做了，他後來變成了全國最有錢的人。還有，你應該還記得，有一次發生了大地震，城裡大半的房子都毀了，好幾千人被困在倒塌的房子裡。你有機會去幫忙拯救那些存活的人，可是你怕小偷會趁你不在家的時候，到你家裡去偷東西，你以這為藉口，故意忽視那些需要你幫助的人，而只是守著自己的房子。」這個人不好意思地點點頭。

神仙說：「那是你去拯救幾百個人的好機會，而那個機會可以使你在城裡得到多大的尊重和榮耀啊！」

「還有，」神仙繼續說，「你記不記得有一個頭髮烏黑的漂亮女子，你曾經非常強烈地被她吸引，你從來不曾這樣喜歡過一個女人，之後也沒有再碰到過像她這麼好的女人。可是你覺得她不可能會喜歡你，更不可能會答應跟你結婚，你因為害怕被拒絕，就讓她從你身旁溜走了。」這個人又點點頭，這次他流下了眼淚。

神仙說：「我的朋友啊，就是她！她本來該是你的妻子，你們會有好幾個漂亮的小孩，而且跟她在一起，你的人生將會有許許多多的快樂。」

神仙最後說：「可惜，你都沒有抓住這些機會！」

故事啟示

在一生之中，每個人都會有很多次機會，但大多數機會都被錯過了。當機會來臨時，不要猶豫，更不要害怕。在機會面前，如果你猶豫不決或害怕，機會就會與你擦肩而過。

大杯子和小杯子

被美國人稱為「汽車之父」的亨利·福特，在1913年率先採用流水線組裝汽車，第一次實現了短時間組裝一部汽車的神話。幾年後，民用汽車的價格降低了一半，小轎車不再是富豪的專利。福特的思想對全世界的製造業也產生了極大的影響。今天，大到整棟房屋，小到一包糖果，都可以在流水線上生產。

福特汽車公司初具規模後，福特在一次高層會議中建議改進現有的生產線，從而可以繼續提高生產效率。這個提議遭到很多人反對：有人覺得改進生產線，既要投資購買機器，又得重新培訓工人，風險太大了；另一部分人則認為公司的生產能力已經夠強了，效益也很好，沒必要再花力氣去提高效率。

聽完大家的意見，福特舉起桌上的玻璃杯問：「你們看到了什麼？」

有人擔憂地說：「半杯水被喝了，杯子已經空了一半。」

「別擔心，」有人樂觀地說，「杯子裡還有一半水，渴了還有半杯水可喝。」

「和你們不同，我看到杯子容積是水的2倍，」福特說，「這裡的水用一半大小的杯子就能盛下。用一個大杯子做一個小杯子能做到的事，是對資源的浪費，是低效率。現在生產線上的員工們就像這個大杯子，有一半的潛力還沒有發揮出來。我要做的就是換個小杯子，然後我們就可以用大杯子來盛更多、更好的東西了！」

故事啟示

人生其實就是一個不斷挖掘自身潛力和不斷充實、提升自己的過程。如果你有很大的潛能，就不要只是不求進取、碌碌無為地苟且過活。

牛仔衣的誕生

曾經有一個名叫史特勞斯的少年，他的母親是個小裁縫。受母親的影響，他從小就喜歡時裝。儘管家境貧寒，但史特勞斯決心要做一名出色的時裝設計師。史特勞斯常常將母親裁剪後的碎布偷來，東拼西湊地做成各式各樣的小衣服。由於母親的剩布有限，並且那些布都是要用來做鞋墊的，史特勞斯總是遭到父親的責備。史特勞斯感到自己的創作欲望得不到滿足。

有一天，史特勞斯將父親從自家涼棚上撤下來的廢棚布製成了一件衣服，這種粗布在當時是專門用來蓋棚子用的。史特勞斯穿著自己做的衣服走在大街上，很多人都說他是瘋子，甚至母親也覺得史特勞斯太過分了。

史特勞斯的母親見到兒子沉迷於服裝設計，便鼓勵兒子去向時裝大師戴維斯請教，她希望自己的兒子能成為像戴維斯一樣成功的時裝設計師。那一年，史特勞斯 18 歲，他帶著自己設計的粗布衣來到了戴維斯的時裝設計公司。當戴維斯的弟子們看到史特勞斯設計的衣服時，忍不住哄堂大笑，他們從來沒有看到過如此粗俗的衣服！可是戴維斯卻將史特勞斯留了下來。

在戴維斯的鼓勵與幫助下，史特勞斯設計出了大量的粗布衣。可是，沒有人對史特勞斯的衣服感興趣。史特勞斯設計的衣服大量積壓在倉庫裡。就連戴維斯都對自己收留史特勞斯的決定產生了懷疑。但史特勞斯很固執，他堅信自己的衣服會受到人們的歡迎，於是他試著將那些粗布衣服運往非洲，銷給那裡的勞工們。由於那種粗布價格低廉、耐磨，居然很受勞工們的歡迎，衣服很快銷售一空。

史特勞斯又將那些粗布衣服做成適合旅行者穿的款式，因為它的滄桑感和灑脫，居然又很受旅行愛好者的歡迎。史特勞斯又設計出了許多種款式，人們驚奇地發現，那種衣服穿在身上不但隨意，還有一種很特別的風味，而且不分季節，任何年齡的人都可以穿。一時間，大家都爭著穿起了史特勞斯設計的粗布衣。如今那種衣服已風靡了全球，那就是以史特勞斯與戴維斯為品牌的牛仔衣。

故事啟示

人生的道路不可能一帆風順，但不管環境如何惡劣，遇到多少艱難困苦，只要認為自己所做的事是正確的，我們就應該堅定不移地大膽去做。只有這樣，才能不失去自身的個性，才能從同類事物中脫穎而出。

愛與婚姻

有一天，柏拉圖問蘇格拉底：「什麼是愛情？」蘇格拉底就讓他走到麥田裡去，沿著麥田走下去，並摘一棵麥田裡最大最黃的麥穗來，而且只能摘一次，只能向前走，不能走回頭路。

柏拉圖按照蘇格拉底說的去做了。結果，他兩手空空地走出了麥田。蘇格拉底問他：「為什麼摘不到？」

柏拉圖說：「只能摘一次，又不能走回頭路，其間即使見到最大最黃的，因為不知道前面是否有更好的，所以沒有摘；走到前面時，又發覺總不及之前見到的好，原來我早已錯過了最大最黃的麥穗。所以，我哪個也沒摘。」

蘇格拉底說：「這就是『愛情』。」

又有一天，柏拉圖問蘇格拉底：「什麼是婚姻。」蘇格拉底就叫他先到樹林裡，砍下一棵全樹林最大最茂盛、最適合放在家裡當聖誕樹的樹。其間同樣只能砍一次，以及同樣只可以向前走，不能回頭。

柏拉圖又照著蘇格拉底的話做了。這次，他帶了一棵普普通通，不是很茂盛，亦不算太差的樹回來。蘇格拉底問他：「怎麼帶這棵普普通通的樹回來？」

柏拉圖說：「有了上一次的經驗，當我走了大半路程還兩手空空時，看到這棵樹也不算太差，便砍下來，免得錯過了，最後又什麼也帶不回來。」

蘇格拉底說：「這就是婚姻！」

故事啟示

人生沒有回頭路，有些人、有些事一旦錯過了就再也找不回來了。要找到屬於自己的最好的東西，我們不僅要付出相當的努力，而且要有莫大的勇氣去果斷地選擇。遇事猶猶豫豫，只會導致錯失良機。

老繭值幾百萬美元

現今美國著名的勵志演說家萊斯·布朗不是個幸運兒，他一出生就遭到父母的遺棄，稍微長大一點又被列為「尚可接受教育的智障兒童」，他實在有太多太多的理由自暴自棄。然而，他在中學階段遇到了「貴人」——一位愛他的老師。

老師告訴他：「不要因為人家說你怎樣，你就以為自己真的怎樣。」這句看似平常的話徹底改變了布朗的命運。

布朗決定加入演講會，為每一個像他一樣被「瞎了眼的命運女神」無情捉弄的不幸者吶喊，讓每一顆怯懦的心都滋生出進取的勇氣，讓每一個平凡的生命都迸發出向上的力量。

布朗很有自知之明。他想，自己沒有過人的資質，沒有個人魅力，也

沒有經驗，要獲得演講的機會，只有一天到晚給人打電話。有時候，一天打一百多個電話，請求別人給他機會，讓他去演講。就這樣，日久天長，布朗的左耳硬是被話筒磨出了老繭。

後來，布朗成了美國最受歡迎的勵志演說家，他的演講酬金每小時高達 2 萬美元。一切都如期而至：掌聲、鮮花、榮譽、金錢……

布朗笑了，他摸著左耳上的老繭不無得意地說：「這個老繭值幾百萬美元呢！」

故事啟示

每個人都會存在著缺陷和不足。只有明白自身的缺陷和不足，並有針對性地去努力彌補這些缺陷，才能不斷壯大自我。雖然奮鬥的過程困難重重，但在經過冷漠的拒絕和失敗的磨難，經過沉積、凝結之後，必能開出離聰明和成功最近的驚世之花。

種花的淘金者

有人在塞文河畔散步時無意中發現了金子，這個消息不翼而飛，來自四面八方的淘金者蜂擁而至。他們都想成為富翁，於是他們尋遍了整個河床，還在河床上挖出很多大坑，希望能找到更多的金子。的確，有一些人找到了，但另外一些人卻因為一無所得而只好掃興而歸。

也有不甘心落空的，便駐紮在這裡繼續尋找。彼得．弗雷特就是其中的一員。他在河床附近買了一塊沒人要的土地，一個人默默地工作。他為了找金子，已把所有的錢都押在了這塊土地上。他埋頭苦幹了幾個月，直到土地全變成坑坑窪窪，他失望了 —— 他翻遍了整塊土地，卻連一丁點金子都沒看見。

六個月以後，他連買麵包的錢都快沒有了。於是，他準備離開這兒到別處去謀生。

就在他即將離去的前一個晚上，下起了傾盆大雨，並且一下就是三天三夜。雨終於停了，彼得走出小木屋，發現眼前的土地看上去好像和以前不一樣：坑坑窪窪已被大雨沖刷平整，鬆軟的土地上長出一層綠茸茸的小草。

「這裡沒找到金子，」彼得忽有所悟地說，「但這片土地很肥沃，我可以用來種花，再拿到鎮上去賣給那些富人。他們一定會買些花裝扮他們華麗的客廳。如果真的這樣的話，那麼我同樣能賺許多錢，有朝一日我也會成為富人……」

彼得彷彿看到了將來，自言自語地說：「對，不走了，我就種花！」

於是，他留了下來。彼得花了不少精力培育花苗，不久田地裡長滿了美麗嬌豔的各色鮮花。

他拿到鎮上去賣，那些富人忍不住稱讚：「多美的花，我們從沒見過這麼美麗鮮豔的花！」他們很樂意付少量的錢來買彼得的花，以使他們的家庭變得更美麗溫馨。

五年後，彼得終於實現了他的夢想 —— 成了一個富翁。

「我是唯一找到真金的人！」他時常不無驕傲地告訴別人，「別人在這裡找到黃金之後便遠遠地離開，而我的『金子』是在這塊土地裡，只有誠實的人用勤勞才能去採摘。」

故事啟示

勤奮的人比別人付出的多，得到的自然也多，因為付出和收穫是成正比的。對於勤奮者來說，遍地都是黃金，因為勤奮是點燃智慧的火把，是打開幸運之門的鑰匙。

看到我前不要做決定

在16歲那年的暑假將臨的時候，辛普森對爸爸說：「爸爸，我不要整個夏天都向你伸手要錢，我要找個工作。」

辛普森在廣告中仔細尋找，找到了一個很適合他的專長的工作。廣告上說求職的人要在第二天早上8點鐘到達一個地方。他到時已經有20個求職者排在前面，他是第21位。

怎樣才能引起面試官的特別注意而贏得職位呢？辛普森想出了一個辦法：他拿出一張紙，在上面寫了一些東西，然後折得整整齊齊，走向祕書小姐，恭敬地對她說：「小姐，請馬上把這張紙條交給你的老闆，這非常重要！」

祕書小姐是一名老手。如果她是個普通的職員，也許就會說：「算了吧！年輕人，你回到隊伍中去等吧。」但她沒有這樣做，她只覺得在這個年輕人身上散發著一種聰明的氣質。

「好啊，讓我來看看這張紙條。」祕書小姐看了紙條後不禁微笑了起來，並立刻站起身走進老闆的辦公室。老闆看了也大聲笑了起來，因為紙條上寫著：「先生，我排在隊伍的第21位，在您看到我之前，請不要做決定。」

最終，辛普森如願以償地得到了那份工作。

故事啟示

由於某些原因，我們面對某些事情的勝算並不大，這時就要想辦法爭取機會。怎樣爭取這樣的機會呢？一要有勇氣，二要有技巧。

懦弱自卑的文學家

在布拉格的一個貧窮猶太人家裡，有個性格十分內向、懦弱的男孩，他沒有一點男子氣概，非常敏感多愁，老是覺得周圍環境都在對他產生壓迫和威脅。防範和躲災的想法在他心中可謂根深蒂固，無藥可救。

男孩的父親竭力想把他培養成一個標準的男子漢，希望他具有寧折不屈、剛毅勇敢的特性。

在父親那粗暴、嚴厲且又很自負的培養下，他的性格不但沒有變得剛烈勇敢，反而更加懦弱自卑，並從根本上喪失了自信心，致使生活中每一個細節、每一件小事，對他來說都是一個不大不小的災難。他在困惑痛苦中長大，他整天都在察言觀色。他常常獨自躲在角落處悄悄咀嚼受到傷害的痛苦，小心翼翼地猜測著又會有什麼樣的傷害落到他的身上。他那時的樣子，簡直就沒出息到了極點。

然而，令人們始料未及的是，這個男孩後來成了 20 世紀世界上最偉大的文學家之一，他就是奧地利的卡夫卡。

卡夫卡為什麼會成功呢？因為他找到了適合自己穿的鞋，他內向、懦弱、多愁善感的性格正好從事文學創作。在這個他為自己營造的藝術王國中，在這個精神家園裡，他的懦弱、悲觀、消極等弱點，反倒使他對世界、生活、人生、命運有了更尖銳、敏感、深刻的認識。他以自己在生活中受到的壓抑、苦悶為題材，開創了一個文學史上全新的藝術流派——意識流。他在作品中，把荒誕的世界、扭曲的觀念、變形的人格，解剖得淋漓盡致，從而給世界留下了《變形記》、《城堡》、《審判》等許多不朽的巨著。

故事啟示

人的性格是與生俱來的，不可隨意硬性逆轉的，就像我們的雙腳，其大小是無法選擇的。所以，千萬別再抱怨你的雙腳，更別刻意地去壓抑它，去做削足適履的傻事。

背誦馬太福音的男孩

戴爾．泰勒是美國西雅圖一所著名教堂裡德高望重的牧師。

一天，泰勒牧師向教會學校的一個班級宣布：誰要是能背出《馬太福音》中第五章到第七章的全部內容，他就邀請他們去西雅圖的「太空針塔」餐廳參加免費聚餐。

那是許多孩子做夢都想去的地方。但是，《聖經．馬太福音》第五章到第七章有幾萬字的篇幅，而且不押韻，要背誦全文有相當大的難度。

一天，有一個 11 歲的男孩胸有成竹地坐到泰勒牧師面前，從頭到尾，一字不漏地把原文背了下來，而且到了最後竟成了聲情並茂的朗誦。

泰勒牧師驚訝地張大嘴巴，能夠背誦全文的信徒倒是有的，但眼前畢竟只是一個孩子。牧師在驚嘆他有驚人記憶力的同時，不禁好奇地問：「你是如何背下這麼長的文字的？」這個男孩不假思索地回答道：「我竭盡全力。」

16 年後，這個男孩成了一家世界知名軟體公司的老闆，他的名字叫比爾蓋茲。

故事啟示

在這個世界上，只要我們付出足夠的努力，就沒有什麼是做不到的。努力的極限，就是竭盡全力。可以說，如果遇事都能竭盡全力，那麼我們就無所不能。

狼和鬣狗

美國野生動物保護協會的成員丹尼斯，為了蒐集狼的資料，走遍了大半個地球，見證了許多狼的故事。他在非洲草原就曾目睹了一個狼和鬣狗交戰的場面，至今難以忘懷。

那是一個極度乾旱的季節，在非洲草原，許多動物因為缺少水和食物而死去了。生活在這裡的鬣狗和狼也面臨著同樣的問題。

狼群外出捕獵統一由狼王指揮，而鬣狗卻是一窩蜂地往前衝，鬣狗仗著數量眾多，常常從獵豹和獅子的嘴裡搶奪食物。由於狼和鬣狗都屬犬科動物，所以能夠相處在同一片區域，甚至共同捕獵。可是在食物短缺的季節裡，狼和鬣狗也會發生衝突。

這一次，為了爭奪被獅子吃剩的一頭野牛的殘骸，一群狼和一群鬣狗發生了衝突。儘管鬣狗死傷慘重，但由於數量比狼多得多，很多狼也被鬣狗咬死了，最後，只剩下一隻狼王與 5 只鬣狗對峙。

顯然，狼王與鬣狗力量相差懸殊，何況狼王還在混戰中被咬傷了一條後腿。那條拖拉在地上的後腿，是狼王無法擺脫的負擔。面對步步緊逼的鬣狗，狼王突然回頭一口咬斷了自己的傷腿，然後向離自己最近的那只鬣狗猛撲過去，以迅雷不及掩耳之勢咬斷了牠的喉嚨。

其他 4 隻鬣狗被狼王的舉動嚇呆了，都站在原地不敢向前。更加吃驚的莫過於躲在草叢裡扛著攝影機的丹尼斯。終於，4 隻鬣狗拖著疲憊的身體一步一拐地離開了怒目而視的狼王。狼王勝利了。

故事啟示

很多東西常常拖我們的後腿，使我們瞻前顧後、患得患失，不能集中精力解決問題。有魄力的人往往會果斷地捨棄這些東西。如果不懂得放棄，就無法獲取更大的成功，甚至還會失去某些最根本的東西。

用魚骨刻的老鼠

在一個古老的國家，有兩個非常傑出的木匠，他們的手藝都很好，難以分出高下。

有一天，國王突發奇想：「到底哪一個才是最好的木匠呢？不如我舉辦一次比賽，然後封勝者為『全國第一的木匠』。」

於是，國王把兩位木匠找來，為他們舉辦了一次比賽。限時三天，誰刻的老鼠最逼真，誰就是全國第一的木匠，不但可以得到許多獎品，還可以得到冊封。

在那三天裡，兩個木匠都不眠不休地工作。到第三天，他們把已雕好的老鼠獻給國王，國王把大臣全部找來，一起做本次比賽的評審。

第一位木匠刻的老鼠栩栩如生、纖毫畢現，甚至連鼠鬚都會抽動。

第二位木匠的老鼠則只有老鼠的神態，卻沒有老鼠的形貌，遠看勉強是一隻老鼠，近看則只有三分相像。

勝負即分，國王和大臣一致認為第一個木匠獲勝。

但第二個木匠當庭抗議，他說：「大王的評審不公平。」

木匠說：「要決定雕的是不是像老鼠，應該由貓來決定，貓看老鼠的眼光比人還銳利呀！」

國王想想也有道理，就叫人到後宮帶幾隻貓來，讓貓來決定哪一隻老鼠比較逼真。

沒有想到，貓一被放下來，都不約而同地撲向那隻看起來並不像老鼠的「老鼠」，啃咬、搶奪。而那只栩栩如生的老鼠卻完全被冷落了。

事實擺在面前，國王只好把「全國第一」的稱號給了第二個木匠。

事後，國王把第二個木匠找來，問他：「你是用什麼方法讓貓以為你刻的是老鼠呢？」

木匠說：「大王，其實很簡單，我只不過是用魚骨刻了隻老鼠罷了。貓在乎的根本不是像與不像，而是腥味呀！」

故事啟示

在人生的賽場上，若想獲勝不僅要有一流的技術，更要懂得人情世故，善於運用大智慧。那些符合邏輯、遵循自然規律、最接近人性的往往就是人生的大智慧。如果能夠巧妙運用，自然更容易成功。

真理是懷疑的影子

一位法國教育心理學專家，給法國的小學生和臺灣的小學生先後出了下面這道完全一樣的測試題：一艘船上有 86 頭牛，34 隻羊，問這艘船的船長年紀有多大？

法國小學生的回答情況是，超過 90%的同學提出了異議，認為這道測試題根本沒辦法回答，甚至嘲笑老師的「糊塗」。顯而易見，這些學生的回答是對的。臺灣小學生的回答情況則恰恰相反：有 80%的同學認真地做出了他們認為正確的答案，86 － 34 ＝ 52 歲。只有 10%的同學認為此題非常荒謬，無法解答，也就是說做出正確回答的同學竟然只有這 10%！

這位法國教育心理學專家很驚訝，兩國的小學生為什麼會出現這麼大的差別呢？他透過對臺灣那些 80%小學生的調查後發現，他們之所以做出

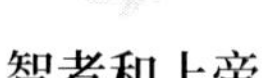

錯誤的答案，是因為他們堅信不疑地認為：「老師平時教育我們，只有對問題做出回答，才可能得分；不做的話，就連一分也得不到。老師出的題總是對的，總是有標準答案的，不可能沒辦法做，也不可能沒有答案。」

這位法國教育心理學專家頗有感觸地說：「應當教育孩子敬重老師，但更要教育孩子敬重真理。懷疑並不是缺點，總是沒完沒了地懷疑才是缺點。只有敢於懷疑，才能減少盲從。有懷疑的地方才有真理，真理是懷疑的影子。」

故事啟示

發現真理往往是從對固有事物的懷疑開始的。然而在現實生活中，很多人都願意盲從專家或者權威，因為這樣不易出錯，比較保險。殊不知，一味地盲從，會使我們永遠也看不到真理的影子。

智者和上帝

上帝來到人間，遇到一個正在鑽研人生問題的智者。上帝敲了敲門，走到智者的眼前說：「我也為人生感到困惑，我們能一起探討探討嗎？」

智者畢竟是智者，雖然沒有猜出面前這個老者就是上帝，但也能猜到他絕不是一般的人物。智者正要問上帝是誰，上帝說：「我們只是探討一些問題，完了我就走了，沒有必要說一些其他的問題。」

智者說：「我越是研究，就越是覺得人類是一種奇怪的動物。他們有時候非常善用理智，有時候卻非常不理智，而且往往在大的方面失去了理智。」

上帝感慨地說：「這個我也有同感。他們厭倦童年的美好時光，急著成熟，但長大了，又渴望返老還童；他們健康的時候，不知道珍惜健康，往往用犧牲健康來換取財富，然後又靠犧牲財富來換取健康；他們對未來充滿焦慮，但卻往往忽略現在，結果既沒有生活在現在，又沒有生活在未來之中；他們活著的時候好像永遠不會死去，但死去以後又好像從沒活過，還說人生如夢……」

智者感到上帝的論述非常精闢，他說：「研究人生的問題，很是耗費時間的。您怎麼利用時間的呢？」

「是嗎？我的時間是永恆的。對了，我覺得人一旦對時間有了真正透徹的理解，也就真正弄懂人生了。因為時間包含著機遇，包含著規律，包含著人間的一切，比如新生的生命、沒落的塵埃，經驗和智慧等等人生至關重要的東西。」

智者靜靜地聽上帝說著，然後，他要求上帝對人生提出自己的忠告。

上帝從衣袖中拿出一本厚厚的書，上面卻只有這麼幾行字：

「人啊！你應該知道，你不可能取悅所有的人；最重要的不是去擁有什麼東西，而是去做什麼樣的人和擁有什麼樣的朋友；富有並不在於擁有最多，而在於貪慾最少；在所愛的人身上造成深度創傷只要幾秒鐘，但是治療它卻要很長很長的時光；有人會深深的愛著你，但卻不知道如何表達；金錢唯一不能買到的，卻是最寶貴的，那便是幸福；寬恕別人和得到別人的寬恕還是不夠的，你也應當寬恕自己；你所愛的，往往是一朵玫瑰，並不是非要極力地把它的刺根除掉，你能做的最好的事，就是不要被它的刺刺傷，自己也不要傷害到心愛的人；尤其重要的是：很多事情錯過了就沒有了，錯過了就會變的。」

智者看完這些文字，激動地說：「只有上帝，才能……」抬頭一看，上帝已經走得沒影沒蹤了，只是周圍還飄著一句話：「對每個生命來說，最重要的便是：『只有自己才是自己的上帝。』」

故事啟示

面對人生，我們時常充滿迷惑，時常犯一些不該犯的錯，當這些問題無法解決時，我們往往想到的不是自己，而是上帝。其實，對於每個生命來說，只有自己才是上帝，因為所有的事都是自己造成的，當然，自己也絕對有能力去解決這些問題。

不要為一塊麵包而祈禱

小克萊門斯上學了。教書的霍爾太太是一位虔誠的基督徒，每次上課之前，她都要領著孩子們進行祈禱。

有一天，霍爾太太給孩子們講解《聖經》。當講到「祈禱，就會獲得一切」的時候，小克萊門斯忍不住站了起來，問道：「如果我向上帝祈禱呢？祂會給我想要的東西嗎？」「是的，孩子，只要你願意虔誠地祈禱，你就會得到你想要的東西。」

小克萊門斯特別想得到一塊很大很大的麵包，因為他從來沒有吃過那樣誘人的麵包。而他的同桌，一個金髮的小女孩每天都會帶著一塊這麼誘人的麵包來到學校。她常常問小克萊門斯要不要吃一口，小克萊門斯每次都堅定地搖頭，但他的心是痛苦的。

放學的時候，小克萊門斯對小女孩說：「明天我也會有一塊大麵包。」回到家後，小克萊門斯關起門，無比虔誠地祈禱，他相信上帝已經看見了自己的表情，上帝一定會被自己的誠心感動的！然而，第二天起床後，當他把手伸進書包的時候，除了一本破舊的課本之外，什麼也沒有發現。他決定每天晚上堅持祈禱，一定要等到麵包降臨。

一個月後，金髮的小女孩笑著問小克萊門斯：「你的麵包呢？」

小克萊門斯已經無法繼續自己的祈禱了。他告訴小女孩，上帝也許根本就沒有看見自己每晚多麼虔誠的在祈禱，因為，每天肯定有無數的孩子都進行著這樣的祈禱，而上帝只有一個，他怎麼會忙得過來？

小女孩笑著說：「原來祈禱的人都是為了一塊麵包呀！但一塊麵包用幾個硬幣就可以買到了。人們為什麼要花費這麼多的時間去祈禱，而不是去賺錢買麵包呢？」

小克萊門斯決定不再祈禱。他相信小女孩所說的正是自己想要知道的——只有透過實際的工作，才能獲得自己想要的東西，而祈禱，永遠只能讓你停留在等待中。小克萊門斯對自己說：「我不要再為一件卑微的小東西祈禱了。」他帶著對生活的堅定信心走上了新的道路。

多年以後，小克萊門斯長大成人。當他用筆名馬克·吐溫發表作品的時候，他已經是一名為了理想勇敢戰鬥的作家了。

故事啟示

與其花費時間和精力在那些虛無縹緲的東西上，不如相信自己真實的努力，透過自己誠實的勞動去換取自己想要的東西。只有奮鬥和努力才是真實的，只有自己付出汗水得來的東西才是有意義的。

乾洗劑的發明

出生於巴黎一個貧民家庭的喬利·貝朗，在13歲時便獨自外出打工。由於年紀小，沒有哪個工廠肯聘用他。流浪幾年後，他找到了一個貴族家庭，在他的苦苦哀求下，貴族太太讓他在廚房裡當一名小雜工。

他每天的工作就是殺雞、殺魚、拖地、掃廁所，幾乎承包了全部家務瑣事。他一天至少要做 12 個小時，而所得的薪水連一隻雞都買不了，但他仍然感到非常滿足。他總是省吃儉用地將辛苦賺來的錢攢起來，養活自己貧困的家。

就連這麼辛苦的日子也不長久。一天半夜，喬利被一陣急促的敲門聲驚醒。原來貴族太太第二天一早要去赴一個約會，要喬利立即將她的衣服熨一下。因為實在太睏了，他不小心將煤油燈打翻，燈裡的油滴在了貴夫人的衣服上。

喬利嚇壞了。他就是打一年工恐怕也買不到那件昂貴的衣服。貴族太太堅決要求喬利賠償，讓他為她白打一年工！喬利沮喪極了，但當答應給貴夫人白打一年工後，他也得到了那件衣服。

其實那件衣服只是弄髒了一點而已，如果將它送給母親穿，她一定會很高興。但他不敢將這件事告訴母親，她會很傷心的。於是，喬利將那件衣服掛在自己的窗前以警示自己別再犯錯。

一天，他突然發現那件衣服被煤油浸過的地方不但沒髒，反而將原有的汙漬消除了。經過反覆試驗，喬利又在煤油裡加了一些其他的化學原料，終於研製出了乾洗劑。

一年後，喬利離開了貴夫人家，自己開了一間乾洗店。世界上第一家乾洗店就這樣誕生了。喬利的生意一發不可收拾。幾年間，他便成了讓世界矚目的乾洗大王。如今，乾洗店遍布世界的每一個角落，人們在享受他發明的乾洗劑的同時，也記住了他的名字 —— 喬利·貝朗。

故事啟示

人世間的許多事往往都不是那麼絕對的。幸福中常常蘊含著某種可能會帶來災難的因素；而苦難中有時候卻掩埋著希望和光明的種子。所以，只要我們能夠把握住機會，一切皆有可能。

籠中虎與野地虎

有兩隻老虎，一隻在籠子裡，一隻在野地裡。

在籠子裡的老虎三餐無憂，在野地裡的老虎自由自在。兩隻老虎經常親切的交談。

籠子裡的老虎總是羨慕外面老虎的自由，外面的老虎卻羨慕籠中老虎的安逸。

一天，一隻老虎對另一隻老虎說：「我們換一換。」另一隻老虎同意了。於是，籠子裡的老虎走進了大自然，野地裡的老虎走進了籠子裡。從籠子裡走出來的老虎高高興興，在曠野裡拚命地奔跑；走進籠子裡的老虎也十分快樂，再也不用為食物而發愁。

但不久，兩隻老虎都死了，一隻是饑餓而死，一隻是憂鬱而死。從籠子中走出的老虎獲得了自由，卻沒有同時獲得捕食的本領，活活餓死；走進籠子的老虎獲得了安逸，卻沒有獲得在狹小空間生活的心境，活活憋死。

故事啟示

許多時候，人們往往對自己的美麗視若無睹，只覺得別人的美麗很耀眼。卻沒想到，別人的美麗也許不適合自己，更想不到，別人的美麗也許會是自己的墳墓。

第六章
風雨過去之後，彩虹才會呈現

人們習慣於驚羨彩虹的多姿多彩，卻不見彩虹呈現前的狂風暴雨。其實，如果沒有了狂風暴雨的出現，也就不能看見彩虹。人生也是如此，不經歷磨難，也就不會享受到成功的喜悅。

歷經風雨見彩虹

在美國，有一位窮困潦倒的年輕人，他全心全意地堅持著自己心中的夢想，他想做演員，拍電影，當明星。

他帶著為自己量身定做的劇本前去拜訪好萊塢的 500 家電影公司。但所有的電影公司沒有一家願意聘用他。

面對百分之百的拒絕，這位年輕人沒有灰心。從最後一家拒絕他的電影公司出來之後，他又從第一家開始，繼續他的第二輪拜訪與自我推薦。

在第二輪的拜訪中，那 500 家電影公司依然拒絕了他。

第三輪的拜訪結果與第二輪相同。這位年輕人咬牙開始了他的第四輪拜訪，當拜訪完第 349 家後，第 350 家電影公司的老闆破天荒地答應願意讓他留下劇本先看一看。

幾天後，年輕人得到通知，這家公司決定投資開拍這部電影，並請這位年輕人擔任自己所寫劇本中的男主角。

這部電影名叫《洛基》。這位年輕人就是席維斯．史特龍。

故事啟示

《真心英雄》裡唱道：「不經歷風雨，怎麼見彩虹，沒有人能隨隨便便成功。」是的，只要懷揣著夢想，烏雲是遮不住太陽的。

火災和火光

在第二次世界大戰期間，有艘船被砲彈擊中沉沒了，全船只有一個人活著漂到一座孤島，獨自一人在島上艱苦地生活。

他天天站在岸邊搖白旗，希望有人來救他，可是一直都沒有結果。

有一天，他千辛萬苦搭的茅屋，突然起火燃燒，而且一發不可收拾，把他所有的家當都燒光了。

他傷心之餘，埋怨上帝：「我唯一的棲身之處，僅有的一點生活用品，都化為了灰燼，上帝啊，您為何讓我走上絕路啊？」

不久，忽然有輪船來救他，他問他們怎麼知道島上有人。救他的人說：「我們起先也不知道，但是看見島上有火光，船長就派我們來看看。」

他由起初的埋怨，變為大大的感激，因為上帝借這把火救了他。

故事啟示

世間的成敗得失，並無標準的界限，而且它們之間還可以相互轉化。因此，當你失去什麼的時候，一定不要太憂傷，因為或許你已經因此得到了另一些更好的東西。

磨礪與苦難

深山裡有兩塊石頭，第一塊石頭對第二塊石頭說：「去經歷路途的艱險坎坷和世事的磕磕碰碰吧，才不枉來此世一遭。」

「不，何苦呢！」第二塊石頭嗤之以鼻，「安坐高處一覽眾山，周圍花團錦簇，誰會那麼愚蠢地在享樂和磨難之間選擇後者？再說那路途的艱險磨難會讓我粉身碎骨的！」

於是，第一塊石頭隨山溪滾落而下，歷盡了風雨和大自然的磨難，它依然義無反顧執著地在自己的路途上奔波。第二塊石頭譏諷地笑了，它在高山上享受著安逸和幸福，享受著周圍花草簇擁的暢意抒懷，享受著盤古開天闢地時留下的那些美好的景觀。

許多年以後，飽經風霜歷盡塵世千錘百煉的第一塊石頭成了世間的珍品，被千萬人讚美稱頌，享盡了人間的富貴榮華。第二塊石頭知道後，有些悔不當初，現在它也想投入到世間風塵的洗禮中，然後也得到像第一塊石頭擁有的成功和高貴，可是一想到要經歷那麼多的坎坷和磨難，甚至滿目瘡痍、傷痕纍纍，還有粉身碎骨的危險，便又退縮了。

終於有一天，人們為了更好地珍存那塊珍品石頭，準備為它修建一座精美別緻、氣勢雄偉的博物館，而建造材料則全部採用石頭。於是，他們來到高山上，將第二塊石頭粉了身碎了骨，為第一塊石頭蓋起了房子。

故事啟示

面對安逸的生活，有些人會陷進去，而有些人則不會。那些陷進去的人會變得越來越懶惰，而那些不甘陷進去的人才會做出一番成績來。每個人來到這個世界上都不容易，只有經歷一些磨難，才會有所建樹，才不枉來世上一回。

毛毛蟲渡河

有一位哲人曾經說過：「只有經歷過苦難磨礪的人生，才會光芒四射！」是的，苦難應該是人生中用來考驗我們的一份最偉大、最輝煌的試卷，讓我們勇敢而坦然地接受它吧！因為，命運在賜予我們苦難的同時，往往也把一把開啟成功之門的鑰匙，放到了我們的手中。

一次聚會，有位朋友出了一道腦筋急轉彎的題：「河的對岸鮮花盛開，四季如春，恍如天國，毛毛蟲要去對岸生活，可是一條大河阻擋了去路，橋又在很遠的地方，那麼毛毛蟲要怎樣才能渡過大河呢？」

毛毛蟲要怎樣渡河呢？無非是長途跋涉，從橋上爬過去。可是朋友們的答案卻是千奇百怪：

一位剛出校門的女孩說：游過去呀！？

做編輯的朋友說：搭船過去！

一位從商的朋友說：藏在別人身上過去！

而那位律師朋友想了好久，肯定地說：從地圖上爬過去！

答案還有很多，比如趴在樹葉上漂過去：花錢讓人帶過去，等河乾後爬過去……

這只是一道腦筋急轉彎題而已，所以所有的方法都可以，只要能到彼岸就行。可是我最喜歡的答案是：變成蝴蝶飛過去。

天哪！這是一件多麼美妙的事啊！

從一個小小的卵開始，毛毛蟲經歷多次的蛻皮，長大，然後成蛹。在某個風和日麗花香瀰漫的日子，毛毛蟲變成了美麗的蝴蝶，在眾人的仰慕裡，帶著尊嚴與喜悅翩翩飛過大河，到達鮮花盛開的彼岸。這才是真正聰明、真正值得敬佩的毛毛蟲吧！

不異想天開，不依附別人，不投機取巧，聰明又勤奮，無懼秋雨冬雪、寒風酷熱，在四季交替中克服一個又一個困難，帶著自信安然成長並不斷自我完善，直到變成美麗的蝴蝶，然後翩翩飛過大河，到達幸福的彼岸。

故事啟示

苦難賦予經歷者一種曠遠的憂愁。在懸崖邊，在繩索上，在墳地裡，極端的狀態將人推進「為死而在」、「向死而生」的哲思之中。在經歷了對死的深思與考量之後，人就會在厄運面前坦然許多，從容許多。當然，強調苦難意識對提升人的精神素質的重要作用，並不是要人們放棄追求幸福的權利。恰恰相反地，唯有正視苦難現實的人，才會特別珍惜幸福。

翰林擔水

唐朝宰相裴休是一位虔誠的佛教徒，他的兒子裴文德，天資聰穎，博學多才，年紀輕輕就中了狀元，被皇帝欽點為翰林。但裴休知道，兒子從小就在安逸的環境中長大，不知道艱苦為何，這樣的飛黃騰達，難免根基不牢，因此就把他送到寺院裡修行參學，並要他先從苦工的水頭和火頭做起。

裴文德住在寺院裡，天天挑水砍柴。他從小到大，哪做過這種苦活，幾天下來，弄得身心疲憊、煩惱重重，只因父命難違，不得不強自隱忍，心裡卻不甘不願，經常發些牢騷。

有一天，他好不容易把水缸挑滿；累得渾身大汗，放下扁擔，造了兩句詩：「翰林擔水汗淋腰，和尚吃了怎能消？」

寺裡的住持無德禪師剛巧從此路過，聽到裴文德的牢騷話，不禁微微一笑，也念了兩句偈：「僧燃一炷香，能消萬劫糧。」

裴文德聽了不覺一驚。他詩中的「汗淋」與「翰林」諧音，頗具才思，但跟無德禪師偈語中顯示的宏大氣魄相比，猶如滾滾波濤中的一個小浪花，是那麼微不足道。由此，他知道了自己的淺薄，從此收束身心，安心勞作，勤修心性，受益匪淺。

故事啟示

只有聰明人才知道苦盡甘來，只有傻瓜才以為清閒是福。人的才能需要在吃苦中磨練，人的意志需要在吃苦中砥礪，人的情感需要在吃苦中成熟，人的閱歷需要在吃苦中豐富，真正的快樂和幸福也只能從吃苦中收獲。所以，聰明人不怕吃苦，主動吃苦，經常吃苦，直到修練成以苦為樂。他們的人生也在吃苦中綻放出絢麗的花朵。

運動員魯道夫

因為患有小兒麻痺症，從小就「與眾不同」的她，隨著年齡的增長，憂鬱和自卑感越來越重，她甚至拒絕所有人靠近她。但也有個例外，鄰居家那個只有一隻手臂的老人成為她的好夥伴。老人是在一次戰爭中失去一隻手臂的，老人非常樂觀，她非常喜歡聽老人講故事。

這天，她被老人用輪椅推著去附近的一所幼稚園，操場上孩子們動聽的歌聲吸引了他們。當一首歌唱完，老人說道：「我們為他們鼓掌吧！」她吃驚地看著老人，問道：「我的手臂動不了，你只有一隻手臂，怎麼鼓掌啊？」老人對她笑了笑，解開襯衫扣子，露出胸膛，用手掌拍起了胸膛……

時值初春，風中還有幾分寒意，但她卻突然感覺自己的身體裡湧動起一股暖流。老人對她笑了笑，說道：「只要努力，一個巴掌一樣可以拍響。妳也一樣能夠站起來的！」

那天晚上，她讓父親寫了一個紙條，貼到了牆上，上面寫著這樣一行字：「一個巴掌也能拍響。」從那之後，她開始配合醫生做運動，甚至在父母不在時，她自己扔開支架，試著走路。蛻變的痛苦是牽扯著筋骨的。她堅持著，她相信自己能夠像其他孩子一樣行走、奔跑……

11 歲時，她終於扔掉了支架。她又向另一個更高的目標努力著，她開始練習打籃球和田徑項目。1960 年，羅馬奧運會女子 100 公尺決賽中，當她以 11 秒 18 第一個撞線後，掌聲雷動，人們都站起來為她喝彩，齊聲歡呼著這個美國黑人的名字：威瑪 · 魯道夫（Wilma Glodean Rudolph）。那一屆奧運會上，威瑪 · 魯道夫成為當時世界上跑得最快的女人，她共摘取了 3 枚金牌，也是第一個獲得奧運女子百米冠軍的黑人運動員。

故事啟示

任何時候都不要放棄希望，哪怕只剩下一隻手臂；任何時候都不要放棄夢想，哪怕殘缺得無法行走。

丟失的髮夾

國王有七個女兒，這七位美麗的公主是國王的驕傲。

她們烏黑亮麗的長髮遠近皆知，所以國王送給她們每人一百個漂亮的髮夾。

一天早上，大公主醒來，一如既往地用髮夾整理她的秀髮，卻發現少了一個髮夾，於是她偷偷地到二公主的房裡，拿走了一個髮夾。

二公主發現少了一個髮夾，便到三公主房裡拿走了一個髮夾；三公主發現少了一個髮夾，也偷偷地拿走四公主的一個髮夾；四公主如法炮製地拿走了五公主的髮夾；五公主一樣拿走了六公主的髮夾；六公主只好拿走七公主的髮夾。於是，七公主的髮夾只剩下九十九個。

隔天，鄰國英俊的王子忽然來到皇宮，他對國王說：「昨天我養的百靈鳥叼回了一個髮夾，我想這一定是屬於公主們的，這真是一種奇妙的緣分，不曉得是哪位公主掉了髮夾？」

公主們聽到了這件事，都在心裡想：是我掉的，是我掉的。可是頭上明明完整地別著一百個髮夾，所以心裡都說不出地懊惱。只有七公主走出來說：「我掉了一個髮夾。」

話剛說完，七公主一頭漂亮的長髮因為少了一個髮夾，全部披散了下來。王子不由得看呆了，決定和七公主一起過幸福快樂的日子。

故事啟示

人並不是因為擁有了一切才會幸福，相反地卻因失去而美麗。為什麼一有缺憾就拚命去補足呢？一百個髮夾，就像是完美圓滿的人生，少了一個髮夾，這個圓滿就有了缺憾；但也因為缺憾，未來有了無限的轉機、無限的可能性，這又何嘗不是一件值得高興的事呢！

挖井吃水

很久以前，在相鄰兩座山上的廟裡分別住著一個和尚。兩山之間有一條溪，兩個和尚每天都會在同一時間下山去溪邊挑水。久而久之，他們便成為好朋友了。

時間飛逝，不知不覺，五年過去了。

有一天，左邊這座山的和尚沒有下山挑水，右邊那座山的和尚心想：「他大概睡過頭了。」並不以為意。哪知第二天，左邊這座山的和尚，還是沒有下山挑水；第三天也一樣；過了一個星期，還是一樣。直到過了一個月，右邊那座山的和尚終於按捺不住了。他心想：「我的朋友可能生病了，我要過去探望他，看看能幫上什麼忙。」於是他便爬上了左邊這座山去探望他的老朋友。

當他到達左邊這座山的廟裡看到他的老友時，卻大吃一驚。因為他的老友正在廟前打太極拳，一點也不像一個月沒喝水的人。

他好奇地問：「你已經一個月沒有下山挑水了，難道你可以不用喝水嗎？」

左邊這座山的和尚說：「來來來，我帶你去看看。」於是，他帶著右邊那座山的和尚走到廟的後院，指著一口井說，「這五年來，我每天做完功課後，都會抽空挖這口井。雖然我們現在年輕力壯，能自己挑水喝，但當有一天我們都年邁走不動時，我們還能指望別人挑水給我們喝嗎？所以，即使我有時很忙，但也沒有間斷過我的挖井計畫，能挖多少算多少。如今，我終於挖好了，我就不必再下山挑水，就可以有更多的時間練習我喜歡的太極拳了。」

故事啟示

我們不只是為了現在而活著，還要為了將來而活著，這需要我們學會為以後著想，做好長遠打算，並積極行動起來。只有這樣，我們才能不用擔心未來。同時也會改善自己的現狀。

小草與大松樹

有一棵小草，生長在一棵高聳的大松樹下。

小草非常慶幸有大松樹做它的保護傘，為它遮風擋雨，每天可以高枕無憂。

有一天，突然來了一群伐木工人，把大松樹整株鋸了下來。

小草非常傷心，痛哭道：「天啊！我所有的保護都失去了，狂風會把我吹倒，大雨會把我打倒！」

遠處的另一棵樹安慰它說：「不要這麼想，剛好相反，少了大樹的阻擋，陽光會照耀你，甘霖會滋潤你；你弱小的身軀將長得更茁壯，你盛開的花瓣將一一呈現在燦爛的陽光下。人們就會看到你，並且稱讚你說，這棵可愛的小草長得真美麗啊！」

故事啟示

失去了一些以為可以長久依靠的東西，自然會難過，但其中卻隱藏著無限的祝福和機會。失去的時候，向前看，永遠向前看，黑夜過了就是黎明。

在坎坷的路上行走

在一座寺院中有一個小和尚，每天清晨，他要挑水、灑水、掃地。做過早課後，他還要去寺院後很遠的市鎮上購買寺中一天所需的日常用品。晚上，他還要誦讀經書到深夜。

有一天，他發現，雖然別的小和尚偶爾也會被分派下山購物，但他們去的都是山前的市鎮，路途平坦距離也近。於是，小和尚問方丈：「為什麼別人都比我自在呢？沒有人強迫他們做事讀經，而我卻要做個不停呢？」方丈只是微笑不語。

第二天中午，當小和尚扛著一袋小米從後山走來時，方丈把他帶到寺院的前門。日已偏西，前面山路上出現了幾個小和尚的身影，方丈問那幾個小和尚：「我一大早讓你們去買鹽，路途又近又平坦，怎麼還回來得這麼晚呢？」

幾個小和尚說：「方丈，我們說說笑笑，看看風景，就到這個時候了。十年了，每天都是這樣的啊！」

方丈又問身旁的小和尚：「寺院後的市鎮那麼遠，你又扛了那麼重的東西，為什麼還回來得早一些呢？」

小和尚說：「我每天在路上都想著早去早回，由於肩上的東西重，我才更小心地走，所以反而走得穩，走得快。十年了，我已經養成了習慣，心裡只有目標，沒有道路了！」

方丈聞言大笑說：「道路平坦了，心反而不在目標上了。只有在坎坷的道路上行走，才能磨練一個人的心志啊！」小和尚終於有所領悟。

其實，人生就是從細流到大河的積累，人生就是從涓涓小溪到滂沱飛瀑的奮鬥，其間，需要一種精神，這就是自強不息。當我們以堅強的意志高歌向前，毀譽、逆境、失戀、悲劇，無非都是一坑一窪，過去了何嘗不是一件趣事？

故事啟示

人生的道路坎坎坷坷，或因時運不濟造成，或由心態問題而生。前者謂之時運不佳，後者可謂之自尋煩惱，但不管哪一種都需要用堅強的意志度過。逆境能磨練人的意志，順境卻往往會使人意志消沉、不思進取。所以，身處逆境的時候，我們沒必要怨天尤人，因為總有一天會發現正是逆境讓我們變得更加堅強。身處順境的時候，我們反而應該經常激勵自己積極上進，以免過於放鬆懈怠。

好機會與壞機會

美國加州有位剛畢業的大學生，在當年的冬季大徵兵中，他依法被徵召，就要到最艱苦也是最危險的海軍陸戰隊去服役。這位年輕人自從獲悉自己被海軍陸戰隊選中的消息後，便惶惶不可終日。

在加州大學任教的祖父見到孫子一副魂不守舍的模樣，便開導他說：「孩子啊，這沒什麼好擔心的。到了海軍陸戰隊，你將會有兩個機會，一個是留在內勤部門，一個是分配到外勤部門。如果你分配到了內勤部門，就完全用不著去擔驚受怕了。」

年輕人問爺爺：「那要是我不幸被分配到了外勤部門呢？」

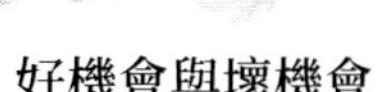

爺爺說：「那同樣會有兩個機會，一個是留在美國本土，另一個是分配到國外的軍事基地。如果你被分配在美國本土，那又有什麼好擔心的。」

年輕人又問：「那麼，若是被分配到了國外的軍事基地呢？」

爺爺說：「那也還有兩個機會，一個是被分配到和平而友善的國家，另一個是被分配到維持和平地區。如果把你分配到和平友善的國家，那也是件值得慶幸的好事。」

年輕人繼續問：「爺爺，那要是我不幸被分配到維持和平地區呢？」

爺爺說：「那同樣還有兩個機會，一個是安全歸來，另一個是不幸負傷。如果你能夠安全歸來，那擔心豈不多餘。」

年輕人繼續問：「那要是不幸負傷了呢？」

爺爺說：「你同樣擁有兩個機會，一個是依然能夠保全性命，另一個是完全救治無效。如果尚能保全性命，還擔心它做什麼呢。」

年輕人再問：「那要是完全救治無效怎麼辦？」

爺爺說：「還是有兩個機會，一個是作為敢於衝鋒陷陣的國家英雄而死，一個是唯唯諾諾躲在後面卻不幸遇難。你當然會選擇前者，既然會成為英雄，還有什麼好擔心的。」

故事啟示

的確，無論人生遇到什麼樣的情況，都會有兩個機會：一個是好機會，一個是壞機會。關鍵是我們以什麼樣的心態，什麼樣的視角去看待它。

天鵝湖中的天鵝

天鵝湖中有一個小島，島上住著一位老漁翁和他的妻子。平時，老漁翁划船捕魚，妻子則在島上養雞喂鴨。除了買些油鹽，他們很少與外界往來。

有一年秋天，一群天鵝來到島上，它們是從遙遠的北方飛來，準備去南方過冬的。老夫婦見到這群天外來客，非常高興，因為他們在這兒住了那麼多年，還沒有誰來拜訪過。

老漁翁夫婦為了表達他們的喜悅，拿出喂雞的飼料和捕來的小魚招待天鵝，於是這群天鵝就跟這對老夫婦熟悉起來。在島上，牠們不僅敢大搖大擺地走來走去，而且在老漁翁捕魚時，它們還隨船而行，嬉戲左右。

冬天來了，這群天鵝竟然沒有繼續南飛，牠們白天在湖上覓食，晚上在小島上棲息。湖面結凍，牠們無法獲得食物，老夫婦就敞開他們的茅屋讓天鵝進屋裡取暖，並且給牠們喂食，這種關懷一直延續到春天來臨，湖面解凍。

日復一日，年復一年，每年冬天，這對老夫婦都這樣奉獻著他們的愛心。有一年，他們老了，離開了小島，天鵝也從此消失了，不過牠們不是飛向南方，而是在第二年湖面封凍期間餓死了。

故事啟示

愛是福，溺愛是禍。沒有原則的愛是一把雙刃劍。愛要有度，超過這個度，愛就會變成一種傷害。不要以為自己處處無憂就會一生無憂，好事中總有壞事，壞事裡亦有好事。要學會冷靜思考。

這是件好事

從前，有一位國王非常信任一位充滿智慧的大臣。這位大臣的口頭禪是：「這是件好事。」

有一天，國王在擦拭寶劍時，不小心將自己左手的小指頭割斷了，有智慧的大臣聞訊趕到皇宮。見到國王正在包紮鮮血淋漓的左手，有智慧的的口頭禪又來了：「這是件好事。」國王的傷口正疼得厲害，聞言頓時大怒，下令將他關進大牢。有智慧的大臣仍然說：「這是件好事。」

幾個月後，國王到森林裡狩獵。國王著迷於追逐一隻羚羊，無意間竟然穿越了國界，進入了食人族的地盤。食人族將國王及隨從的大臣全都抓了起來，見到國王服飾華麗，巫師便決定用國王來獻祭。正要舉行祭禮的時候，巫師突然發現國王左手少了一根小指頭。根據食人族的規矩，肢體不健全的人是不能用來獻給祖先的。酋長當下大怒，將國王逐了出去。而那些跟隨國王的大臣，一個也沒有活著回來。

九死一生的國王回到宮中，想起了有智慧的大臣的話，連忙下令將他從牢裡釋放出來。國王深感在他割斷小指頭時，有智慧的大臣所說的話頗有道理，並為這幾個月他所受的冤屈向他道歉。有智慧的大臣還是那句口頭禪：「這是件好事。」

國王說：「你說我少了小指頭是件好事，我相信。但是我關了你這麼久，讓你受了這麼多苦，難道對你也是件好事嗎？」有智慧的大臣笑著點點頭說：「當然是件好事！如果我不是在牢裡，一定會陪您去打獵，那麼我今天就回不來了。」

故事啟示

好事當中，有壞的因子；壞事當中，有好的契機。就像故事中的那位有智慧的大臣一樣，不以物喜，不以己悲。無論遇到什麼事情只要保持積極的心態，一切都會有轉機。

羨慕人類的泥像

有一座泥像立在路邊，風吹落他日漸乾裂的皮膚，雨不停地讓它減肥，小孩子路過的時候又總是踢他幾腳，它苦不堪言。它多麼想找個地方避避風雨，然而它無法動彈，也無法呼喊。它十分羨慕人類，覺得做一個活生生的人真好，可以無憂無慮、自由自在地到處閒游。它決定抓住一切機會，向人類呼救。

這天，一個長髯老者路過此地。泥像知道他道行高深，於是用它的神情向老者發出呼救。

「老人家，請讓我變成個人吧！」泥像向老者表達著自己的願望。

老者看了看泥像，笑了笑，手臂一揮，泥像真的變成了一個活生生的青年。「你想要變成人可以，但是你必須先跟我試走一下人生之路，假如你承受不了人生的痛苦，我馬上可以把你還原。」老者嚴肅地說。

於是，青年跟隨老者來到一個懸崖邊。

只見懸崖兩岸遙遙相對，此岸為「生」，彼岸為「死」，中間有一條長長的鐵索橋。這座鐵索橋是由一個個大小不一的鐵環串聯而成的。

「現在，請你從此岸走向彼岸吧！」老者長袖一拂，已經將青年推上了鐵索橋。

青年戰戰兢兢，踩著一個個大小不同的鐵環的邊緣前行。然而，一不小心，一下子跌進了一個鐵環之中，頓時兩腿失去了支撐，胸口被鐵環卡

得緊緊的幾乎透不過氣來。

「啊！救命啊！我要掉下去了，鐵環快把我的肋骨弄斷了。」青年大聲向老者求救著。

「請君自救吧！在這條路上，能夠救你的，只有你自己。」長髯老者在前方微笑著說。

青年扭動身體，拚死掙扎，好不容易才從痛苦之環中解脫出來。「這是什麼鐵環，為何卡得我如此痛苦？」青年憤然道。

「我是名利之環。」腳下的鐵環答道。

青年繼續朝前走。忽然，隱約間，一個絕色美女朝青年嫣然一笑，青年一走神，腳下一滑，又跌入一個鐵環中，被鐵環死死卡住。

「救……救命呀！好痛呀！」青年驚恐地再次呼救。

可是，四週一片寂靜，沒人回答他，更沒人來救他。

這時，長髯老者再次在前方出現，微笑著緩緩道：「在這條路上，沒有人可以救你，只有你自己自救。」

青年拚盡全力，總算從這個鐵環中掙扎了出來，然而他已累得精疲力竭，便坐在兩個鐵環間小憩。

「剛才這是個什麼痛苦之環呢？」青年想。

「我是美色鐵環。」腳下的鐵環答道。

經過一陣輕鬆的休息後，青年頓覺神清氣爽，心中充滿了幸福愉快的感覺，為自己終於從鐵環中掙扎出來而慶幸。

青年繼續向前趕路。然而令他料想不到的是，他接著又掉進了貪慾的鐵環、妒忌的鐵環、仇恨的鐵環……待他從這一個個痛苦之環中掙扎出來，青年已經沒有力氣再走下去了。青年抬頭望望，前面還有漫長的一段路，他再也沒有勇氣走下去了。

「老人家！老人家！我不想再走人生之路了，您還是帶我回到原來的地方吧！」青年呼喚著。

長髯老者出現了，手臂一揮，青年便又回到了路邊。

「人生雖然有許多的痛苦，但也有戰勝痛苦之後的歡樂和輕鬆，你難道真願意放棄人生嗎？」長髯老者問道。

「人生之路痛苦太多，歡樂和愉快太短暫太少了，我決定放棄人生，還是去做我的泥像吧！」青年毫不猶豫。

長髯老者長袖一揮，青年又還原為一尊泥像。

故事啟示

在人生的道路上，充滿了艱難險阻和種種誘惑。稍有不慎，就會深陷其中成為命運的傀儡。一個人如果在人生這條道路上，經受不了艱難和誘惑，遲早是會出局的。

苦讀的禪師

翠雲寺的老方丈聚雲禪師是一位博古通今、學富五車的高僧。每當博覽群書、誦讀經文之時，他總是將幾片鮮的或乾的苦丁菜含在嘴裡，一邊咀嚼著一邊誦讀經文。

新來的一明和尚發現了高僧的這一習慣後，就懷著一顆好奇之心走進老方丈的禪房，想問個究竟，長點見識。聚雲禪師一聽弟子的來意，就如實相告：「嚼苦讀書，其實也沒什麼奧祕所在，我是用來提神和解睏的。」

後來，一明和尚也養成了嚼苦讀書的習慣，但他嚼的不再是苦丁菜，而是同樣苦卻有保健功效的蘆薈葉。

後來我在一個有關蘆薈的網站上讀到有關一明和尚的簡介，以及他

回憶錄性質的文章時，知道一明和尚已經成為著述頗豐、涉獵甚廣的大法師。他在一則札記中寫到：「看來，所謂的『苦讀』，不僅僅是一種比喻，也是一種刻苦治學的決心和志趣！」

故事啟示

吃苦，會讓人的生命力更加強健；吃苦，會使人的意志力更加強盛；吃苦，會使人變得更加強大。若能把自己推到大自然和社會中去經受一番「苦」，在今後的生活中，你就會深深體會到這份營養的價值無窮，使你受益終生，使你能以「不管風吹浪打，勝似閒庭信步」的心態和氣度自信地生活。

經受磨練修成正果

梅西是一個漁民的兒子。19 歲時，他跑到波士頓碰運氣，糊裡糊塗地工作了一年，一事無成。後來，他結識了荷頓，兩人合夥開了一家布店，生意還不錯。不久後，梅西與荷頓的妹妹相愛了，卻遭到荷頓的激烈反對。荷頓認為，梅西沒有什麼能耐，卻自以為是，將來肯定不會有出息。他不願意妹妹跟這個人結婚。他威脅梅西說：若不放棄愛情，就得放棄生意。

結果，梅西毫不猶豫地選擇了「愛美人不愛江山」。

梅西跟荷頓的妹妹結婚以後，自己開了一家小店，經營針線、鈕扣之類的小商品。他以為這些東西家家戶戶用得上，生意一定興旺。誰知實際情況正好相反。因為針線之類的消耗量太小，人家買一包能用一年，利潤又低，能賺什麼錢？過不多久，他被迫放棄了這項賠本的買賣。

之後，梅西又開了一家布店。當時布匹、服裝是熱門商品，梅西以前又有過合夥開布店的經驗，以為做起來一定很順手。但實際上，以前布店的經營主要是荷頓主持大局，他的經驗有限，賺不到錢。這時，美國西部正盛行淘金熱，梅西索性關掉店鋪，去加利福尼亞尋找發財的機會。到了那裡，他才發現很難找到金子，在爭地盤的過程中還有送命的危險。於是，他又放棄淘金的打算，在舊金山開了一家小店。

梅西發現一種淘金用的平底鍋很好賣，就大量買進，並以低於別人一成的價格出售。淘金者紛紛湧來購買，梅西實實在在地賺了一筆錢，還從中獲得了兩條重要經驗：抓住顧客的迫切需求，薄利多銷。

一年後，梅西覺得自己對經營之道摸索得差不多了，毅然把舊金山的店鋪轉讓出去，帶著一大筆資金回到麻薩諸塞州，在哈佛山開起一家布店。梅西在經營上採取了許多措施：一是大做廣告；二是按季節時令推出新式熱門款；三是增加商品種類；四是明碼標價。

但是，梅西的布店最後還是失敗了，原因是哈佛山人口不多，市場空間太小，他那些做大生意的經營手法，用在這裡根本就是花錢買熱鬧。從這次失敗中，他又得到一個教訓：一種好的經營方法，不是萬靈丹，還要與實際環境配合才行。只是這個教訓過於昂貴，他差點把老本賠光，生意沒法做下去了。

這時，當年不願意讓妹妹嫁給他的荷頓卻主動找上門來，想跟他合夥做生意。荷頓以前認為梅西沒能耐，但他沒想到這個年輕人如此有毅力，能在商場折騰這麼多年。根據荷頓的經驗，一個有毅力的人，折騰到最後，無論成敗，自然就有能耐了。這是他希望跟梅西合作的原因。他表示，資金由他出，梅西只需出力就行。

梅西對自己的能耐也很有自信，表示想到紐約去做大生意，開一家最大最好的商店。荷頓欣然同意。就這樣，梅西來到紐約，開設了他們的第

一家百貨商店。十年之後，梅西的百貨公司幾乎占了半條街。現在，梅西創辦的公司已成為世界上最大的百貨公司之一。

做任何事業，都是投資，而不是賭博。賭博賠光就沒有了，做生意賠光了還有經驗教訓，還有人際關係。只要不怕輸，繼續經受磨練，終究能「修成正果」。

故事啟示

如何讓自己百煉成金呢？有一個重點，就是克服所有障礙。布克 · 華盛頓說：「成功的大小不是由這個人的人生高度來衡量的，而是由他在成功路上克服障礙的數目來衡量的。」唐僧師徒經歷了九九八十一難之後才修成正果，其他成功者也無不如此。

麻煩和機遇

1993 年的 1 月，世界著名的戴爾公司總裁麥可 · 戴爾和日本索尼公司人員進行會晤。連續討論了幾天最新研發的螢幕、光碟以及唯讀記憶光碟等多媒體技術之後，戴爾已經疲憊不堪了。

在又一個讓人焦頭爛額的討論會結束之後，就快撐不下去的戴爾拖著沉重的身體準備回酒店好好休息一下。這時，一位年輕的日本男子忽然擋住了戴爾的去路：「戴爾先生，請稍等一下，我是能源系統部門的人，我想跟您談一談。請您晚走一會兒好嗎？」

「能源系統？」戴爾重複著這幾個字，想起了以前某人向他出售發電廠的事情。因為極度疲倦而有些惱怒的他險些一口回絕對方，但當他看到日本男子懇切的眼神時，他又微微地點了點頭。

日本男子欣喜地拿出很厚的一疊圖紙和表格，一張一張地翻開給他看，上面密密麻麻地寫著一種剛研發成功的「鋰電池」的功能。日本男子解釋了好長一會兒，大腦已經處於混沌狀態的戴爾才明白了他的目的——原來他是想推銷這種「鋰電池」給戴爾公司，供筆記型電腦使用。

戴爾以前曾經聽人說起過，使用筆記型電腦的人，最大的期望就是擁有電力壽命比較長的電池，而根據索尼工程師的功能測試表，鋰電池有超過 4 個小時的供電潛力。頓時，他感覺到，這是一次良好的機會，於是他非常認真地與對方交談起來。

後來，鋰電池果然成為一種具有突破性的科技產品，而裝有鋰電池的戴爾筆記型電腦，也因為滿足了市場需求而銷量大增。

故事啟示

良好的機遇從來不會以一種誘人的姿態出現，而總是帶著煩人的面具出場。如果你拒絕麻煩，那成功很可能會被你一起拒絕掉。

離職前最後一週

由於效益嚴重下滑，公司決定裁員。在財務部的 8 個人中，趙敏和王雁同時被列入裁員名單，被告知一週後離職。接到這個通知以後，其他 6 個人都開始小心翼翼起來，生怕惹到她們，要知道這種時候人的心理是非常脆弱的。

的確，趙敏的情緒非常激動，想到自己辛苦了 3 年，最後竟然是這個結果，她越來越覺得不公平，所以乾脆啥都不做了，整天在辦公室裡拿那些桌椅板凳文件出氣。路過財務部的人都知道，裡面時不時會傳出「砰、砰、砰」的聲音。

而王雁恰恰相反，也許是跟她剛來不久有關吧，她沒有像「勞苦功高」的趙敏那樣「囂張」，而是像往常一樣忙裡忙外。工作上她還是那麼兢兢業業，甚至把本該由趙敏做的工作都接了過來——沒辦法，趙敏不做，上面又等著要，其他同事都有各自的工作，就她一個新來的還沒有太多任務。

週末到了，王雁正打算收拾東西走人時，總裁進來了。他當眾宣布撤銷對王雁的裁員通知：「現在公司處於困難時期，需要的正是你這樣的員工啊！」

故事啟示

當不如意的境遇落到自己身上時，與其暴跳如雷、怨天尤人，不如平靜以對，繼續做自己該做的事。雖然這樣不見得有用，但至少不會像前者那樣讓情況變得更糟。

暴風雨之夜照樣安睡

農場主人喬治在大西洋岸邊新開發了一個農場，本想招募幾個幫手，沒想到大家都因為大西洋常起風暴，莊稼牲畜不好管理而拒絕受僱。一籌莫展的喬治想了許久，決定在電視上登個應徵啟事，以便在更廣的範圍內尋找員工。一個星期後，一個矮矮的男人終於前來應徵了。

「你工作沒問題吧？」看著對方既不高大也不怎麼壯實的身體，喬治略帶懷疑地問道。

「沒問題的，你完全可以相信我，」對方以一種喬治不怎麼喜歡的語調回答道，「告訴你吧，即使是颶風來了，我都照樣能夠安睡。」

喬治很不喜歡應徵者得意張狂的樣子，但由於新農場太需要幫手了，所以他不得不退一步考慮，把這個人留了下來。

半個月過去了，看這位工人每天都手腳勤快，把四處打理得井井有條，喬治漸漸放下了心。

第一個月即將結束時，喬治已經打算正式僱用這個人了，但同時心裡又想，對方還應該再經歷一次暴風雨的考驗。這個念頭才剛冒出來，那天晚上大西洋上便狂風四起、醞釀著一場罕見的暴風驟雨了。

當看到颶風就要席捲農場．而那位工人依然無動於衷時，喬治急了。他怒氣衝衝地踹開了工人的房門，朝他大吼道：「快起來！難道你聽不到外面的風聲嗎？在它捲走一切之前快去把東西都拴好！」

呼呼大睡的工人被僱主這聲怒吼驚醒了，他猛地坐起身來，然後又躺了下去，說夢話一般地說道：「先生，把聲音放低一點。我告訴過你的，即使是颶風之夜，我也照樣能夠安睡！」隨後，他又打起了呼嚕。

喬治當時被氣得險些背過氣去，但是情況危急，已經容不得再拖延了，所以他只好一個人跑了出去。當他強壓怒火跑進牲畜棚時，眼前的情景讓他愣住了：馬和牛都在棚子裡，每隻都拴得好好的；羊全部進了羊圈，圈門處還嚴嚴實實地壓了一大塊油氈紙；另一間屋子裡小山似的乾草堆早就蓋上了厚厚的防水布；每一道房門、每一扇窗戶都已經用粗繩子綁得結結實實了。看樣子，沒有任何東西可能被大風吹走。

喬治愣了一會之後，哈哈大笑了起來：「加薪，一定要給他加薪！」他一邊念叨著，一邊往屋裡走去。

故事啟示

人生當中，各種暴風驟雨都可能出現，但如果你在心理、身體、知識等各方面都提前做好準備的話，那就再也沒有什麼東西可以令你憂慮了。

將帽子扔過牆去

事業剛起步不久，帕培爾就遇到了不小的困難。背負著巨大的精神壓力，他來找父親，希望父親能夠給他一點鼓勵。傍晚離去時，帕培爾的心裡已經豁然開朗並且勇氣十足了。

父親跟他說了一個自己小時候的故事。

父親說：「小時候，我是一個很調皮的孩子，經常跑進你祖父的果園裡偷吃還未成熟的瓜果。後來，你祖父迫不得已在果園四周圍上了高高的籬笆，然後把看守小屋建在了籬笆牆唯一的入口處。但是儘管如此，他依然沒能阻止得了我，因為不管怎麼防，我總會想出辦法鑽進去。我的祕訣就在於，一旦覺得鑽不過去，我就毫不猶豫地將帽子扔進園子裡。這樣一來，我就無路可退了，必須想方設法地翻過去，結果每次我都能成功。」

「長大以後，我不再重複那種惡作劇，但是一個信念卻因此形成了 —— 面對一堵難以踰越的高牆時，如果你遲疑不決，那就趕快把後路切斷。這樣，你的思維就會全部集中在『如何成功』而非『可能失敗』上了。只有在這種情況下，你才可能想出辦法來。」

「就是靠著這個信念，我才孤身一人從老家來到了芝加哥，克服了沒有錢、沒有親友、沒有工作的種種困境，成功打拚出了今天的事業，使全家人過上了富裕的生活。」

原來，一旦將帽子扔到高牆那邊，人就會打消一切疑慮，全力以赴地攀牆而過，也可以說，只有將帽子扔到障礙那邊，人才可能絞盡腦汁地想辦法穿越障礙。所以，當一項任務看上去艱巨得難以完成時，你不妨將帽子扔過牆去試試看。

故事啟示

絕境往往能煥發出我們自身巨大的潛力。既然如此，遇到難以解決的問題時，主動把後路截斷，不失為強迫自己成功的方法。

趴著比坐著高

鮑曼真是不幸極了，他出生時比正常的嬰兒小好幾倍，而且兩腿畸形，根本無法站立。婦產醫生當時就斷言，這個孩子活不過半年。但是鮑曼不但活了下來，還活得快樂開朗。只不過，他站不起來，只能趴在滑板上走路。

很明顯，像他這樣的孩子是需要去殘疾學校就讀的。可是鮑曼的父親偏偏不聽這一套，他很固執地把鮑曼送人了普通的學校。

確實，對鮑曼這種「不同於尋常」的孩子來說，外面的世界是殘酷的。他不能像正常人那樣被親人照顧，也無法和正常人一樣去自由活動，哪怕一件小事，他都要付出比別人多幾倍的努力來完成。但是，好在他是個堅強的孩子，他一直咬著牙堅持著，渡過了一個又一個難關。

大學畢業後，由於找工作處處碰壁，鮑曼便走上了文學創作之路。這樣一來，他的故事便在當地迅速流傳開了，各種機構、學校紛紛請他前去演講。為了讓聽講的人看到他，他不得不請人幫忙把他抱到講桌上去。這時候，他總會努力直起尚能自由活動的上身，幽默一下：「你們看，雖然我趴著，卻比坐著演講的人還高。」而下面的聽眾，也總會因此而熱淚盈眶。

故事啟示

不管起點如何，只要精神不倒，生命的高度便能永恆。除了自己，沒有任何人、任何苦難能夠打倒一個人。只要你奮鬥不息，你便能超越原本的生命高度。

堅硬的木結

雖然生在深山，長在深山，從小到大沒有見過什麼世面，但是在別人眼中，他卻是最幸福的。因為是獨生子，所以一直被父母視為掌上明珠；因為學習成績非常好，所以一直被老師看重，同學嫉妒。眼看著就要成為村裡的第一個大學生，眾鄉親們的羨慕眼光又來了……

一切看起來都是那麼完美。但是人這一生總會遇到不如意的事吧，所以出乎意料地，次次考試名列第一的他指考卻落榜了。他一下子從雲端跌人了地獄……

看著整日萎靡不振的兒子，父親一言不發地把他拉到村後的山上伐樹。鋸斷一棵棵的大樹之後，父親便讓他去清理那些枝枝葉葉，結果他手裡的斧頭卡在了一個木結處，好不容易才拔出來。

「爸爸，這個木結怎麼這麼硬，我的斧頭剛才都卡住了。」他說。

「哦，因為那裡受過傷。」父親回答。

「哦？」他有點發愣。

「樹受了傷，就會在受傷的地方結成木結，這木結往往要比其他地方堅硬許多，」父親頓了頓又說，「人也一樣，多摔幾次跤才能變得堅強。」

父親的這句話如同閃電一下照亮了他的心，他頓時愣住了，自言自語地說：「我不能被這個木結卡住前進的腳步。」

故事啟示

苦難能讓人更堅強。苦難從來都不會毫無意義，它不是毀滅人，就是成就人。至於你屬於哪一類，就看你能否抬腳掙脫苦難的限制。

花生和手

一個胸懷大志的青年決定打拚出一片寬廣的天地，可是命運似乎在跟他作對，讓他接二連三地受到打擊。看著自己的心血一次又一次付諸東流，他都快崩潰了。

偶然一天，他見到了當地赫赫有名的智者，於是連忙向他請教：「大師，我一心想有所成就，可是不知為何總是遭遇挫敗，我就快無法承受了。請您告訴我，怎樣才能成功呢？」

智者想了想，便從桌上拿起一粒花生遞到他的手中：「你現在就是這粒花生，你的手就相當於命運。」

青年聽了，大惑不解地望著智者。只聽智者接著說：「請你用力捏一捏它。」

青年使勁一捏，花生殼碎了，露出了裡面紅紅的花生仁。

「你再用力揉揉它。」智者又吩咐道。

青年照做了，結果，花生仁的紅皮被他揉掉了，露出了裡面白白的果實。

「現在，請你再捏一捏或揉一揉它。」智者再次說道。

這回，無論青年怎麼用力地捏或揉，都無法再毀壞那粒白色的種子了。

「看見了嗎？屢遭挫折，內心卻依然堅強，最終命運也無法把你怎樣。到那時，你還會不成功嗎？」智者微笑著說。

青年驀然醒悟了。

故事啟示

上天之所以安排苦難給你，是因為你還有弱點，而它們正是你成功的絆腳石。冷靜樂觀地面對種種遭遇，借此克服自身的種種缺憾，命運最終會對你無可奈何。

第七章
時常進行反省，可以少走彎路

人生之路不可能是一條筆直的坦途，而會是千曲百折的彎道。這就注定了那些只會一股腦兒向前衝的人不可能實現自己的目標。只有在人生之路上時常進行反省，你才能不斷修正自己前進的方向，順利達到自己的目的地。

無法打開的鎖

魔術大師薩拉馬有一手絕技，無論多麼複雜的鎖他都能在極短的時間內打開，而且從未失手過。他曾為自己定下一個富有挑戰性的目標：要在60分鐘之內從任何鎖中掙脫出來，條件是讓他穿上特製的衣服進去，並且不能有人在旁邊觀看。

有一個英國小鎮的居民，決定向偉大的薩拉馬挑戰，他們有意給他難堪。他們特別打造了一個堅固的鐵牢，配上一把看上去非常複雜的鎖，請薩拉馬來看看能否從這裡出去。

薩拉馬接受了這個挑戰。他穿上特製的衣服，走進鐵牢中，牢門關了起來，大家遵守規則轉過身去不看他工作。薩拉馬從衣服中取出自己特製的工具，開始工作。30分鐘過去了，薩拉馬用耳朵緊貼著鎖，專注地工作著；一個小時過去了，薩拉馬頭上開始冒汗；兩個小時過去了，薩拉馬始終聽不到期待中的鎖簧彈開的聲音。他筋疲力盡地將身體靠在門上坐下來，結果門卻順勢而開。原來，牢門根本就沒有上鎖，那把看似很厲害的鎖只是個樣子。

小鎮居民成功地捉弄了這位逃生專家，門沒有上鎖，自然也就無法開鎖，但薩拉馬心中的門卻上了鎖。小鎮的居民故弄玄虛，捉弄了這位大師。大師的失敗在於他太專注於這把具有象徵意義的鎖了，他的目標從「逃生」不知不覺轉換成了「開鎖」。而且，先入為主的觀念告訴他：只要是鎖，就一定是鎖上的。

故事啟示

不要讓慣性思維束縛了你。開鎖只是過程而非結果，當你打不開鎖的時候，不妨看看門是否是開著的。

聽「滴答」的聲音

在工作的時候，一個木匠不小心將手錶掉落在滿是木屑的地上，他一面大聲抱怨自己倒楣，一面撥動地上的木屑，想找出心愛的手錶。

許多夥伴也提了燈，跟他一起尋找。可是找了半天，仍然一無所獲。等這些人去吃飯的時候，木匠的孩子悄悄地走進屋子裡。沒一會兒，他居然把手錶找到了。

木匠又高興又驚奇地問孩子：「你怎麼找到的？」

孩子回答說：「我只是靜靜地坐在地上。一會兒，我就聽到『滴答』、『滴答』的聲音，就知道手錶在哪裡了。」

故事啟示

我們常常在狂躁地追逐中，被煩亂的心緒擾亂了自己的心靈。想辦法讓自己安靜下來，傾聽內心的聲音，在靜謐和安詳的氛圍裡，你會獲得靈性的指引和無窮的力量。

越幫越忙的鄰居

朋友要在客廳裡掛一幅字畫，便請鄰居來幫忙，已經確定好字畫在牆上的位置，正準備釘釘子。鄰居說：「這樣不好，最好釘兩個木塊，把字畫掛在上面。」朋友聽從了鄰居的意見，讓他幫忙去找鋸子。剛剛鋸了兩三下，鄰居又說：「不行，這鋸子太鈍了，得磨一磨。」

於是，鄰居丟下鋸子去找銼刀。銼刀拿來了，他又發現銼刀的柄壞了。為了給銼刀換一個柄，他拿起斧頭去樹林裡尋找小樹。就在要砍樹時，他發現那把生滿鐵鏽的斧頭實在是不能用，必須得先磨一磨。

磨刀石找來後，鄰居又發現，要磨利那把斧頭，必須用木條把磨刀石固定起來。為此，他又出去找木匠，說木匠家裡會有現成的木條。

然而，這一走，朋友就沒有見鄰居回來。當然，那幅字畫，朋友還是一邊一個釘子把它釘在了牆上。第二天，朋友再見到鄰居的時候是在街上，他正在幫木匠從五金商店裡往外搬一臺笨重的電鋸。

故事啟示

做任何事情要明確你的目的，不要為了忙而忙，到頭來白忙一場。忙碌並不等於充實，充實的生活並不等於忙碌。忙是沒有效率的人的推脫之辭。

愛迪生與助手

愛迪生是美國的大發明家，他的一切發明都和他活躍的思考分不開。

一天，愛迪生在實驗室裡工作，急需知道一個燈泡容量的數據，因為手頭忙不開，他就遞給助手一個玻璃燈泡，吩咐助手把燈泡的容量數據量出來。

過了大半天，愛迪生手頭的事已忙完，那助手還不把燈泡的容量數據送來，愛迪生只好上門去找助手。他看見助手還在忙於計算，桌上的演算紙已經寫了一大疊。

愛迪生問助手：「還需要多長時間？」

助手回答說：「一半還沒完呢。」

原來，助手剛才一直忙於用軟尺測量燈泡的周長和斜度，用複雜的公式在計算呢！

這時，愛迪生往燈泡裡面注滿了水，交給助手說：「把這裡面的水倒在量杯裡，馬上告訴我它的容量。」

助手一聽，立馬羞得面紅耳赤。

故事啟示

愚者拘泥於形，易被外在束縛；巧者注重本質，因而心明眼亮。愛迪生思維的獨到之處，就在於其靈動自如、直奔目標，不為人間萬象所困惑和干擾。

提前反思死亡

納德 · 蘭塞姆是法國最著名的牧師。無論在窮人還是富人心目中，他都享有很高的威望。在他 90 歲高齡的一生中，他有 1 萬多次親自到臨終者面前，聆聽他們的懺悔。

在他的人生後期，納德 - 蘭塞姆想把他的 60 多本日記 —— 其中全是這些人的臨終懺悔 —— 編成書，但因法國里昂大地震而毀於一旦。

納德 · 蘭塞姆去世後，被安葬在聖保羅大教堂，他的墓碑上清楚地刻著他的手跡：假如時光可以倒流，世界上將有一半的人可以成為偉人。

納德 · 蘭塞姆沒有將另一層意思說出來。人們如果將對死亡的反思提前 50 年、40 年、30 年，那麼世界上會有一半的人可以成為偉人。

故事啟示

每個人都可以把對死亡的反思提前幾十年。做到了這點，便有 50%的機率可能讓自己成為一名了不起的人。

分包裝香菇

一個小和尚從樹林裡採了許多香菇，他把它們攤開晒乾了。

當他準備把香菇裝進袋子時，老和尚走過來說：「多裝幾個袋子，分別綁好，不要全放在一個大袋子裡。」

小和尚很迷惑，但他還是按老和尚的吩咐裝了香菇。

過了一段時間，小和尚拿出一包香菇做飯，放了野味的飯菜更加可口，前來吃齋的人們紛紛稱讚。

第一包很快就吃完了，小和尚又拿出第二包，但第二包香菇卻長了蟲，不能再吃了。小和尚趕緊向老和尚報告。

老和尚說：「這一包壞了，還有其他幾包，你去打開看看，它們是否也生了蟲。」

小和尚連忙打開其他幾包，一看，笑了：「它們都還是好的。」

老和尚說：「你看，這就是我要你分包裝的原因。如果把它們裝在一起，我們現在連一包也不能吃了。為了防止外面的蟲蛀，你用口袋將香菇紮緊了，卻不知道香菇內部也是可以生蟲的。」

故事啟示

老和尚的話耐人尋味。害蟲也可以從內部生出，當我們事業失敗時，總是抱怨這抱怨那的，卻從沒想到最根本的原因在於自己，不知道其實是自己心中長出了「蟲」。

欺強怕弱的蚊子

蚊子來到獅子身邊說：「我一點兒也不怕你，因為你並不比我強。不相信的話，你說說你能做什麼？用爪子抓，還是用牙咬呢？那都是夫妻吵架時女人做的事。我可比你厲害多了，如果你願意，我們不妨比比看。」

於是，蚊子飛到獅子臉上，專刺臉上沒有長毛的地方。獅子不停地用爪子抓自己的臉，最後還是投降了。

戰勝獅子以後，蚊子唱著凱歌飛走了。可是一不小心，被蜘蛛網網住了，當蜘蛛要來吃牠的時候，蚊子很感慨地說：「我贏了獅子，卻沒想到敵不過弱小的蜘蛛。」

故事啟示

沒有永遠的冠軍。得意時勿驕，失意時勿躁。飄飄然的時候是最危險的時候。我們往往會犯蚊子的毛病，因一時的收穫而炫耀自己，而最終悔之晚矣。

被尿憋死的小狗

狗家族出了一條很有志氣的小狗，牠向整個家族宣布要去橫穿大沙漠，所有的狗都跑來向牠表示祝賀。在一片歡呼聲中，這隻小狗帶足了食物、水……上路了。3 天後，突然傳來了小狗不幸犧牲的消息。

是什麼原因使這只很有理想的小狗犧牲了生命呢？檢查食物，還有很多。水不足嗎？也不是，水壺裡還有水。後來，終於發現了小狗犧牲的祕密——小狗是被尿憋死的。

之所以被尿憋死是因為狗有一個習慣——一定要在樹幹旁撒尿。由於大沙漠中沒有樹，也沒有電線桿，所以可憐的小狗一直憋了 3 天，終於被憋死了。

故事啟示

現實生活中，人也是容易被習慣束縛的動物。習慣往往很難被打破。很多人只能以常識性、否定性的眼光來看事物，自以為是地認為「我沒有那樣的才能」，終於白白浪費掉了大好良機。

大圓圈與小圓圈

一個學生問他的老師：「老師，你掌握的知識比我多許多倍。可是為什麼你對自己的解答總是有點懷疑呢？」

老師用手杖在沙地上畫了一個大圓圈，又畫了一個小圓圈，然後說：「大圓圈的面積代表我掌握的知識，小圓圈的面積代表你掌握的知識，這兩個圓圈以外的地方就是你和我無知的部分。因為大圓圈比小圓圈大，因而接觸的無知的部分也比小圓圈多，這就是我常常懷疑自己的原因。」

故事啟示

三天學醫，走遍天下；三年學醫，寸步難行。承認自己無知、少知為智者之舉。謙虛的態度和強烈的求知慾，令人敬仰；自我感覺良好、自以為知之甚多者，則恰恰給人一個無知的印象。

殺死鯊魚的小魚

南美洲的海洋中有一種不大但卻很特別的魚，牠的外皮很疏鬆，渾身長滿了尖銳的棘刺。

對付比自己大幾倍的魚，牠很有一套辦法。在大鯊魚把牠吞進肚子裡以後，牠就縮成一個刺球，一邊利用身上的刺到處亂撞亂刺，一邊啃吃鯊魚肉，鯊魚雖很疼痛，卻毫無辦法，只能聽之任之，最後一命嗚呼。

比起鯊魚，那種魚是渺小的。生活中我們最大的敵人往往就是自己不屑一顧的小缺點。

故事啟示

我們之所以被打敗，是因為我們輕小重大的思想滋長了這些小毛病、小缺點，這才是我們應該警惕的。我們的小缺點、小毛病就是這樣一種小魚，它會以自己獨特的方法吞噬我們心中的大目標。

借用詞典的應徵者

畢業於外語系的志彬與另外 3 名應徵者一起入圍某家電氣公司最後一輪考試，試題是翻譯一份電氣方面的技術性資料，但資料中的專業術語讓幾名應徵者頗感棘手。

志彬在翻譯受挫了幾次後，環視房間，發現辦公桌上有幾本英語詞典。他立即大方地對面試官說，有幾處單字不大明白，想查閱一下詞典。經面試官許可後，志彬借用詞典，在規定時間內翻譯完資料，而且準確率最高，終被錄取。其中之一的落選者說，他也看到了英語詞典，但因為怕被低估水準，就未提出要求，只好硬著頭皮自己猜。

最後，該公司人事主管說，他並沒有因為志彬借用詞典而小看他，反而覺得他思維靈活，具有較強的現場應變能力。他認為能夠巧妙運用現有條件，優質、快速完成工作者，才是企業最需要的人才。

故事啟示

我們應當樹立起以變應變、創新求變的觀念，不斷地學習，努力提高自己各方面的素養，這樣才不會被激烈的競爭所淘汰，才能使自己跟得上生活的變化和發展，跟得上時代的變化和發展。

不足在別人身上

有一天，天神說：「所有的動物們聽好了，如果有誰對自己的相貌或形體不滿意的，今天都可以提出來，我會盡量幫你們修正。」

但是聽到天神的話，動物們卻沒有一個主動回應。

於是，天神轉身對猴子說：「猴子過來吧！你先說，你和牠們比較之後，你認為誰最完美呢？你對自己的外形滿意嗎？」

猴子回答說：「我啊！我覺得我的四肢完美，相貌更是無可挑剔，所以我十分滿意啊！要跟其他動物比較的話，我倒覺得大熊的長相挺粗笨的，如果我是他的話，這輩子我再也不要看見自己這個蠢樣了！」

這時，大熊蹣跚地走過來，大家都認為牠也會這麼認為。

可是，沒想到牠卻開始吹噓起自己，不僅認為自己的外表威武雄壯，還不客氣地批評起大象。牠說：「你們看一看大象吧！雖然牠十分壯碩，但是尾巴那麼短，耳朵又太大，身體笨重得根本毫無美感可言！」

老實的大象聽到大熊這番話，雖然沒有辯駁，卻批評起其他的動物來：「以我的審美觀來看，海中的鯨魚比我肥胖多了，而螞蟻則太過渺小！」

這時，小螞蟻搶著說：「微生物才渺小呢！和牠們比較起來，我簡直就像一頭大象一樣！」

最終，沒有一隻動物懂得反省自己，全都在互相批評與指責對方，更沒有一隻動物肯承認自己的不足。

天神無奈地搖了搖頭，揮手叫牠們離開。

故事啟示

批評容易自省難。對許多人來說，缺點永遠長在別人的身上，而自己的過錯卻可以找很多種理由去原諒。

存錢罐與白紙

桌上有一個存錢罐和一張白紙。一天，存錢罐挺了挺裝滿硬幣的肚子，裝出一副富翁的腔調說：「哎呀，白紙先生，你一無所有，難道不感到空虛嗎？瞧我，肚子裡有了錢可實在多了。

白紙說：「我並不感到空虛，因為我的未來是會很充實的。」存錢罐聽了後，露出一絲不屑的笑容。

一會兒，主人回來了。他很高興，提起筆在白紙上寫下了兩行精美的字，然後裱成條幅掛在書房裡。來往的客人見了這幅書法作品，無不嘖嘖稱羨。

後來，這幅書法作品成了傳世珍品，成了國家博物館的永久收藏品。

再說那個存錢罐呢？它早就被書法家的孫子砸碎了，原因就是為了取出它肚子裡的硬幣。

故事啟示

驕傲是滅亡的先導，自誇是垮臺的開始。驕傲的人，結果總是在驕傲裡毀滅自己，一味孤芳自賞，自吹自擂，結果事事落空。

合適的十字架

一位終日愁苦的婦人，老是覺得自己的十字架不夠好，總希望能和別人交換一下。

一天夜裡她做了一個夢，夢見自己的面前擺放著琳瑯滿目、色彩斑爛的十字架。她十分高興地選了一個鑲滿黃金和鑽石的十字架，可是卻發現它太重了，根本背不動。

於是，她又找了一個木頭雕刻的、上面爬滿了玫瑰花的十字架，可是玫瑰花刺刺得她好痛，也只好放棄。

最後，她千挑萬選，終於選中了一個背起來最合適的，然而仔細一看，卻發現正是自己原來的那個。

故事啟示

人們的眼睛總是望向遠處，那湛藍的天空、蔥鬱的森林無不使我們心蕩神馳。但是，那畢竟是遙遠的，即便找到了也無法長期居留，最忠實地陪伴我們的永遠是我們身邊的景色。也許你對它們長期地熟視無睹，但是，最後你終究會發現，只有它們才是最適合自己的。

狄維士的經營之道

安麗是美國知名的消費品製造商，擁有超過 100 萬名獨立經銷商的全球直銷網路，而且旗下所販售的產品超過 4300 種。

更驚人的是，所有安麗的商品都是透過上門推銷和郵購的方式銷售，年營業額高達數十億美元。

安麗是由狄維士和傑．溫安洛兩人共同創立的。狄維士在讀高中時，遇到了傑．溫安洛，兩個年輕人有著相同的夢想、希望和目標，就這麼開始了一起創業的過程。

1950 年代末，他們在自家的車庫裡開始了他們的事業。後來，雖然遭遇過許多挫折，但是兩人從不放棄，彼此扶持、鼓勵，經過長時間的努力，終於成就了現在的安麗。

當媒體詢問狄維士的經營之道時，狄維士認為，那些夢想擁有自己事業的人，最後往往只看重管理事業，而不是繼續成長。大多數的公司之所以會垮，是因為原本的創立者忘記了繼續進步的重要，只陶醉在公司目前的繁榮景象之中。如果要繼續進步的話，就不能忽略時時自我反省。

故事啟示

停滯不前不但無法維持原有的成績，反而是一種退步，甚至會導致瓦解。在不斷的前進中反省，才能讓價值越來越高，根基也才會扎得越來越穩固。

顯示勇氣的疤痕

羅伯特在戰爭中受了傷，他的一條腿有點殘疾，而且疤痕纍纍。幸運的是，他仍然能夠享受他最喜歡的運動 —— 游泳。

在他出院不久的一個星期天，他和他的太太去海灘渡假。做過簡單的衝浪運動以後，羅伯特先生在沙灘上享受日光浴。不久，他發現大家都在注視他。從前，他沒有在意過自己滿是傷痕的腿，但是現在他知道這條滿是傷痕的腿很惹人注目。

第二個星期天，羅伯特太太提議再到海灘去渡假，但是羅伯特拒絕了，說他不想去海灘而寧願留在家裡，他太太的想法卻不一樣。

「我知道你為什麼不想去海邊，羅伯特，」妻子說，「你開始對你腿上的疤痕產生錯覺了。」

羅伯特說：「是的，我承認。」

妻子又說：「羅伯特，你腿上的疤痕是你勇氣的徽章，你光榮地贏得了這些疤痕。不要想辦法把它們隱藏起來，你要記住你是怎樣得到它們的，而且要自豪地面對它們，現在走吧 —— 我們一起去游泳。」

妻子的話，讓羅伯特心裡充滿了喜悅，於是他跟妻子一起又去了海邊。太太的那番話，已經除掉了他心中的陰影，羅伯特的生活又有了更好的開端。

故事啟示

正如自然界的色彩有冷色和暖色之分一樣，人們的思考方式也有「光明」與「黑暗」之分。「光明」思維能激勵創新者自強不息，能激發創新者的生命潛能和創造潛能。

學者和禪師

有一位滿腹經綸的學者，為了了解禪學的奧妙，不遠千里地去拜訪一位禪師。禪師在桌上準備了兩個斟滿茶水的杯子，然後便坐下，開始講解佛學的精義。

這位學者聽著聽著，覺得其中某些話似曾相識，好像也不是什麼高深的理論。他曾聽人說這位禪師道行高深，從他的話語中能夠得到很多啟發，但是交談之下並不覺得他有什麼特殊之處，於是認為這位禪師不過是浪得虛名，騙騙一般凡夫俗子而已。

學者越想越覺得心浮氣躁，坐立不安，不但在禪師的講道中不停地插嘴，甚至輕蔑地說：「哦，這個我早就知道了。」

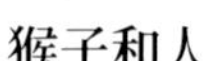

禪師並沒有出言指責學者的不敬，只是停了下來，拿起茶壺再次替這位學者斟茶，儘管茶杯裡的茶還剩下八分滿，禪師卻沒有把杯子裡的茶水倒出，只是不斷地在茶杯中注入溫熱的茶水，直到茶水不停地從杯中溢出，流得滿地都是。

這位學者見狀，連忙提醒禪師說：「別倒了，杯子已經滿了，根本裝不下了。」

禪師放下茶壺，不慍不怒地說：「是啊！如果你不先把原來的茶杯倒乾淨，又怎麼能品嘗我現在倒給你的茶呢？」

故事啟示

認為自己肚子裡沒有半點墨水的人，是最虛心求教的那一種；肚子裡已經裝滿水的人，則是最深藏不露的那一種；只有半桶水的人，最容易「膨風」自大，走起路來叮噹響。

猴子和人

在動物園裡，大人指著籠子裡的猴子對小孩說：「這種動物叫猴子，是專門供我們人類開心的。」

「何以見得呢？」小孩問。

「不信你看。」大人說著，從手提包裡摸出一顆花生，朝籠子裡的大猴背後扔去。只見大猴急轉身，用嘴接住，再用爪子從嘴裡取出來，剝開吃掉，顯得很滑稽。小孩笑起來。

大人也被大猴的舉動逗得很開心，便來了興致，又將一顆花生扔過去，還是扔向大猴身後的地方，大猴故技重演。大人覺得很有趣，便不斷地扔花生，大猴也不斷地這樣接，直到一大包花生全部扔完了，大人和小孩才戀戀不捨地離開。

路上，小孩問大人：「您為什麼將花生扔到大猴的背後呢？」

大人得意地笑了，說：「猴子翻來覆去地來回接花生才有意思啊！」

小孩信服地說：「爸爸，您真棒！」

大人又說：「猴子這種動物自以為挺聰明，其實被我們耍了，牠還不知道呢，真可悲！」

在動物園裡，大猴指著籠子外面的人對小猴說：「這種動物叫人，是專門供我們猴子開心的。」

「何以見得呢？」小猴問。

「不信等著瞧吧！」大猴說。這時，正好有個大人往籠子裡扔花生，扔向大猴背後，大猴急轉身，用嘴接住，然後再用爪子從嘴裡取出來，剝開吃掉，顯得很滑稽。最後，那個大人也將一大包花生全部扔給了猴子。

他們走後，小猴問大猴：「妳為什麼用嘴去接扔過來的花生呢？」

大猴得意地笑了，說：「如果我用爪子去接，他們還會繼續扔嗎？」

小猴信服地說：「媽媽，妳真行！」

大猴又說：「人這種動物自以為挺聰明，其實被我們耍了，他們還不知道呢，真可悲！」

故事啟示

自以為聰明的人，自以為玩弄了別人，其實自己也在被別人玩弄。因為他們只在意一時之快，從來不從另外的角度來思考和行動。

國王的畫像

從前，有一位國王，獨眼、缺手、斷腳，卻很愛面子。他很想將自己的尊容畫下來，留給子孫後代瞻仰。於是，他請來了全國最好的畫家。

這個一流的畫家將國王畫得很逼真，栩栩如生，很傳神。但是，國王看了之後很難過，說：「我這麼一副殘缺相，怎麼傳世下去！」於是就把這位畫家給殺了。

國王又請來第二位畫家。第二位畫家因有前車之鑒，不敢據實作畫，就把國王畫得圓滿無缺。把缺的手補上去，把斷的腿補上去，國王看了之後更為難過，說：「這個不是我，你在諷刺我。」又把這位畫家給殺了。

國王請來了第三位畫家該怎麼辦呢？寫實派的被殺了，完美派的也被殺了。這位畫家想了很久，急中生智，畫了一幅國王單腿跪下，閉住一隻眼睛瞄準射擊的肖像畫。把國王的缺點全部掩蓋住，結果國王大大地獎賞了他。

故事啟示

對於兩難的問題，不妨採取特別的辦法，變通地加以解決。這樣既呈現了實際情況，又能讓對方感到滿意。

小熊和鵜鶘

兩隻小熊捕完魚回家，半路上碰見了鵜鶘。

小熊說：「小鵜鶘，你看，我們捕到了這麼多的魚。到我們家來做客，吃午飯吧！午餐豐富極了。」

鵜鶘說：「我一定去。」

隨後鵜鶘就來到小熊家了，並在飯桌旁坐下。

「別客氣，小鵜鶘，你隨便吃，」兩只小熊招待著客人，「有很多魚呢，我們吃不完。」

但是，魚很快就都沒了，全跑到鵜鶘的嘴裡去了。

「真香啊，我們好像還得再吃一點。你還要再來點嗎？」一隻小熊問鵜鶘。

「好啊！」鵜鶘張開了自己的大嘴，就在這時一條魚從牠的嘴裡蹦了出來。

「都這樣了還要再吃呀？」小熊們嘲笑地說，「這裡正好還有一條魚！」

不知道為什麼小熊從此再也沒邀請過鵜鶘去吃飯。而鵜鶘呢，直到現在也不明白這是為什麼。

故事啟示

當你的心中只有你自己時，就不要怪別人的心中沒有你。會出現這種結果，怨不得別人，一切的原因其實都在你自己身上，還是多做做自我反省吧！

老校工的辦法

某大學的一個研究室遇上了一件麻煩事：他們需要弄清一臺進口機器的內部結構，可是卻沒有任何的說明圖資料可以查閱 —— 這臺機器裡有一個由 100 根彎管組成的固定結構。要弄清其中每一根彎管各自的入口與出口，真是一件超難的事情！

研究室負責人當即召集有關人員開會。他提出，完成這一重要任務，時間既不能拖得很久，花錢又不能太多。他希望大家廣開思路，一定要想出一個簡便易行的辦法來。

參與此事的人紛紛動腦，分別提出了自己的奇思妙想，比如：向每一根彎管內灌水、用光照射等。有的人甚至還提出讓螞蟻之類的小昆蟲去鑽一根一根的彎管。大家提出的辦法雖然都是可行的，但都很麻煩費事，要花的時間和付出的代價也不少。

後來，這所大學的一個老校工提出，只需要兩根粉筆和幾支香菸就行了。他提出的做法是：點燃香菸，大大地吸上一口，然後對著管子往裡面噴，噴的時候在管子裡的入口處寫上「1」，這時讓另一個人站在管子的另一頭，看到煙從哪一根管子裡冒出來，便立刻也寫上「1」，其他管子也都這樣處理。不到兩小時，100 根彎管的出、人口就都弄清楚了。

故事啟示

最簡單的往往也是最合理的。只不過人們被習慣性思維所束縛，在困難面前總是想那些複雜的對策，而忘記了最簡單的方法。

袋鼠與籠子

有一天，動物園管理員發現袋鼠從籠子裡跑出來了，於是開會討論，一致認為是籠子的高度過低導致的。所以，他們決定將籠子的高度由原米的 3 公尺加高到 6 公尺米。

結果，第二天他們發現袋鼠還是跑到外面來了，所以他們又決定再將高度加高到公尺。沒想到隔天居然又看到袋鼠全跑到外面了，於是管理員們大為緊張，決定一不做二不休，將籠子的高度加高到 30 公尺。

一天，長頸鹿和幾隻袋鼠們在閒聊：「你們看，這些人會不會再繼續加高你們的籠子？」長頸鹿問。

「很難說，如果他們再繼續忘記關門的話！」袋鼠說。

故事啟示

很多時候，我們對於事物的認識只執著於一個方面，而沒有從其他方面來考慮。所以，我們沒能找到解決問題的真正方法。

獵人和鳥

有一次，獵人捕捉到一隻能說 70 種語言的鳥。鳥說：「放了我，我將告訴你三條忠告。」

獵人同意了。

鳥告訴他：「第一條，做事過後，不要懊悔。第二條，如果有人告訴你一件事，你自己認為是不可能的，就別去相信。第三條，當你爬不上去時，就別費力去爬。」獵人認為鳥很有智慧便把牠放了。

鳥飛到一棵高高的大樹上，向獵人大聲喊道：「你真愚蠢，你放了我。你不知道我嘴裡還銜著一顆價值連城、碩大無比的珍珠呢。正是它讓我聰明絕頂。」

獵人很快忘記了鳥的忠告，想重新捕獲這隻鳥，於是他奮力地向樹上爬去。當他爬到一半的時候，已經體力不支，但仍費力去爬，結果摔下來折斷了腿。

故事啟示

忠告是多少金錢都買不到的人生財富、人生智慧。聰明的人之所以聰明，是因為他們聽信忠告；糊塗的人之所以糊塗，原因之一是他們常將忠告當成耳旁風。

阿基米德定律的發現

古希臘時，阿基米德奉國王之命，鑑定工匠製作的金王冠是否摻有白銀。他為此日思夜想，也沒有想出好的辦法。

有一天，他在家裡洗澡。當他跳進浴盆時，許多水一下子溢了出來。這使他醒悟到：當容器裝滿了水，把物體再放進去，那麼溢出的水的體積和這個物體的體積是相等的。由此他聯想到，因為金子的密度大，而白銀的密度小，因此同樣重的金子和白銀，必然是白銀的體積大於金子的體積。所以同樣重的金塊和銀塊放入水中，那麼金塊排出的水量就比銀塊的水量少。

於是，他想出了解決問題的辦法。他把與原先國王交給工匠的相同重量的金子和那頂金王冠，分別放在注滿水的容器中，然後比較它們分別排出的水的體積，就知道答案了。這也是物理學上著名的「阿基米德定律」的來源。

故事啟示

在我們遇到難題不能立刻解決的時候，暫時放下，即使不去想它，潛意識還是在不斷地對我們的知識結構進行整合、更新。當整合接近解決問題時，在某個點上，就會被突然觸發。

歌手和司機

一位歌手回老家，讀國中時的好朋友們邀請她晚上 8 點到某酒店一起聚會。這次歌手回來帶了近百張經過自己認真簽名的新專輯。因為她知道，這些昔日的同學如果向她要新專輯，那是不該拒絕的。

歌手出了家門，搭計程車去酒店。計程車司機是一個中年男人，問清了目的地後，那人就一言不發了。這讓歌手不免有些失落，因為如果是在臺北，計程車司機一定會認識她的這張臉的。

到了酒店，車費是 460 元。歌手沒有零錢，就拿出一張 500 元的鈔票，但恰巧司機手裡也沒有足夠的零錢。歌手今天心情很好，就表示不用找了，因為她知道計程車司機也不容易，何況這裡還是她的家鄉。可是，計程車司機堅絕不同意，非要找個超市換零錢。

歌手一看時間不早了，就準備拿出兩張她簽名的新專輯抵車費。接著，歌手問司機師傅認不認識自己，但是，司機的回答大大出乎她的意料：「認識，妳是唱歌的吧！」說完，他指一指專輯，「不好意思，我不喜歡聽歌，平時我淨聽相聲了。不然，車費就算了吧！」這個時候，正好另一位同學也剛好到酒店，替歌手付了車費。

「你是唱歌的吧！」、「我不喜歡聽歌。」這些話讓歌手震驚。見到昔日的同學，歌手首先做了兩件事：一是為自己遲到了三分鐘向大家表示鄭重道歉；二是找到聚會的組織者，把自己的聚會費用交了。

後來，這位歌手的口碑一直不錯：沒有緋聞，照規矩納稅，積極參加各種公益演出。歌手說，她時常想起那位計程車司機。歌手說：「記住有人不喜歡妳，這時常讓我感到自己的渺小，渺小得讓人擔心來陣風就會把自己吹丟了。」

故事啟示

記住，這世上總有人會不喜歡你的。不論你多麼有名望，不管你的容貌多麼迷人，也不管你是多麼能幹，你都不能過於抬高自己，那樣只會讓自己摔得更疼。學會自我反省，你才能做到時刻清醒地認識自我。

狐狸與烏鴉

有一隻狐狸偷偷摸摸地來到山腳下的村子裡，看見村民正把一塊塊的醃肉拿出來晾晒，而且沒留人看守，就悄悄地偷了一塊藏到離房子不遠的一棵大樹底下，然後又回去再偷一塊。落在樹枝上的一隻烏鴉親眼看到狐狸所做的一切，就飛了下來，把那塊肉叼到樹上去吃。

狐狸回來時，找不著剛才放在樹底下的那塊肉，估計一定是有誰拿去吃了。正在這時，在樹上吃肉的烏鴉掉落了一些碎肉渣，被狐狸發現了。

狐狸抬頭一看，見烏鴉正站在樹枝上吃肉，十分生氣，便破口大罵：「不要臉的烏鴉，自己生來沒本事去找食物吃，卻跑來偷別人的肉。你如果有能耐去找食物，何必當小偷。你是個十足的下流坯子，一個害人精，你最好去死，別這樣不知羞恥地活著。」

烏鴉聽後，反過來對狐狸說：「如果是這樣的話，你就應該先去死。」

「為什麼？」狐狸勃然大怒，高聲問道。

烏鴉哈哈大笑起來，說：「因為是你先偷別人的肉的。」

故事啟示

別人的錯誤容易看得見，自己的錯誤卻不容易察覺。要常反省自己的錯誤，少看別人的錯誤。

補救發生的錯誤

威廉在西爾公司當採購員時，曾經犯下了一個很大的錯誤。

該公司對採購業務有一項非常重要的規定：採購員不可以超支自己的採購配額！如果採購員的配額用完了，那麼就不能再採購新的商品，要等到配額撥下後才能進行採購。

在某次採購季節中，有一位日本廠商向威廉展示了一款很漂亮的手提包，威廉身為採購員，以他的專業眼光來看，認為這款手提包一定會成為流行商品。可是，這時威廉的配額已經用完了，他突然後悔起自己之前不應該衝動地把所有的配額都用光，導致現在無法抓住這個大好機會。

威廉知道自己現在只有兩種選擇：一是放棄這筆交易，雖然這筆交易肯定會給公司帶來極高的利潤；二是向公司主管承認自己的錯誤，然後請求追加採購配額。

威廉決定選擇第二種方法。他一走進主管的辦公室，就對主管坦承：「很抱歉，我犯了個大錯。」然後將事情從頭到尾解釋了一遍。

雖然主管對威廉花錢不眨眼的採購方式頗有微詞，但還是被他的坦誠說服了，並且撥出需要的款項。

結果，手提包一上市果然受到消費者熱烈的歡迎，成為公司的暢銷商品，而威廉也從這次的超支教訓中獲得了寶貴的經驗。

故事啟示

當你發現自己發生錯誤時，補救遠比掩飾犯錯還重要。一旦犯了錯，就要有承擔責備的心理準備。如果因為害怕被責備而不願意承認錯誤，那麼結果可能會失去更多的大好機會。

第八章
能夠堅持到底，終會收穫成果

很多事情，能不能做成，能做到什麼程度，起決定作用的往往不是你有多大能力，而是你擁有多大的耐心，能夠堅持多久。遇到困難，不被嚇倒，一如既往地堅持下去，終會收獲燦爛的果實。

人生猶如試題

從香港回來的同學在香港混得風生水起，兩年前加入了某知名資訊科技企業，現在已是部門經理，月薪超過我半年的薪水。既然是高薪，入職門檻自然不低。早就聽說這類企業的面試題目刁鑽古怪，忍不住好奇，閒聊時，我向同學問起此事。見我饒有興致，同學微微一笑：「既然你有興趣，那就考考你吧！」我說好，摩拳擦掌，躍躍欲試。他開始出題：

有 12 個外觀相同的小球，其中有 11 個是標準球，品質完全相等，還有一個是品質不標準的小球。假如給你一架天平，你能以最少的步驟找出那個不標準的小球嗎？

這是同學當初參加面試的原題，答題時間限定 30 分鐘。為了降低難度，同學還特地提醒，這不是腦筋急轉彎，說完就專心看電視去了，留下我在那裡搜腸刮肚。半個小時轉眼即過，把我憋得面紅耳赤，別說答案，連個頭緒都沒理出來。自愧不如，我只好長嘆一聲，向同學求教。同學卻鼓勵我，先別急著放棄啊，反正現在也沒什麼事，你再想想，說不定就能答出來了。我搖頭說，不必浪費時間了，就我這個智商，恐怕這輩子都答不上來。同學被逗得大笑，無奈之下，只好將答案和盤托出。

第一步：首先把 12 個小球分成三組，然後將 1、2、3、4 號和 5、6、7、8 號分別放在天平兩邊，如果天平平衡，證明 1 到 8 號都是標準球，不標準的球應該在 9 到 12 號之間。第二步：從 1 到 8 號之間隨意取兩個標準球，放在天平的一側，再取 9 號和 10 號兩個球放在天平的另一側，如果天平平衡，證明不標準的球應該在 11 號和 12 號之間。第三步：隨意取一個標準球，放在天平的一側，把 11 號球放在天平的另一側，如果天平平衡，說明剩下的 12 號球是不標準的球；反之，如果天平不平衡，證明 11 號就是那個不標準的球。

當然，這只是方法之一，但無論哪種情況，只要從這個思路出發，都能以最少的步驟找出答案，同學補充說。我當下折服，我又問，能答出來的人恐怕不多吧？同學說，當時十個人參加面試，只有兩個人答出來了，包括我。說到當時的情景，同學臉上有些得意，又生出些許感慨。

那次面試，安排在下午進行，總裁親自主持。題目就是上面那個，在規定的 30 分鐘內，只有同學和另外一個人答出來了。他們被當場錄取，其他沒通過的人都打道回府了，唯獨一個人還不肯走，說非要把題目做出來再走。直到天黑，總裁要帶他們兩個新人出去吃晚飯，又勸那個人回去，可他依然賴著不走，求總裁再給點時間，說只要答出來馬上走人，他顯然跟自己較上勁了。拿這種人沒辦法，總裁只好讓他留下繼續做題，帶著同學出去吃飯了。兩個多小時後，等他們吃完飯回來，那個人還在冥思苦想，顯然還沒有答出來。最後，公司要關門了，他才無可奈何地走了。

我忽然有點同情那個人了，忍不住搖頭嘆息，如今找個工作真不容易。

同學忽然笑了，說：「人家幹嘛要你同情啊！公司第二天就通知他來上班了，現在還坐我對面呢。」

我愕然。人生猶如試題，試題卻有千解。同學說，他雖然沒有答出那道題，但是那種永不放棄的精神，正好也是總裁想要的答案。

這也能算答案？我細想，應該算的，人生最徹底的失敗就是放棄。

故事啟示

有一則寓言說，一個人挖井，拚命挖了好幾天也沒見到水，絕望之下放棄了，最終他被渴死了。後來人們發現，其實他只要再往下多挖一鍬，就能見到水了。多麼令人惋惜，堅持就是勝利。

等來的寶藏

有三個人都是大好人。因為他們做了許多善事，先知決定給他們每人一個發財的機會。

先知對這三個人說：「沙漠的深處有一個地方埋藏著寶物，你們去等吧！等到第九九八十一天時，寶藏會自動從地下長出來。」

三個人一聽，喜出望外，立刻朝沙漠奔去。

那個做善事最多的人首先來到了沙漠裡。當來到先知所預告的地點時，他發現那裡除了一片黃沙和一汪泉水之外，什麼都沒有。一天之後，喜歡與人交流的他感覺有些寂寞。三天之後，他開始孤獨地唱歌給自己聽。一個星期之後，他開始有些惱怒地自言自語起來。兩個星期之後，他的自言自語已經變成了抱怨。最後，一個月還沒滿，他就從沙漠裡跑出來，邊跑邊大喊道：「這簡直就是要命！我受不了了！」

第二個到達沙漠的人是做善事較多的那位。他很聰明，知道這麼長時間自己一定會感覺寂寞難挨，所以隨身帶了許多書籍和信件。剛到達先知所說的地點，他便開始埋頭讀書、讀信，並強迫自己不去想已經過了多少天。很快，他帶來的書和信讀完了，可是寶藏還沒有長出來。沒辦法，他只好又讀了一遍。誰知一直等到讀完第三遍時，寶藏依然無影無蹤。終於，這個人也煩了。他瘋了似的詛咒著這個無聊的生活，然後就宣布放棄了。

最後一個，也就是三個人當中做善事最少的那一位來了。和第一個人一樣，他也什麼都沒帶，剛到達目的地，看了看周圍便坐了下來。然後，他開始設想奇蹟出現會是什麼樣子，他窮盡自己的想像力，把寶藏形成、生長、出現的過程都想了個遍。第一個月在他無休止的想像中慢悠悠地過去了。想夠了寶藏之後，他又開始想自己從小到大的人生歷程，童年、少

年、青年、中年，他試圖想起來每一件小事，並用語言描述出其詳細的情節。無數次心花怒放和無數次痛心疾首之後，第二個月也過去了。這時，他已經忘記了時間，而是完全沉浸在對人生真諦、喜怒哀樂的感悟之中。正當他準備再回憶一遍自己的人生時，沙漠忽然裂開，寶藏湧了出來。

故事啟示

成功路上難免會遇到種種困境，若想安全度過，我們必須付出耐心。如果一個人沒有耐心去等待成功的到來，那他就只好用一生的耐心去面對永遠的失敗。

多撿一塊石頭

為了尋寶，一個人已經在河邊找了很長時間，整個人筋疲力盡，全身痛得幾乎動彈不得。

他坐在河床的石頭上，對他的同伴說：「你看，我已撿了九萬九千九百九十九塊石頭，卻還沒有找到一塊寶石，我實在不想撿了，也實在撿不動了。就算我命苦吧，好不容易下定決心做一件事，沒想到又是勞無所獲，落得如此下場！」

他的同伴開玩笑地回答：「那你最好再撿一塊，湊足十萬塊吧，反正多撿一塊也累不死你，少撿一塊也不能使你的累減輕一分。」

尋寶人疲累地閉上眼睛，隨手在一堆石頭中撿起一塊石頭，說：「好！這就是最後一塊了。」

當他握著手中的石頭時，他感覺到這塊石頭比一般的重，於是，他睜眼一看，驚訝地大叫，因為他手中握著的正是一塊價值連城的寶石。

故事啟示

柏拉圖曾經說：「成功唯一的祕訣就是堅持到最後一分鐘。」失敗的次數越多，離成功的機會也就越近。成功往往是最後一分鐘來訪的客人。

電話的發明

電話是誰發明的？相信很多人會異口同聲地說出美國發明家貝爾這個名字。然而，很多人不知道的是，在貝爾之前，還有一位發明家曾為研製電話做出過不小的貢獻，他就是萊斯。

萊斯研究過一種傳聲裝置，能用電流傳送音樂，可惜的是不能用來傳送語音，無法讓人們相互交談。萊斯研製出的這種傳聲裝置之所以不實用，除了其他原因外，一個至關重要的原因是這種裝置的一顆螺絲少往內轉了二分之一圈 —— 大約五絲米。

貝爾在萊斯研究的基礎上，一方面採取了新措施，例如不使用交流電，改為使用直流電，從而解決了傳送時間短暫、講話聲音多變等問題。另一方面他將萊斯裝置裡的那顆螺絲釘往內轉了二分之一圈。

萊斯的疏忽被貝爾發現並糾正了，奇蹟也隨之出現：不能通話的萊斯裝置神話般地變成了實用的電話。

失之毫釐，差之千里。萊斯的裝置只少轉了五絲米螺絲，也就是離成功只差半毫米。

貝爾的改進讓萊斯目瞪口呆。萊斯感慨萬千地說：「我在離成功五絲米的地方灰心了，我將終生記住這個教訓。」

故事啟示

成功有時來得那麼容易，讓人羨慕、讓人眼紅；成功有時卻又是那麼遙遠，遙遠得讓人幾乎絕望。所以堅持不懈是成功的一大法寶。

傑克和水手

儘管渴望著成功，但因為太害怕失敗，傑克從來都中規中矩。一天，他遇到了一位水手，兩人攀談起來。

傑克：「你為什麼要當水手呢？」

水手：「因為我喜歡大海，我們家幾輩人都嚮往大海。」

傑克：「哦？那你的祖輩也是水手了？」

水手：「是啊，我祖父就死在大海裡。」

傑克：「那你父親呢？」

水手：「我父親也死在大海裡。」

傑克：「哦，那你可要小心一點。你是獨生子嗎？」

水手：「不，我還有一個哥哥，不過三年前他也死在大海裡了。」

傑克：「天哪，如果我是你，我將再也不會靠近大海一步！」

水手扭過頭，看著傑克：「你的祖父死在哪裡？」

傑克：「床上。」

水手：「你的父親呢？」

傑克：「也是床上。」

水手：「那麼如果我是你，我將再也不會到床上去了！」

說完，水手便轉身走了，留下傑克愣在原地。

幾年之後，傑克又和那位水手相遇了。

水手：「嗨，你還好嗎？」

傑克：「我還是老樣子。你呢？沒遇上什麼危險吧？」

水手：「我遇上過很多次危險，但卻因此累積了豐富的經驗。現在，我已經是船長了。」

水手說完又走了，傑克又一次愣在了原地。

故事啟示

害怕失敗，就永遠無法成功。世界上不存在萬無一失的成功之路，若想成功，必須具備不怕失敗的勇氣和冒險精神，否則，你只能平庸度日。

推銷員姐妹

一對從農村來都市打拚的姐妹，幾經周折才被一家禮品公司僱用為業務員。她們沒有固定的客戶，也沒有任何關係，每天只能提著沉重的鐘錶、茶杯、檯燈以及各種工藝品的樣品，沿著城市的大街小巷去尋找買主。

一個多月過去了，她們跑斷了腿，說破了嘴，仍然到處碰壁，連一個鑰匙圈也沒有推銷出去。無數次的失敗磨掉了妹妹最後的耐心，她向姐姐提出兩個人一起辭職，重找出路。姐姐說，萬事起頭難，再堅持一陣子，可能下一次就有收穫了。妹妹不顧姐姐的挽留，毅然告別了那家公司。

第二天，姐妹倆一同出門。妹妹到處尋找工作，姐姐依然提著樣品四處尋找客戶。那天晚上，兩個人回到租屋時卻是兩種心境：妹妹求職無功而返，姐姐卻拿回來推銷生涯的第一張訂單。

一家姐姐登過四次門的公司要召開一個大型會議，向她訂購了兩百五十套精美的工藝品作為送給與會代表的紀念品，總價值一百多萬元。

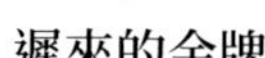

姐姐因此拿到十萬元的抽成，賺到了上班後的第一份獎金。從此，姐姐的業績不斷攀升，訂單一個接一個。六年過去了，姐姐不僅擁有了汽車，還擁有了三十幾坪的住房和自己的禮品公司。而妹妹卻走馬燈似的換著工作，連穿衣吃飯都要靠姐姐資助。

妹妹向姐姐請教成功的真諦。姐姐說：「其實，我成功的全部祕訣就在於我比妳多努力了一次。」

故事啟示

只相差一次努力，原本天賦相當、機遇相同的姐妹倆，自此走上了迥然不同的人生之路。不只是這位姐姐，多少業績輝煌的知名人士，最初的成功也是源於「多了一次努力」。

遲來的金牌

美國海斯．瓊斯是 1960 年跨欄比賽的風雲人物。他贏得了一場又一場比賽，打破了許多紀錄，真是轟動一時。他順理成章地被選為參加當年羅馬奧運會的選手，參加 110 米跨欄，全世界都認為他能贏得金牌。

但是，出乎意料的，他並沒有得到金牌，只跑了第三名，這對他而言當然是個極大的挫折。他的第一個想法是：「怎麼辦呢？我或許該放棄比賽？」要再過四年才會有奧運會，而且他已經贏得其他所有比賽的跨欄冠軍，何必要再受四年更艱苦的訓練呢？看來唯一合理的路是退出比賽，開始在事業上尋求其他發展。

這雖然非常合乎邏輯，但是海斯．瓊斯卻不能安於這種想法。他又開始訓練了。一天三小時，一個星期七天。後來的幾年裡，他又創造了一些跨欄新紀錄。

1964 年 2 月 22 日，在紐約麥迪遜廣場花園，瓊斯參加跨欄賽。賽前，他曾經宣布這是他最後一次參加室內比賽。大家情緒都很緊張，每個人的眼睛都看著他。他贏了，而且破了自己以前的最高紀錄。瓊斯跑完，走回跑道上，低頭站了一會兒，答謝觀眾的歡呼。然後一萬七千名觀眾都起立致敬，瓊斯感動得落下了淚，很多觀眾也流下了眼淚。一個曾經失敗的人仍然繼續堅持永不放棄，而愛他的人們正是愛他這一點。

瓊斯後來又參加了 1964 年東京奧運會，在 110 米跨欄中跑出了 13.0 秒的成績，得了第一名 —— 他終於贏得了金牌。

故事啟示

我們之中哪怕是最渺小的人如果能夠像海斯 · 瓊斯這樣去面對失敗，也很少有人不會達到自己的目標，因為堅持的無聲力量會隨著時間一起成長到沒有人能夠抗拒的程度。

老太婆和狼

餓了幾天的狼出去找食物，走了半天卻一無所獲。正當牠懊悔不已，不知如何是好時，忽聽不遠處的農家傳來了孩子的哭聲。牠趕緊尋著哭聲跑了過去，沒想到那家卻門窗緊閉，無機可乘。無奈之下，餓狼只好轉身回去，不想這時那個哄孩子的老太婆忽然說了一句：「還哭，還哭，你再哭我就把你丟出去餵狼！」

餓狼一聽大喜，趕緊在附近找了個隱蔽的地方躲了起來，然後眼睛直直地盯著那家大門。誰知一等再等，半天過去了，老太婆依然沒有把孩子丟出來。看看太陽就快落山了，等得不耐煩的餓狼躥到了那家窗戶底下。看樣子，牠是想質問一下那個老太婆為什麼說話不算數。

不料牠剛剛張開嘴，便聽見老太婆又在裡面說：「寶寶乖，不哭了。如果狼來了，外婆就把牠宰了給寶寶煮肉吃。」

餓狼一聽，嚇得魂飛魄散，趕緊逃命似的往回路跑去。半路上，一隻狐狸看見餓狼的慌張樣子感覺很是奇怪，便問牠發生了什麼事。

「別提了，」餓狼驚魂未定地說，「那邊農家的老太婆說話不算數，害我餓了半天不說，反過來還要殺我煮肉吃。幸好我跑得快，不然早就成了她鍋裡的晚餐了。」

故事啟示

別人信口開河，你就信以為真，這相當於把自己的命運交給別人掌握。堅持主見、穩住陣腳，你才能保證自己正常的生活秩序不被打擾。

林肯的一生

美國總統林肯，在任期間政績輝煌，但他戰勝人生災難的成績實際上比政績更輝煌。

1809 年，林肯出生在一個一貧如洗的伐木工人家庭。

7 歲時，因為太窮，他全家被趕出了原居住地，小林肯從那時便承擔起了撫養家庭的重任。

9 歲時，慈愛的母親去世，林肯受到了巨大的精神打擊。

22 歲時，第一次經商失敗，生活陷入困境。

23 歲時，競選州議員落選。

同年，失業。

同年，想要進入法學院，失敗。

24 歲時，再次經商失敗，欠下巨額債務，16 年後才全部還清。

25 歲時，再次競選州議員，終於成功了，這多多少少讓他飽經滄桑的心得到了些許安慰。

26 歲時，訂婚後正準備結婚，未婚妻卻突然死亡。

27 歲時，精神完全崩潰，臥床半年之久。

29 歲時，競選州議員發言人失敗。

31 歲時，爭取成為選舉人失敗。

34 歲時，參加國會大選落選。

39 歲時，尋求國會議員連任失敗。

40 歲時，爭取自己所在州的土地局局長職位失敗。

45 歲時，競選美國參議員落選。

47 歲時，在共和黨的全國代表大會上爭取副總統職位提名，支持票數還不到 100 張。

49 歲時，再度競選美國參議員落選。

51 歲時，當選美國總統。

在一生中，林肯都被憂鬱症所折磨，而且，婚姻生活很不幸。

如果問林肯是如何走過這一路艱辛的，他會略表驚訝又很無所謂地回答：「這很奇怪嗎？那些都只不過是滑了一跤，又不是死了爬不起來。」

故事啟示

成功就是爬起來的次數比跌倒的次數多一次。困苦磨難本身從來不是魔鬼，面對它時你所表現出的萎靡和屈服才是最大的災難。如果每次跌倒之後都能爬起來，成功早晚會屬於你。

忍辱負重的華生

托馬斯 · 約翰 · 華生出生在一個農民家庭。由於家境貧寒，他沒受過多少教育。為了減輕父母的壓力，他十七歲時便開始出門做事。

華生的第一份工作是推銷商品，週薪 12 美元。後來，有人告訴華生，推銷員通常拿的是傭金，而不是薪水。他感到很氣憤，便毅然辭去了工作。後來，他又為一個推銷員做助手，傭金還算豐厚。他們合夥開了一家店，華生夢想著締造一個零售業的帝國。然而，有一天，這個推銷員卻捲款而逃，使華生陷入破產。

華生沒有就此倒下，他在一家收款機公司找到了一份工作。他第一次推銷收款機時極其失敗，但有著驚人忍耐力的華生卻在失敗中堅持了下來。一年後，他已經成為該地區最成功的推銷員了。

幾年後，華生升任這家公司的銷售部經理。由於他的輝煌業績，使公司收款機的銷量直線上升。又過了一年，華生由於遭人誣陷，被老闆逐出了他為之奉獻多年的公司。

雖然已經年近四十，但事業上的失敗並沒有給他帶來絲毫心靈上的打擊，他反而從失敗中站了起來。經朋友引薦，他認識了國際商業機器公司前身的奠基者查爾斯 · 弗林特，並受僱到他的公司工作。

剛開始的時候，公司裡一些地位高的人對華生很不以為然，而且歧視他。華生憑藉自己驚人的耐力，忍辱負重工作了十年。他的堅韌和不屈不撓，以及卓越的領導才能和經營魄力，最終贏得了大家的好感。公司在不斷地成長壯大，華生也登上了自己事業的巔峰。

故事啟示

如果一個人有了堅定的人生方向，就可以提高他對於小挫折的忍受力。他知道目標逐漸接近，挫敗只是暫時的耽擱，如果堅持不懈，問題一定能夠迎刃而解。因此，追求人生目標的決心越堅定，你就越有勇氣堅持不懈。

建造水晶大教堂

1968 年，美國的羅伯特．舒樂博士突發奇想，打算在加州用玻璃建造一座水晶大教堂。有了這個念頭之後，他來到著名的設計師菲力普．強生家裡。描述完自己的構想後，他便向強生諮詢起建築預算，並且堅定地對他說：「我現在一分錢也沒有，所以零美元與 100 萬美元的預算對於我來說沒有什麼區別。但重要的是，這座教堂本身要具有足夠的魅力來吸引捐款。」

經過精心計算，菲力普．強生告訴舒樂博士至少需要 700 萬美元。聽清楚這個數字後，舒樂博士拿出一張白紙，在上面寫下了「700 萬美元」，然後又寫下如下 10 行字：

尋找 1 筆 700 萬美元的捐款；

尋找 7 筆 100 萬美元的捐款；

尋找 14 筆 50 萬美元的捐款；

尋找 28 筆 25 萬美元的捐款；

尋找 70 筆 10 萬美元的捐款；

尋找 100 筆 7 萬美元的捐款；

尋找 140 筆 5 萬美元的捐款；

尋找 280 筆 25,000 美元的捐款；

尋找 700 筆 1 萬美元的捐款；

賣掉 10,000 扇教堂窗戶，每扇 700 美元。

然後，舒樂博士長長地出了一口氣，似乎已經打定了某種主意。

兩個月後，他用水晶大教堂奇特而美妙的模型打動了當地的一位富商約翰·可林，這位富商捐出了第一筆 100 萬美元。

3 個月後，一位被舒樂博士的精神所感動的陌生人，在其生日的當天寄給舒樂博士一張 100 萬美元的銀行支票。

6 個月後，一名捐款者對舒樂博士說：「如果你以你的誠意與努力能籌到 600 萬美元的話，那剩下的 100 萬美元我將會全部支付給你。」

第二年，舒樂博士開始以每扇 500 美元的價格請求美國人認購水晶大教堂的窗戶，付款的辦法為每月 50 美元，10 個月分期付清。6 個月內，1 萬多扇窗戶全部售出。

1980 年 9 月，歷時 12 年，可容納 1 萬多人的水晶大教堂竣工。水晶大教堂最終的造價為 2,000 萬美元，全部是舒樂博士一點一滴籌集起來的。

故事啟示

沒有不可能，只有不去做。阻礙理想實現的最大障礙永遠在我們自身，只要不被「不切實際」嚇倒，並堅持不懈地做下去，最適合你的那條成功之路一定會被你找到。

簡單的甩手動作

蘇格拉底是古希臘著名的大哲學家和大教育家，他教學生的方法總是別出心裁的。

開學第一天，他對學生們說：「今天，我們只學一樣東西，就是把手臂盡量向前抬，然後再盡量往後甩。」他示範了一下，結果，所有學生都笑了。

「老師，這還用學嗎？」一個學生打趣道。

「當然，」蘇拉格底很嚴肅地說，「你不要覺得這是一件很簡單的事，其實它很困難的。」聽到這話，學生們笑得更厲害了。

蘇格拉底一點也不生氣，他宣布說：「這堂課我就教大家好好學這個動作。學會以後，從今天開始，每天你們都要把它做 100 遍。」

10 天之後，蘇格拉底問：「誰還在堅持做那個甩手動作？」大約 80%的學生舉起了手。

20 天之後，蘇格拉底又問：「誰還在堅持做那個甩手動作？」大約 50%的學生舉起了手。

3 個月之後，蘇格拉底又問道：「那個最簡單的甩手動作，有誰在堅持做？」這一次，只有一位學生舉起了手。他，就是後來成為古希臘另一位大哲學家、大思想家的柏拉圖。

故事啟示

堅持是世界上最簡單同時也是最困難的事情，因為人人都能做，卻未必人人都做得到。只有那種即便是一件簡單事也能堅持做到底的人，才可能有所成就。

黛比食品店

雖然並不認為自己是一個笨孩子，但黛比與其他 6 個兄弟姐妹相比，的確算不上出色 —— 她沒有兩個哥哥那樣的高學歷，也沒有兩個姐姐那麼精明；沒有妹妹那麼乖巧伶俐，也沒有弟弟那麼機靈狡黠。唯一值得慶幸的是，她嫁了一位非常成功的高級管理階層人士，這使她根本用不著做任何事情便能生活得非常富足。可是日復一日的單調生活激怒了她。

「我要工作！我要給自己找點事情做！」她煩躁不安地衝丈夫嘟囔。

「目前的生活難道不好嗎，親愛的？」丈夫不解地問道，「妳還想怎麼樣？」

「我想開家餅乾店！」她大聲著說出了自己的決定。這倒是一個不錯的主意，因為她雖然一向被稱為「笨孩子」，可是烹飪手藝卻是一流的。

「噢，黛比，這是一個多麼荒唐的主意！妳肯定會失敗的，這件事太難了，別再胡思亂想了。」丈夫居然和家人持一樣的觀點。

「你們為什麼都這樣勸阻我？你知不知道，我都快相信你們說的話了。但是，不試一試怎麼會知道結果呢？……」幾個小時的軟磨硬泡之後，黛比終於從丈夫那裡拿到了開餅乾店的錢。

可是，跟大家預想的一樣，在餅乾店開張的那天，居然沒有一個顧客光臨。頓時，黛比被冷酷的現實擊倒了。「看來自己是必敗無疑了，」她心想，「可是這麼多已經做出來的餐點怎麼辦呢？」無奈之下，她作出了一個大膽的決定：站在店門口免費贈送給來往的行人！「說不定這樣反倒是個轉機呢！」她自言自語道。

於是，她一反平時膽怯羞澀的窘態，開始端著剛烘製出來的餅乾請過往的人品嘗。她越來越自信了，因為每個嘗過的人都豎起拇指，稱讚她做的餅乾好吃。就這樣，她的餅乾店打開了局面。

今天，「黛比．菲爾斯」這個名字已經在美國數以百計的食品商店的貨架上出現了。她那原來名為「菲爾斯太太」的餅乾店也已經發展成了食品行業裡最成功的連鎖企業。可以想像，現在的黛比也成了一位渾身散發著自信氣質的女性，而那個「笨孩子」的外號，早就被人們忘卻了。

故事啟示

得不到別人的贊同和鼓勵並不重要。如果你認準了某條道路，充滿自信地去放手一搏，及時邁出決定性的第一步才是最重要的。

安徒生的童話故事

在很小的時候，當鞋匠的父親就過世了，留下安徒生和母親二人過著貧困的日子。一天，安徒生和一群小孩獲邀到皇宮裡去覲見王子，請求賞賜。他滿懷希望地唱歌、朗誦劇本，希望他的表現能獲得王子的讚賞。

等到表演完後，王子和藹地問他：「你有什麼需要我幫助的嗎？」

安徒生自信地說：「我想寫劇本．並在皇家劇院演出。」

王子把眼前這個有著小丑般大鼻子和一雙憂鬱眼睛的笨拙男孩從頭到腳看了一遍，對他說：「背誦劇本是一回事，寫劇本又是另外一回事，我勸你還是去學一項有用的手藝吧！」

但是，懷抱夢想的安徒生回家後不但沒有去學餬口的手藝，反而打破了他的存錢罐，向媽媽道別，到哥本哈根去追尋他的夢想。他在哥本哈根流浪，敲過所有哥本哈根貴族家的門，雖然沒有人理會他，但他從未想到過退卻。他一直寫作史詩、愛情小說，雖然自己的作品未能引起人們的注意令他傷心，但他仍然堅持寫了下去。

1825 年，安徒生隨意寫的幾篇童話故事，出乎意料地引起了孩子的

爭相閱讀，許多讀者渴望他的新作品發表。這一年，他三十歲。直至今日，《國王的新衣》、《醜小鴨》等許多安徒生所寫的童話故事，仍在陪伴世界上許多兒童健康地成長。

故事啟示

聰明如你，無論前進的路怎樣艱難，不要害怕失敗，因為失敗所賜予你的力量是巨大的。失敗現在已經過去，你完全可以藉著它給你的力量東山再起。遭遇失敗時，要相信：一件事的結束正是另一件事的開始。

另類裝束的女性

由美國著名的黑人女演員琥碧·戈柏主演的《修女也瘋狂》，注定是一部要載入藝術史冊的經典影片。戈柏在其中扮演了一位很另類的修女，但是了解戈柏的所有人都說，與其說這位修女是她扮演的，不如說這位修女就是她自己。

的確，戈柏在日常生活中就是一位非常另類的女性，她的許多風格都跟周圍人格格不入，，儘管為此深受打擊與諷刺，她依然我行我素地不改初衷。

據戈柏自己說，她另類的個性得益於她母親的教誨。

從出生到長大成人，戈柏一直居住在環境複雜的紐約市勞工區。戈柏成長的時期正值嬉皮時代，而她是一個很喜歡追逐潮流的人。那時的她經常身穿大喇叭褲，頭髮梳成爆炸式蓬蓬頭，臉上也常塗滿五顏六色的彩妝。為此，她常常遭到身邊各類人士的批評。

她至今仍然對一件事記憶深刻，那是一個晚上，她約鄰居友人一起去看電影。約會時間剛剛到，她便穿著一件破爛的吊帶褲去赴約了。結果，當她出現在朋友面前時，朋友不滿地對她說：「妳必須換一套衣服。」

「為什麼？」她不解地問道。

「妳裝扮成這個樣子，我怎麼跟妳出門呢？」朋友生氣了。

這下，她也生起氣來，於是回應道：「要換妳換！」就這樣，她賭著氣走了。

她並不知道，當她跟朋友爭吵時，母親就在一旁看著。她永遠也忘不了母親當時告訴她的話，因為那些話成了她此後一生的座右銘。母親說：「妳可以去換一套衣服，變得跟其他人一樣，也可以繼續這樣下去。但是，如果妳選擇後者的話，妳必須堅強到可以承受住外界任何嘲笑的程度，因為妳一定會因此引來批評。這就是與眾不同者的不容易。」

當時她受到了極大震撼。但正是從那一刻開始，她注定了一生都不能再擺脫與眾不同的話題。

成名之後，她也曾經聽到很多人議論：「她怎麼會在這種場合穿運動鞋呢？」、「她為什麼不穿禮服出場，難道不應該這樣嗎？」……

但是最後，因為受到她的吸引，不少批評者紛紛學起了她的樣子，比如綁細辮子頭等。

故事啟示

你可以跟隨潮流，也可以與眾不同。但如果選擇後者，你必須堅強到可以承受住外界任何批評的程度，因為這注定是一條漫長而艱辛的道路。

福音傳播者

10 世紀時，英國福音傳播者懷特菲爾德在追求事業成功的過程中，經歷了許多輿論的譴責和世俗的刁難，甚至有人威脅要殺掉他。

他的敵對者把他逐出教會，關閉他的教堂，甚至逼迫他離開居住的城鎮，但他矢志不渝地在沿途傳道。

敵對者僱用一些人去嘲弄他，向他扔爛泥巴、臭雞蛋、爛番茄和一些動物的死屍，並且不止一次地向他扔石頭，把他砸得頭破血流……

許多上層社會的人也對他大加鞭撻和嘲諷，但是，所有這一切都未能阻止懷特菲爾德繼續他的傳道事業。因為，他深信他的事業是有益於大眾的。最後，他終於取得了成功。

故事啟示

要做生活中的強者，首先要做精神上的強者，做一個堅忍不拔、威武不屈的人。世間不存在人無法克服的艱難和困苦。在面臨絕境無法擺脫、氣喘吁吁甚至精疲力竭時，你只要再堅持一下，奮力拚搏一下，就會戰勝困難，同時也磨練了自己的毅力。

保險單銷售員

一位年輕人在工作時常常使用卡內基的自我激勵警句激勵自己。他是一個十八歲的大學生，只在暑假期間到保險公司去做保險單的銷售員。在兩週的訓練期間，他學到了不少東西。在有了一些銷售經驗之後，他給自己定了一個特殊的目標 —— 得獎。若想做到這一點，他至少要在一週內銷售一百份保險單。

到了那一週星期五的晚上，他已經成功地銷售了八十份，離目標還差二十份。這位年輕人下定決心：什麼也不能阻止我達到目標。

他相信：人的心裡若有設想和相信的東西，人就能用積極的心態去獲得它。雖然他那一組的另一位銷售員在星期五就結束了一週的工作，他卻在星期六的早晨又回到了工作上。

到了下午三點鐘，他還沒有做成一筆交易。但他想到交易可能就發生在銷售員的態度上——而不在銷售員的希望上。

這時，他記起了卡內基的自勵金句，滿懷信心地把它重複五次：「我覺得健康，我覺得愉快，我覺得大有作為。」

那天下午五點鐘，他做成了三筆交易。這距他的目標只差十幾份了。他記起了成功是由那些肯努力的人所保持的。他又熱情地再重複幾次：「我覺得健康，我覺得愉快，我覺得大有作為。」

那天夜裡十一點鐘時，他疲倦了，但他是愉快的。那天，他做成了二十筆交易，達到了自己的目標，獲得了獎勵，並學到一條道理：不斷的努力能把失敗轉變為成功。

故事啟示

無論心中有多恐懼，一定不要讓自己的心死去。永遠相信自己，這不是說說那麼簡單的。如果你真的能做到，那麼你離成功已經不遠了。

未被錄取的優秀者

松下電器正在招收一批基層管理人員。經過筆試和面試的雙重考核後，幾百位報名者只剩下了十位優勝者，其中一位叫做神田三郎的優秀青年給老闆松下幸之助留下了深刻印象。神田三郎才華突出，口才一流，而且品貌俱佳，真可謂是十位優勝者中的優勝者。

第三天，當助手把錄取名單送到松下幸之助的辦公室時，松下意外地發現「神田三郎」竟然沒有在名單之內。

「為什麼沒有那個叫做神田三郎的年輕人呢？我看他很不錯啊。」松下問助手。

助手一愣，立刻回到辦公桌前去查。哦，原來是電腦出了故障，把錄取者的名字跟分數排錯了。按照老闆的指示，助手馬上給神田三郎補發了錄取通知書。

沒想到一天、兩天……一週時間過去了，神田三郎始終沒有來報到。怎麼回事？難道松下公司不符合他的要求嗎？多少感覺有些不可思議的老闆松下派助手親自去請。

下午時分，助手回來了，帶來了一個驚人的消息：由於未能被松下公司錄取，躊躇滿志的神田三郎經不起打擊，已於一週以前跳樓自殺了。

聽到這個消息，松下立刻陷入了沉默之中。為了緩和氣氛，助手輕聲說：「真是可惜啊！如此才華出眾的青年，我們竟然沒有錄取他。」

「不！」松下立刻否定道，「幸虧我們公司沒有錄取他！如此不堅強的人，我們能指望他做什麼呢？」

故事啟示

真正的強者不是屢戰屢勝者，而是屢敗屢戰者。任何人的一生都難免遭受挫折打擊。意志薄弱之人，非但做不成大事，還有可能成為別人的累贅。

天文數字的產生

一個很窮的聰明人替一個很愚蠢的富人工作。富人問這個聰明人每個月要多少薪水。聰明人說第一天只要一分錢，第二天兩分錢，第三天四分錢，第四天八分錢，依此類推，一個月結一次帳。

富人一聽高興壞了：這傢伙真是一個笨蛋，一個月才要這麼一點點錢，於是馬上就答應了。

這個故事其實是源於一個外國的古代故事：一個發明了一種玩具的大臣用這種方法向國王索要獎勵，最後連國王也沒有辦法付給這個大臣如此多的錢了。

同樣的，這位愚蠢的富人也無法給那個聰明人如此多的錢：如果這個月是二十八天，就是一百三十多萬元；如果這個月是三十一天，就是一千零七十多萬元。

這無疑是一個天文數字。

故事啟示

當一個事物倍數成長時，越是到最後，其威力越是令人瞠目結舌。換句話說，什麼事情都是這樣，最後三天是最令人驚心動魄的。無論是好還是壞都是這樣！

口吃的演講天才

因為口吃，有一個年輕人生性害臊羞怯。父親死後給年輕人留下一塊土地，希望他能過上富裕的生活，但當時希臘的法律規定，他必須在聲明擁有土地權之前，先在公開的辯論中贏得所有權。很不幸地，因為口吃加上害羞使他在辯論中慘敗，喪失了那塊土地。

但是，年輕人非但沒有被擊倒，反而發奮努力戰勝自己，結果他創造了人類歷史上前所未有的演講高潮。歷史忽略了那位取得他財產的人，但長久以來，整個歐洲都記得一個偉大的名字 —— 德莫森。

故事啟示

世界上沒有一樣東西可以取代毅力，才幹不可以，教育也不可以。世上充滿了學無所用的人，只有堅持不懈的毅力和決心才是無往不勝的。

只有一次機會

某中學三年一次的足球隊員競賽開始了，場上幾十名選手中只有跑到前 11 位的人才能贏得這個資格。

跑了 3 圈之後，有一個小男孩突然摔倒在地上，看樣子是他的腿抽筋了。但是他自己揉腿 10 秒鐘之後，又爬起來去追前面的選手了。

5 圈之後，剛才摔倒的那個孩子又不行了，只見他捂著胃「哇哇」大吐起來。但是出人意料的是，吐完之後，他竟然一擦嘴又接著跑起來。

10 圈之後，這個雖然不太快但一直堅持的孩子已經進入了前 20 名。意外在這時又一次發生了，他扶著操場邊的一棵大樹大喘起來，似乎快暈倒了。可是只有幾秒鐘，他便又回到了跑道上。

最後，這位小男孩終於以第 10 名的成績如願以償。

這麼差的身體素質，為何會競爭成功呢？要知道那些敗下陣去的選手，幾乎都比他的身體素質好得多。面對眾人的疑惑，小男孩說：「因為我只有這一次機會，我的家族有一種遺傳的腿疾，到了十七歲就會發作。如果這次我失敗的話，我就沒有下一次機會了。」

哦，原來那些身體條件不錯的人之所以失敗，是因為他們知道還可以有下一次。

故事啟示

投入地做事是成功的前提，切斷後路又是投入的前提。倘若事先存有「這次不行，下次再來」的心思，人就不可能全力以赴，失敗的機率也會隨之增大。

螃蟹與蚯蚓

一隻螃蟹正在小河邊享受著午後的陽光，牠看到一隻蚯蚓在忙碌著。

「嘿，蚯蚓老弟你在忙什麼呀？」螃蟹向不遠處的蚯蚓打著招呼。

「我在挖洞，冬天要來了。」蚯蚓回答道。

「你還會挖洞，真是笑死人了。你沒有強健的臂膀，又是先天的軟骨症，還是省省力氣吧！」

聽到螃蟹的嘲諷，蚯蚓並沒有洩氣。蚯蚓每天都在那裡慢慢地將自己的洞穴往前推進一點，而螃蟹挖洞時總是三心二意的。

冬天很快就來了，蚯蚓搬進了自己舒適的新家，而螃蟹卻不知道新家在哪裡。

故事啟示

人的能力是有強弱之別的，但是能力的強弱並不能決定成功與否。只要心中認定一個目標，無論他人如何嘲笑，只管自己走下去，成功就是你的。

大鐵球與小鐵錘

一個金牌推銷大師在結束推銷生涯時召開了一個分享經驗的會議。這次會議吸引了保險界五千餘名精英參加。會上，人們最關心的問題當然是：「您是如何成功的？您有什麼祕訣？」面對人們如潮的問句和期待的眼光，推銷大師微笑著沉默不語。

這時候，幾位大漢把一隻很大的鐵球搬到了臺上。人們好奇地靜了下來，期待著大師精彩的演講。沒想到，大師根本沒有要說話的意思，只是拿起一個小鐵錘開始敲擊大鐵球。一下，大鐵球沒有動。5 秒鐘之後，他又敲了一下，還是沒有動。再過 5 秒鐘，他又敲了一下……當這種單調的擊打動作重複了上百次時，臺下的人們已經煩躁不堪了。接著，一部分人開始陸續地離開會場，一邊走一邊抱怨，花這麼貴的門票來聽這種無聊的講座，簡直就是浪費。

半小時以後，原來的五千餘人只剩下了幾百人，場內又恢復了當初的安靜。響亮的敲擊聲還在繼續著，一下、一下……突然，大鐵球開始慢慢晃動了，而且越來越劇烈，任何人都無法讓它再停下來。

大師這時清清嗓子說道：「耐心、重複，這就是我的祕訣。」臺下頓時掌聲雷動。

故事啟示

成功就是耐心、重複的行為。堅持不懈地重複這種有意義的行為，久而久之你就會養成成功做事的習慣，這樣，當成功到來時，就是想擋也擋不住。

小蠟燭的光輝

第二次世界大戰期間，英國小說家羅伯斯到郊外的一處墓地拜祭一位英年早逝的朋友。拜祭完畢之後，羅伯斯正轉身欲走時，忽然瞥見朋友的墓碑旁邊有一塊新立的墓碑，上面有一句這樣的墓誌銘：「全世界的黑暗也不能使一支小蠟燭失去光輝！

羅伯斯立刻感覺到了一種莫名的震撼，只見他迅速從口袋裡掏出鋼筆，把這句話抄了下來。

「這到底是哪部書上的呢？還是哪位名家的名言？」回到辦公室之後，羅伯斯一邊自言自語，一邊逐冊逐頁地翻閱著書籍，他顯然是想找出這句話的出處。可惜的是，找了許久，他依然未能找到。

第二天，羅伯斯又回到了墓地，他從墓地管理員那裡得知：長眠於那個墓碑之下的是一名年僅 10 歲的小男孩。前幾天，當德軍空襲倫敦時，男孩不幸被炸彈炸死了。鑒於他生前的熱情明朗、積極樂觀，也為了表達自身奮鬥不息、誓死保衛國家的志向，當地的人們為他立下了這塊墓碑。

聽完管理員的解釋，羅伯斯再一次被深深地感動了。很快，一篇感人至深的文章便面世了。文章中所寫的故事迅速流傳開來，猶如希望的火種一般，時刻鼓舞著人們為勝利而戰、為國家而戰。

許多年後，還在讀大學的布雷克於偶然之間讀到了這篇文章，志向遠大的他也立刻被感動了。於是大學畢業後，他放棄了幾家企業的高薪聘請，毅然決定去非洲扶貧。

當時，布雷克的這一決定遭到了家人的強烈反對。他的父母軟硬兼施，想盡一切辦法阻止兒子的遠行。可是最終，布雷克還是以一句話堅定地拒絕了親朋好友們的好意，他說：「如果黑暗籠罩了我，我絕不害怕，我會點亮自己的蠟燭。」

就這樣，布雷克踏上了非洲扶貧之路，為第三世界的和平與發展添上了一筆壯麗的墨彩。

故事啟示

雖然纖弱，蠟燭卻能燃燒自己散射出熠熠之火，全世界的黑暗也不能使它失去光輝；個人雖然渺小，一旦點亮心燭，也必能驅走眼前的黑暗。如果時刻都能走好腳下的路，走好一生也就不再困難。

沒有不曾受傷的船

在西班牙港口城市巴賽隆納有一家大型的造船廠，該廠有一間陳列室，是專門用來陳列該廠出產的船隻模型的。由於造船歷史悠久，該陳列室至今已經陳列了近 10 萬艘船舶模型。

據說，所有走進這間陳列室的人都會被深深震撼，並從中得到深刻的啟迪。這倒不是因為它的超大規模或者千姿百態的船舶模型，而是因為每一個模型上雕刻的文字 —— 關於本船的航行歷史。

比如，那艘名為「西班牙公主」的船上這樣記錄著：本船 1884 年下水，共計航海 50 年。在這 50 年間，它曾經 138 次遇到冰山、116 次觸礁、27 次被海上風暴扭斷桅杆、21 次因為故障拋錨擱淺、13 次遭到海盜搶劫、9 次與其他船舶相撞，但是，它卻一直沒有沉沒。

另外，在該陳列室最裡面的牆上還有這樣的文字記錄：該廠成立幾百年來，共出廠近 10 萬艘船舶。在這 10 萬艘船舶中，有 6,000 艘在大海中沉沒，有 9,000 艘因受傷嚴重不能修復而無法再航行，有 6 萬艘遭遇過 20 次以上的災難……最後的結論是：只要下過水，沒有一艘船不曾受過傷。

故事啟示

在海上航行，沒有不曾受傷的船；在世間行走，也不會有一帆風順的人生。不管遭遇什麼樣的風雨傷痛，都堅強勇敢、百折不撓地前進，這便是成功的祕訣。

木頭腦袋的漫畫家

讀小學時，一個被同學起名叫斯帕奇（木頭腦袋）的小男孩各門功課常常亮紅燈。到了國中，他的物理成績通常都是零分，是學校有史以來物理成績最糟糕的學生。斯帕奇在拉丁語、代數以及英語等科目上的表現同樣慘不忍睹。

在斯帕奇的整個成長期，他笨嘴拙舌，社交場合從來就不見他的人影。這並不是說，其他人都不喜歡他或討厭他。事實上是，在人家眼裡，他這個人幾乎不存在。如果有哪位同學在校外主動向他問候一聲，他會受寵若驚並感動不已。

斯帕奇真是個無可救藥的失敗者。每個認識他的人都知道這一點，他本人也清清楚楚，然而他對自己的表現似乎並不十分在乎。從小到大，他只在乎一件事情 —— 畫畫。他深信自己擁有不凡的畫畫才能，並為自己的作品深感自豪。

但是，除了他本人以外，他的那些塗鴉之作從來沒有其他人看得上眼。上高中時，他向畢業年刊的編輯提交了幾幅漫畫，但最終一幅也沒被採納。儘管有多次被退稿的痛苦經歷，斯帕奇卻從未對自己的畫畫才能失去信心，他決心成為一名職業的漫畫家。

到了畢業那年，斯帕奇向當時的華特·迪士尼公司寫了一封自薦信。該公司讓他把自己的漫畫作品寄去看看，同時規定了漫畫的主題。於是，

斯帕奇開始為自己的前途奮鬥。他投入了巨大的精力和非常多的時間，以一絲不苟的態度完成了許多幅漫畫。然而，漫畫作品寄出後卻如石沉大海，迪士尼公司沒有錄取他 —— 失敗者再一次遭遇了失敗。

走投無路之際，斯帕奇嘗試著用畫筆來描繪自己平淡無奇的人生經歷。他以漫畫語言講述了自己灰暗的童年，不爭氣的青少年時光 —— 一個學業糟糕的不及格生、一個屢遭退稿的所謂藝術家、一個沒人注意的失敗者。

他的畫也融入了自己多年來對畫畫的執著追求和對生活的真實體驗。連他自己都沒有想到，他所塑造的漫畫角色一炮而紅，連環漫畫《花生漫畫》很快就風靡全世界。

從他的畫筆下走出了一個名叫查理 · 布朗的小男孩，這也是一名失敗者：他的風箏從來就沒有飛起來過，他也從來沒踢好過一場足球，他的朋友一向叫他「木頭腦袋」。熟悉小男孩斯帕奇的人都知道，這正是漫畫作者本人 —— 日後成為大名鼎鼎漫畫家的查爾斯 · 舒茲 —— 早年平庸生活的真實寫照。

故事啟示

人生的許多努力都不是一下子可以看到成果的，需要足夠的耐心和堅忍。只要願意付出堅持的代價，你終究會享受到成功的甘甜。

第九章
遠離愚蠢人生，追尋智慧人生

有些人，整天渾渾噩噩度日，對什麼都是糊裡糊塗的。他們活在世上，猶如行屍走肉一樣，沒有自己的價值。你願意成為這樣的人嗎？如果不願意，那麼你就要讓自己清醒地生活在世間，讓自己的人生放射出更絢麗的光彩。

心靈的花朵

一個小沙彌剛剛來到寺院，老方丈慧光法師就從山下的花市買來一枝鮮花送給他。

小沙彌不知這是何意，就怯生生地去請教慧光法師：「您送給我的這枝花，有什麼講究或寓意嗎？」

「當然有講究了，」慧光法師莞爾一笑說，「花朵是草木的智慧啊！」

小沙彌還是不明就裡，抱著虛心好學的態度，又問：「草木也有智慧嗎？」

「當然有了，」慧光法師莞爾一笑說，「草木的智慧就是它們的花朵，以及花朵散發出的馨香……」

小沙彌更一頭霧水了，左思右想之後，小聲嘟囔道：「沒想到法師這麼有雅興，真是妙語如詩啊！」

慧光法師臉上的笑容馬上凝固了，靜靜地說：「你沒有想到的還有很多，好好養這枝花，回房參悟吧。」

小沙彌滿懷疑惑地把這枝花帶回自己的房間。三天之後，那枝脫離了枝幹、根和泥土的鮮花終於枯萎凋零了，可是，小沙彌還是沒有想明白法師送花的奧祕所在。他只好硬著頭皮再去向慧光法師討教。

沒等小沙彌說話，法師就開門見山地問：「你知道那枝花為什麼那麼鮮豔嗎？」

「因為土肥茁壯、風調雨順吧！」小沙彌反應靈敏地說。

慧光法師微微頷首，又接著問：「那枝鮮花呢？」

「它枯萎了，」小沙彌難為情地說，「其實，我對它挺負責的，回去就把它插在了清水瓶裡……」

「既然這樣，它怎麼會枯萎得這麼快呢？」法師打斷了小沙彌的話說。

「還不是因為它被人剪下來，脫離了枝幹和泥土嗎！」小沙彌理直氣壯地說。

「那你還有什麼不明白的呢？」法師反問道，「難道說，你對一朵花的遭遇和凋零就沒有些許的心靈觸動？就沒有一點兒思考？」

小沙彌終於領悟了：「人的智慧就好比花朵、心靈的花朵，心靈則是思想的慧根……」

本質的心靈，就像一朵千瓣的白蓮花，在澄清的水池中，一瓣一瓣地綻放著，舒展著。正因為我們的心靈在自覺的靈性當中，我們才能夠想這想那。因為思想本身不能思考，只有自覺的靈性才能做到。

故事啟示

只有開始認真地審視自己的內心，人才會開始成為真正有智慧的人。當他開始了解那種具有約束力的因素是來自心靈，而不是外在環境，他就不再譴責當前的處境，他就會認真地思考，並在完整而有力的內心世界中逐漸成熟強大。只有心靈資源豐厚肥沃，智慧之花才不會枯萎。而心靈資源很大程度上取決於後天的學養和修練。

商人和女明星

一位商人愛上了一位女明星，但是他又不十分清楚女明星的背景。

他不希望這件事會影響到自己的事業前途，於是，他請了一個私家偵探去調查她的底細，但是他並未將自己的真實身分透露給這名私家偵探。

不久，私家偵探發來調查結果：「該女士潔身自好，身世清白，以往結交者皆良善之人，且無不良嗜好。唯一遺憾，就是近日不知何故，竟與一個聲譽不佳的商界人士某某來往甚密。」

故事啟示

經常對他人抱以懷疑和不信任的態度，這樣的想法往往並不是因別人引起，而是自己心中作祟。高尚的人擁有崇高的思想，卑鄙者的靈魂也是醜陋的。

動腦與思考

一位法師為弟子們講解經文時，有個小沙彌就是聽不明白，想不通也參不透。法師就告訴他要動腦。小沙彌就問法師，怎麼動腦呢？法師就說：「多思考呀！」小沙彌更加困惑地說：「怎麼思考呢？」

於是，法師就與小沙彌約好時間，單獨為他釋疑解惑。法師首先遞給小沙彌兩個同樣大小的栗子，問他這兩個栗子有什麼區別。小沙彌說：「一個是生的，一個是熟的。法師說何以見得呢？」小沙彌說：「涼的肯定是生的，熱的肯定是熟的。」法師說：「那可不一定，涼的也許是熟的，煮熟以後又放涼了；而熱的可能是生的，只是在熱水裡稍微燙了一下。」

小沙彌又說：「兩個栗子一個是熱的，一個是涼的。」法師說：「這回說對了，但你怎麼知道的？」小沙彌說：「可以感覺呀！」法師又說：「你是怎麼感覺的？」小沙彌說：「用手感的，用心覺的。法師說：「太籠統了，越聽越糊塗。」小沙彌就說：「這有什麼糊塗的，就像你說的思考一樣，心覺就是思，手感就是考。」他怕法師不明白，又解釋說：「思就是用心、動腦筋，考就是用手去觸摸或用眼去觀察、去考察。」

法師終於舒心地笑了，對小沙彌說：「多謝你的指教和點化！」

小沙彌也回過神來，驚喜地拍了拍自己的腦袋。

故事啟示

做什麼事都要學會思考，會思考的人才能搶占先機。思考對每個人來說都很重要，但許多人在庸常的生活中，在不知不覺中，就忽略了、忘記了、甚至是荒廢了思考，從而被世界、被現實社會關在了門外。

下棋的智慧

父親是一個棋迷。有一年渡假期間，閒來無事，父親就要我陪他下棋。

我們擺好棋，父親讓我先走三步。結果不到三分鐘，我的兵將損失大半，棋盤上光禿禿的，只剩下老師、仕和一車兩卒在孤守奮戰。我不肯罷休，可是已無回天之力，眼睜睜看著父親「將軍」，我輸了。

我不服氣，擺棋再下。幾次交鋒，基本上都是不到 10 分鐘就敗下陣來。我不禁有些洩氣。父親看看我說：「你初學棋，輸是正常的。但是你要知道輸在什麼地方。否則你就是再下 10 年，也還是輸。」

「我知道，輸在棋藝上。我的技術不如您，沒有經驗。」

「這只是次要因素，不是最重要的。」

「那最重要的是什麼？」我不解地問。

「最重要的是你心態不對，你不珍惜你的棋子。」

「我怎麼不珍惜了？每走一步，我都要想半天。」我不服氣地說。

「那是後來。剛開始你是這樣嗎？我幫你算過，你三分之二的棋子是在前三分之一的時間裡失去的。這期間你走棋不假思索，拿起來就走，失去了也不覺得可惜。因為你覺得棋子很多，失去一兩個不算什麼。」

我看看父親，不好意思地低下了頭。

「後三分之二的時間，你又犯了相反的錯誤：對棋子過於珍惜，每走一步，都思前想後，患得患失，一個棋子也不想失去，結果一個一個都失去了。」父親停了停，把棋子重新在棋盤上擺好，抬起頭看著我說，「這是一盤待下的棋，我問你：下棋的基本原則是什麼？」

我想也沒想，脫口而出：「贏呀！」

「那是目的，」父親不滿意地掃了我一眼，「下棋最基本的原則是得、失。有得必有失，有失才有得。每走一步，你心裡都要非常清楚，為了贏得什麼，你願意失去什麼，這樣才可能贏。可惜，大部分人都像你這樣，開始不考慮失，只想到得。等到後來失的多了，又過於謹慎，畏手畏腳，所以才屢下屢敗。其實不僅是下棋，人生也是如此呀！」

故事啟示

人生就像一盤待下的棋。有的人，棋盤剛剛擺好，還沒開場；有的人，棋已經下了一半，得失參半；而有的人，棋已經接近尾聲，塵埃落定。

美德才是智慧

由於出生於一個農民家庭，自幼家境貧寒，鄭裕彤在 15 歲時就中斷了學業，到香港「周大福珠寶行」當學徒。臨行前，母親叮囑他：工作要勤快，遵守規矩，多動手，少動口。鄭裕彤牢記母親的教誨，忠誠敬業，做事勤快，主動負責。他處處留心，向老闆和同事學習做生意的經驗，還利用業餘時間去觀察別的商店如何做生意。

有一次，他去一家珠寶店觀察人家做生意的方法，不料回來時遇上塞車，遲到了。周老闆問他何故遲到，他便據實相告。老闆不相信一個小學

徒竟如此敬業，就問：「你說說，你看出了什麼名堂？」

鄭裕彤不慌不忙地說：「我看人家做生意，比我們精明一些。客人只要一進店，店員們總是笑臉相迎，有問必答。無論生意大小，一概客客氣氣；就算只看不買，也笑迎笑送。我覺得，這種待客的禮貌周到是最值得我們學習的。還有，店鋪的門面也一定要裝飾得像模像樣，與貴重的珠寶相配。我看人家把鑽石放在紫色的絲絨布上，光亮動人，讓人看起來特別動心……」

鄭裕彤侃侃而談，周老闆暗暗驚訝。他預感此人必成大器，便有意培養他。鄭裕彤成年後，周老闆還將女兒嫁給他，後來乾脆將生意全交給他去打理。鄭裕彤不是無義之人，他暗下決心，一定要把生意做好，報答岳父的知遇之恩。

在他的苦心經營下，「周大福珠寶行」發展成為香港最大的珠寶公司。在這種情況下，如果他把珠寶行改成自己的名字，完全沒問題。但他卻沿用岳父的名字，以表感恩之心。後來，鄭裕彤又投資房地產業，成為香港地產大亨之一。

有人問鄭裕彤如何取得了如此大的成功？他說出了自己的祕訣：守信用，重諾言，做事勤懇，處事謹慎，飲水思源，不見利忘義。

故事啟示

任何事業上的成就，無不以美德為基礎，這是智慧中的智慧。很多人沒錢、沒背景、沒學歷，就是以美德作為資源。

兩兄弟與鑰匙

有一位父親，在很小的時候就失去了父母，成了一名孤兒，孤苦伶仃，一無所有，流浪街頭，受盡人間的磨難。最後，他終於創下了一份不菲的家業，但自己也已到了人生暮年，該考慮辭世後的安排了。

他膝下有兩子，都風華正茂，一樣的聰明，一樣的踏實能幹。幾乎所有的人，包括他自己，都認為應該把財產一分為二，平分給兩個兒子。但在最後一刻，他改變了主意。

他把兩個兒子叫到床前，從枕頭底下拿出一把鑰匙，抬起頭看著他們，緩慢而清楚地說：「我一生所賺得的財富，都鎖在這把鑰匙能打開的箱子裡。可是現在，我只能把這把鑰匙傳給你們兄弟中的一人。」

兄弟倆驚訝地看著父親，幾乎異口同聲地問：「為什麼？這太殘忍了！」

「是，這是有點殘忍，」父親停頓了一下，加重語氣說，「但也是一種善良。現在，你們自己選擇吧！選擇這把鑰匙的人，必須承擔起家庭的責任，按照我的意願和方式，去經營和管理這些財富。拒絕這把鑰匙的人，不必承擔任何責任，生命完全屬於你自己，你可以按照自己的意願和方式，去賺取我箱子以外的財富。」

兄弟倆聽完，內心開始鬥爭。接過這把鑰匙，可以保證一生沒有苦難，沒有風險，但也因此被束縛，失去自由。拒絕它？畢竟箱子裡的財富是有限的，外面的世界更精彩，但是那樣的人生充滿不測，前途未卜，萬一……

父親早已猜出兄弟倆的心思，他微微一笑，說：「不錯，每種選擇都不完美。有快樂，也有痛苦，但這就是人生。你不可能把快樂集中，把痛苦消散。最重要的是你要了解自己，你想要什麼？要過程，還是要結局？」

兄弟倆豁然開朗。哥哥說：「我要這把鑰匙。」弟弟說：「我要出去闖蕩。」二人權衡利弊，最終各取所需。這樣的結局，與父親先前的預料不謀而合。 20 年後，兄弟倆經歷、境遇迥然不同。哥哥生活舒適安逸，把家業管理得井井有條，性格也變得越來越溫和儒雅，特別是到了人生暮年，與去世的父親越來越像，只是少了些銳利和堅韌。

弟弟的生活艱辛動盪，幾經起伏受盡磨難，性格也變得剛毅果斷，與 20 年前相比相差很大，幾乎脫胎換骨了。最苦最難的時候，弟弟也曾後悔過、怨恨過，但是已經選擇了，就沒有退路，只能一往無前、堅定不移地往前走。經歷了人生的起伏跌宕，最終創下了一份屬於自己的事業。這個時候，他才真正理解了父親，並深深地感謝父親。

故事啟示

在人生之路上，我們有很多不同的選擇，每一種選擇都帶有快樂和痛苦。當然，快樂是我們追求的，但我們卻不能忽視痛苦，因為有時痛苦更能激勵人奮進，讓人的生命綻放光彩。

自由與孤獨

一隻可愛的畫眉被主人關在籠子裡，於是上帝對畫眉說：「跟我到天堂去生活吧！」

「我現在生活得很好啊，為什麼要去天堂呢？」畫眉說道。

上帝反問道：「那你有自由嗎？」

畫眉沉默了。

畫眉跟著上帝來到了天堂，上帝把牠安排在翡翠宮裡住下，自己便去忙其他的事情了。

過了很長一段時間，上帝突然想起了畫眉，便去翡翠宮看牠。他問畫眉：「我親愛的孩子，你現在過得還好嗎？」

畫眉哀嘆一聲，說：「房子很漂亮，大得我飛都飛不到邊。可是，我一個人孤零零地生活在這大房子裡，與住在籠子裡有什麼區別呢？」

故事啟示

與失去自由相比，孤獨更加可怕。對我們來說，寂寞才是真正的牢籠。

羽化成蝶的打雜工

愛麗絲出生在一個貧窮的家庭。成年後，她在紐約第五大道的一家女裝裁縫店裡找到了一份工作，當打雜女工。她經常看到女士們乘著豪華轎車來到店裡，在鍍著金邊的大試衣鏡前試穿她們的漂亮衣服。店裡的女老闆也和她們一樣，穿著講究，舉止得體，端莊大方，高貴典雅。她心裡升起了一股強烈的欲望：我也要成為她們中的一員。

此後，她每天開始工作之前，都要對著那面試衣鏡，很開心、很溫柔、很自信地微笑。當時的她雖然經濟拮据，只能穿粗布衣服，但她想像自己已經是一個穿著漂亮衣服的夫人，待人接物也和那些貴夫人一樣落落大方、彬彬有禮。她對工作也積極投入，彷彿那間裁縫店就是她開的一樣。經過幾年的修練，她的氣質發生了質的改變，她的工作態度及優雅舉止贏得了老闆、顧客的尊重和喜愛，儘管她只是一名打雜工。

後來，老闆覺得愛麗絲是員工中最有頭腦、最有氣質的，而且表現也是最傑出的，於是，她把裁縫店交給愛麗絲管理。愛麗絲憑著勤奮好學，很快成為一名出色的管理者，還成了一個著名的服裝設計師。她也很自然地走進了貴夫人的行列。

故事啟示

在人生中，起點高低不重要，重要的是目標要高遠；進步快慢也不重要，重要的是安然處之、靜而思之、勤而行之。沒有特殊背景的人，應該「安然地在徒眾中修行」。一方面，要堅定自己的志向，不斷地修練自己；另一方面，要做與目前身分相稱的事，也就是守本分。

心躁和心靜

由於意外的塌方事故，礦井下的設施幾乎完全癱瘓了，幾個老礦工被困在了井下極深的坑道中。慢慢地，他們頭上戴的礦燈一個接一個地熄滅了。儘管他們在漆黑的世界裡奮力四處尋找出路，但因為辨不清方向仍然找不到出口。精疲力竭的幾個老礦工，不得不坐下來歇息。

一個老礦工打破了沉悶，建議道：「現在，上面一定在想方設法營救我們。與其這樣盲目亂找，不如靜靜地坐在這裡，看看是否能感覺到風的流動，因為風一定是從坑口吹來的。」

他們就在原地坐了很久很久，剛開始沒有絲毫的感覺，可是過了一段時間以後，他們變得很敏銳，逐漸能感受到有十分微弱的風輕撫在臉上。他們順著風的來處，終於找到了出路。

故事啟示

心躁使礦工們在死亡線上徘徊，心靜幫助他們走向了新生。在很多情況下，心躁則暗，心靜則明。

追捕珍蝶錯失澳洲

17 世紀，歐洲探險家來到澳洲，發現了這塊廣袤千里、豐饒富足的「新大陸」。隨後，白人殖民者蜂擁而至，為搶占土地、建立殖民地展開了激烈的角逐。

1802 年，英國派遣福林達斯船長率雙桅帆船駛向澳洲。與此同時，法國的拿破崙也命令阿梅蘭船長駕駛三桅船鼓帆前往澳洲。

經過一番航海較量，駕駛先進的三桅快船的法國人捷足先登，抵達並搶占了澳洲的維多利亞州，將該地命名為「拿破崙領地」。在自我陶醉的洋洋得意之時，好奇的法國人發現當地有一種珍奇的蝴蝶。為了捕捉這種色彩斑斕的珍蝶，他們竟然忘記了肩負的重要使命，全體出動，一直追到深入澳洲的腹地。

正當法國人追捕珍蝶的時候，英國人駕駛著雙桅帆船也匆匆趕到了。英國人看到了法國人停泊在那裡的三桅船，頓時感到萬分的沮喪。在萬般無奈之中，他們突然驚喜地發現：率先到達的法國人已無影無蹤了。機不可失，失不再來。於是，福林達斯船長立即命令手下安營紮寨、搶占地盤……

當法國人興高采烈地帶著珍蝶返回時，這塊面積相當於英國大小的土地，已經被英國人牢牢地掌握在手中，留給法國人的只是無盡的懊悔與遺憾。

故事啟示

在世界上，到處都有類似珍蝶的誘惑，到處都有超過珍蝶的誘惑。誘惑力越強，危害性也越大。不能戰勝誘惑，就不能戰勝自己；不能戰勝自己，就不能戰勝對手。

死亡突然來臨前

朋友是從事證券的，整天飛來飛去，滿世界地跑，忙得要命，很難得才能見道他一面。我們通常的聯絡方式是打電話。

有一天晚上，他打電話來，我們東南西北地聊著。聊著聊著，他突然問我：「如果讓你花一元，可以買到你哪一天會死的資訊，你買不買？」

我想了想，搖搖頭說：「不買。」

「為什麼？」

「人生最大的痛苦莫過於知道自己哪天死。所以最好的死亡方式是：讓死亡突然間來臨，來不及思考，生命突然終止。」

沉默了一會兒，電話那端的他輕聲說：「可是，我買。」

「為什麼？」

「我怕死亡突然來臨時，我還有許多想做的事沒有做，把它們帶進墳墓去。不過，我也不想知道得太早，提前 10 天讓我知道就行。」

「你想用這 10 天做什麼？」

「5 天的時間給我家人，好好陪陪他們。5 天的時間給我自己，做我最喜歡做的事情。」

「你最喜歡做的事情是什麼？」

「和我愛的人在一起。我開著車帶她穿越大森林。」

我笑了：「這並不難。你為什麼不現在就做呢？」

他嘆了口氣：「現在這麼忙，哪有時間啊？」

故事啟示

許多時候，我們總把最喜歡做的事情留在最後。可惜，死亡在來臨之前並不會通知我們。所以，大多數人留在最後、最喜歡做的事情，往往都會帶進墳墓裡去。

咖啡館的壁畫

幾個朋友在一間咖啡廳裡聊天，談得興起，其中一個人正發表高論，手舞足蹈時，沒注意到旁邊經過的服務員，一下子打翻了服務員手中的盤子，整杯咖啡全濺在了白色的牆壁上。店長見到白牆被咖啡汙染了一大片，堅持要這一桌的客人賠償損失。

正在他們僵持不下時，鄰桌一位年老的客人把店長叫到一旁，跟他說了幾句什麼，然後走回自己的位置旁，從旅行包裡拿出畫筆和顏料盒後，走向那面黏著咖啡漬的牆……

沒多久時間，汙漬變成了一幅畫：一匹深色的駿馬安詳地在草地上吃著草，不遠處躺著一位美麗的女子。

大家紛紛拍手鼓掌，對畫家的創意讚不絕口。這幅壁畫為整個咖啡館增色不少，店主也很高興，閉口不提賠償的事了。

故事啟示

牆上的汙漬可以變成一幅美麗的圖畫，人生的瑕疵又該如何遮掩呢？不要因為一步錯了，就自甘沉淪，調整你的腳步，陽光會讓你的瑕疵呈現另類光彩。

猶豫的哲學家

一位漂亮的女子誠懇地向一位哲學家求婚。

哲學家有些心動，但是他嘴裡卻說：「這太突然了，讓我先考慮考慮！」

女子悻悻地離去。哲學家依舊沉浸在自己的研究中，時間很快就過去了。

兩年後，哲學家又想起了那個女子，決定娶她為妻。

當他來到那個女子的家裡時，女子的母親告訴哲學家，她的女兒已經出嫁了。

哲學家十分難過，從此不再研習哲學。

故事啟示

猶豫不決的人到最後總是會錯失一切。同樣的機會只有一次，你若不能把握住，再去尋它時，剩下的只有後悔。

禪師和盜賊

七里禪師每晚的功課是唸誦佛經。一天深夜，他正在誦經時，一個強盜闖了進來，他用尖刀抵住七里禪師的胸膛說：「把所有的錢財通通交出來！否則……」

七里禪師平靜地說：「錢都在破籮筐裡，你自己去拿，別打擾我唸經。」

強盜果然在破籮筐裡找到了銀兩。他急急忙忙將所有的銀子都塞進了自己的腰包。這時，一直全神貫注唸經的七里禪師說話了：「你一定把所有的銀子都拿了吧？也不給我留下明天的飯錢？你呀，要記住，做任何事，都要留有餘地。」

強盜見他未抬頭就能猜透自己的行為，心裡略不好意思，真的留下了一些碎銀子，悄悄向門口溜去……

「回來！」七里禪師忽然喊道，「難道，你就這麼走啦？」

哪有強盜不想趕快離開作案的地方的了，他不走還等什麼？

七里禪師說：「你這傢伙，收了我的禮物，怎麼連個謝字都沒有？」

強盜啼笑皆非，尷尬地愣在了那裡。他何曾遇到過這樣鎮靜、風趣的失主呢？他不由得回過頭，認真打量了七里禪師幾眼。他發現，禪師神態坦然，面色安詳，眼神清澈如水。目光相交的一瞬間，強盜感到自己特別骯髒。他鬼使神差般的給禪師鞠了一躬，說了聲「謝謝」，趕緊跑開了。

幾天之後，精神恍惚的強盜被逮住了。作為他的受害者之一，七里禪師也被官府找去當面指證。然而，七里禪師卻說：「別的案件我不清楚，但在我那裡，此人並沒有搶劫。那些銀子，是我送給他的，他已經向我道過謝了。」

幾年後，強盜刑滿釋放，他馬上找到七里禪師，剃度出家了。

故事啟示

禪師心裡很清楚，錢財乃身外之物，就由它去吧。但禪師的境界並不僅如此而已，他們更可貴的是，在自己丟失錢財的時候，還不忘「度人」。這是真正的大慈大悲，大智大慧。

多腳的蜈蚣

蜈蚣剛剛出現時是沒有腳的，但是牠跟蛇爬的一樣快。

牠爬呀爬，看到獅子、狐狸、還有老鼠等好多動物。牠發現牠們都有腳，而且跑得都比牠快。蜈蚣很不高興。牠想，我應該也有腳，而且比其他動物的腳都多，那樣，就沒有誰比我跑的快了。

於是，蜈蚣向上帝祈禱：「上帝啊！請賜予我比其他動物更多的腳吧！」

上帝滿足了蜈蚣的請求，他讓蜈蚣的身體上很快長出了許多隻腳，從頭到尾都是。蜈蚣心滿意足地看著自己身上長得滿滿的腳，高興地歡呼起來：「哈哈，現在我可以像箭一樣地飛出去了，誰也沒有我跑得快！」

可是，當它抬起腳想「飛」的時候，才發覺自己完全無法控制這些腳。有的腳走得快，有的腳走得慢，不是這隻腳踩著那隻腳，就是那隻腳踩著這隻腳，結果跌跌絆絆，東倒西歪。經過好長時間的練習，蜈蚣才慢慢地學會用這些腳走路，不過，比牠以前爬的還要慢。

故事啟示

別人擁有的，不一定是自己需要的。如果執意想要獲取，得到的也許只是負擔和煩惱。

幼蛾和小蚯蚓

幼蛾抱怨說：「蝴蝶與我們屬於同類昆蟲，但蝴蝶有著五彩繽紛的華麗外衣，而我們卻長得土裡土氣。為什麼我們不能像蝴蝶一樣有招人喜愛的外貌呢？你看，人們總是比較喜愛蝴蝶，對我們則沒有好感，這真是天大的不公平。」

母蛾溫柔地對幼蛾說：「親愛的孩子啊，在整個大自然中，我們扮演的角色也十分重要，我們所擔負的責任也是任何其他生物無法取代的。我們多半是在夜間活動，那些夜晚開花的植物，需要我們來傳播花粉。所以，有沒有美麗的外衣並不重要，重要的是我們盡了自己的職責。」

蝴蝶聽到了幼蛾與母蛾的對話，也熱心地對幼蛾說：「現在，懂得生態平衡的人越來越多了，了解你們作用的人也越來越多了，你們對整個大自然是貢獻很大的，應該對此感到驕傲才對呀！」

小蚯蚓也很自卑，也抱怨說：「我們的存在究竟有什麼意義呢？我們是如此的卑微、低賤，只不過是一無是處的廢物。」

花兒聽見了小蚯蚓的抱怨，對牠說：「生命本身是沒有高低貴賤之分的，別人並沒看輕你，你為什麼要看輕自己呢？」

小蚯蚓說：「我不會飛、不會跑、長得也不好看，根本沒有什麼優點可言。總是覺得自己的存在似乎是多餘的，好像每個人都在嘲笑我。」

花兒說：「誰說的！你能夠消化垃圾，使泥土鬆軟，萬物因此而更有生命力。我就是因為有你們的存在，才能更好地茁壯成長、開花結果。我們都發自內心地感謝你們！」

接著，小蚯蚓的母親耐心地對它說：「花兒講的話很有道理。每個生命的面貌皆有不同，所擁有的才能也不會一樣。任何生命，即使是最平庸的生命，也一定有某種才能和存在的價值。接受現實，盡己所能，就可以擁有與眾不同的貢獻和幸福。」

故事啟示

雖然我們無法改變很多事物，但我們可以改變自己對事物的看法。多跟自己比，少跟別人比，更不跟別人做有害無益的比較，樂於接受自己、肯定自己、超越自己，這樣才能創造出快樂圓滿的人生。

路邊的小店鋪

一對善良的夫婦在路邊開了一家小店鋪，賣一些零食和生活用品。

他們並不著急賺錢，主要是為了方便附近的村民。他們還在小店的門外掛了個牌子，上面寫著：天熱路遠，本店免費提供飲水。過往的行人看到這個牌子，就停下來在小店裡喝口水，大部分的人都很樂意地在店裡買上一點東西，接著上路。

這家小店漸漸就被周圍的人所熟知了，大家都願意前來購買自己需要的東西。很快，這家小店鋪便發展成了一家百貨商店。

故事啟示

播種善良的種子，就會有豐厚的收穫。在人生的道路上，慷慨總是伴隨著喜悅同行。

人肉與豬肉

從前，有個國王聽信了小人的讒言，誤認為一位賢臣叛國。國王把賢臣捉來，割開他的背脊，並取下了二斤肉。

不久後，有人證明賢臣並沒有叛國。國王知道了，十分後悔，就送了一千斤豬肉給賢臣，作為補償。

那位賢臣因為背脊的傷痛，上朝時痛苦地呻吟。國王聽見了他的呻吟聲，就問他說：「我取你二斤的肉，已經還你一千斤的肉，難道你還不滿足嗎？為何叫個不停呢？」

賢臣十分無奈地回答：「大王，假如砍下你的頭，縱使還給你一千個頭，仍然不免一死。如今我雖然得到了一千斤的豬肉，但仍然免不了痛苦啊！」

故事啟示

給他人造成的傷害，再多的彌補也是無濟於事的。最好是在做任何事情前，謹慎小心，盡量避免對他人造成傷害。

慧能與弘忍

唐朝時，偏遠的廣東南海有個貧窮的年輕人，以砍柴為生。有一天，當他去一個富人家賣柴的時候，聽到主人在誦讀《金剛經》：「應無所住而生其心……」一聽之下，這個年輕人似有所悟，就問主人從哪裡能得到進一步開示。

「在湖北黃梅，禪宗的第五代祖師弘忍正在講解佛法。他對《金剛經》的理解是最深刻的，你去他那裡學習吧！」這位富人資助了他一些銀兩，這位年輕人就上路了。

來到黃梅，弘忍問道：「你來做什麼？」

「我來求無上智慧。」

「看你來自偏遠的不毛之地，又沒有文化，你能懂什麼叫智慧？」弘忍不客氣地拒絕了他。

年輕人說：「人有南北之分，但是人本有的智慧難道也有南北之分嗎？」

弘忍意識到這是個不同尋常的年輕人，但他沒有表現出對他的偏愛：「哦，你就到後院去做點雜活吧！」並起法名慧能。

慧能在後院為寺廟勞作多年，一直沒有機會到前院去聽弘忍講課，不過他對內心疑惑的參究卻片刻沒有停止。

有一天，他忽然有所領悟，於是請一位施主幫忙：「我也有一個偈子，能不能麻煩您幫我寫一下？」

施主說：「別開玩笑了，你連字都不認識，還寫什麼偈子呀？」

慧能認真地說：「最高深的道理，是跟文字沒有關係的。」

施主一聽有道理，便答應了慧能的請求，在牆壁上寫下慧能的四句偈子：菩提本無樹，明鏡亦非臺。本來無一物，何處惹塵埃。

弘忍見到慧能的偈子，意識到這個來自偏遠山區的年輕人，就是自己最優秀的接班人。於是，慧能成為了禪宗第六代祖師。

故事啟示

智慧在於心靈的透悟。它跟知識有關，但並不等於知識。所以，有知識的人不一定是有智慧的人，有智慧的人也不一定是有知識的人。

不下山的和尚

有一座廟裡住著五個和尚，可是廟裡香火不盛，沒幾個人前來。和尚們眼看要斷糧了，於是決定四個人下山去化緣，只留一個最小的和尚在廟裡看門。這個方法不錯，和尚們用不著挨餓了。他們就這樣過了一段時間。

一天，和尚們化緣回來時見小和尚正躺在床上睡覺，他們一個個很生氣，想著我們幾個人在外面辛辛苦苦討糧食回來給你吃，你卻在家裡安逸地睡覺。和尚們決定讓小和尚以後跟他們一塊外出化緣。

小和尚不得不聽從師兄們的意見，第二天跟他們一道出門了。到了晚上，和尚們回到廟裡，他們簡直不相信自己所看到的，廟門大開，院子裡亂七八糟地堆著櫃子、箱子、衣服、經書……

「被盜了！」和尚們反應過來說。

和尚們好不容易化緣得來的糧食、錢物通通被強盜席捲一空。他們後悔不已。

故事啟示

不要因為一點小錯而將他人全盤否定。每一個人都有他的位置和作用，如果你讓他離開他自己的位置，也許你會得不償失。

燃起一炷香

修行多年的心吾和尚就要到一座新修的寺廟裡去做住持了。臨行前，他向海帆方丈求教：「佛海無涯，何日是歸期？人生有限，哪天成活佛？」

海帆方丈答道：「香火不斷，水漫靈山亦通明，天天是歸期；風雨飄搖，一炷高香常相伴，即刻成活佛。」

心吾和尚到了新修的寺廟後，便把敬佛上香作為頭等大事。他的禪房和臥室裡，高香長明，及時續接，片刻都不曾斷過香火。即使外出化緣，他也手持高香，從不間斷，風雨無阻。

可是，三年五載過後，心吾和尚感到自己的道行並無長進，就又返回往日的故廟，想再次向海帆法師求教。可是，他剛手持高香踏進海帆法師的禪房，海帆法師就端坐圓寂了。一滴清淚悄悄滑落，正好滴落在他手中的香火上。哧的一聲，他手裡的香火湮滅了。

出於敬重和無奈，心吾和尚又在自己的心底為海帆法師點上另一炷更加旺盛的高香。而且，他馬上聯想到海帆法師曾經說過的話，意識到只有心中虔誠的香火不斷才能夠「水漫靈山亦通明，一炷高香常相伴」。他終於開悟了。

徒弟手裡的香雖然滅了，但心頭的香火仍燃燒著。對恩師的敬仰絲毫沒有因為香火的熄滅而減弱。徒弟本以為燃香能悟道修行，能感動神佛。其實，佛就在心中。心中有則有，心中無則無，熄滅的是香，而並沒有泯滅思念、感恩與理性之火。所以，心中無善、心中無良、心中無師，儘管終日燃香，也不能說明已經點燃心靈之火。

故事啟示

其實，無論學佛還是做其他的事情，心中的摯愛、虔誠和持守，才是最真實和長久的。外在的形式不僅不是最重要的，有時甚至是一種缺乏心靈底蘊的虛設和矯飾。香不是燃在手裡的，善也不是說在口裡的，而是植於心中，落實於行動中的。

最甘甜的水

山腳下有一個山泉，泉水潺潺地從泉眼裡冒出來，匯成一條小溪流向田野。

一個樵夫挑著一擔柴火經過泉邊，停了下來。他捧起泉水喝個夠，覺得再也沒有比這更甜的水了……放羊的牧童、耕地的農夫和進山打獵的獵人也都這樣認為，這泉水是天下最甘甜的水。

一個富翁聽到這個消息後，立刻派人去打山泉水回來。僕人將盛在精美水壺裡的泉水，倒進琉璃杯中呈給躺在搖椅上的富翁。

富翁喝了一口，沒什麼感覺；又喝了一口，眉頭皺了起來，把碗裡剩下的泉水潑到地上，大聲對僕人說：「這是最甜的水嗎？一點兒甜味也沒有，還是去把蜂蜜糖漿給我拿來。」

故事啟示

沒有品嘗過饑渴的滋味，不會體會到食物與水的甜美；沒有經受過挫折與失敗，不會體會到成功的歡欣與滿足；沒歷經苦難的人，永遠不會懂得生命的價值和意義。

土人的禱告

一個小島上生活著的土人們信奉基督教，但是，他們不會像聖經上那樣禱告。

一個滿腹經綸的主教在一次旅行中來到了這個小島。當他看到土人們不會禱告時，就耐心地教他們一句一句地背誦主禱文。主教花了一整天的時間，總算使土人們能夠背下主禱文了。

第二天早上，主教很高興地離開這裡。當船還沒走多遠的時候，主教看到那些土人們如同耶穌一樣，自如地行走在水面上，氣喘吁吁地來問主教：「先生，很不好意思，我們又忘了主禱文了，您是不是再教我們一遍？」

目瞪口呆的主教看到這些土人，感到自己的卑微：「單純的人們啊，就照你們原來的禱告文禱告吧！」

故事啟示

每個人都有自己的行為習慣和處事方式。你想把自認為最好的習慣或方式灌輸給別人，也許對別人來說，這些壓根一點用也沒有。

熱愛旅遊的夫婦

有一對美國夫婦經常去世界各國旅遊，他們的假期幾乎都花在旅行上了。他們去過很多世界著名的名勝古蹟和旅遊勝地，連南極也去過了。

又到了假期，夫婦倆在思考還有什麼地方沒去呢？「對，離我們很近的加拿大好像只去過一次，還是很久以前了。」妻子說。於是他們決定駕車去加拿大旅行。

這天，一輛豪華轎車停在加拿大著名的風景區露易斯湖畔，一對滿臉倦容的夫婦從車裡出來，太太一邊翻著地圖一邊望向四周。

「嗨，吉爾，我們已遊覽過吉士坡和班夫了，」她跟丈夫說，「明天就要到露易斯湖了。」

旁邊的一個當地人忍不住告訴他們說：「這裡就是露易斯湖。」

「哦，我們已經到了露易斯湖了！」說完，太太又抬眼向四周望去。

「走吧，我們還有好幾個地方要去呢！」丈夫對妻子說道。

太太用鉛筆在手中的地圖上畫了一下，跟她的丈夫回到車上，轎車揚塵而去。

「不知道他們又要往哪裡去。」那個當地人自言自語道。

故事啟示

把旅行變成一種奔波，還不如待在家裡好好休息。生命的過程就好比一次旅行，不要只顧著匆忙趕路，該停下休息時，就要好好放鬆心情，領略沿途的美景。

不吹牛的老虎

小老鼠、小白兔和大公雞在一起吹牛，比賽誰最厲害。

小老鼠說：「我最厲害，有一次和大象決鬥，我鑽進牠的鼻孔裡，咬得牠直喊饒命！我還有什麼可怕的呢！」

小白兔對小老鼠說：「你這個小土包子，體重比我小二十倍，也敢在此吹牛！我是三次馬拉松賽跑冠軍的獲得者，一次還創造了世界紀錄，連賽跑能手獵豹都懼我幾分！」

大公雞說：「你們都給我住嘴！俗語云『雄雞一唱天下白』，太陽都乖乖按照我的叫聲出來，連人類也聽我的指揮，按我的命令起床，因此老子天下第一！」

牠們正在不著邊際地吹牛，旁邊的草叢中躺著一隻老虎，似睡非睡，似醒非醒，聽了牠們的對話，閉目微笑。過了一陣，老虎忽然打了一個哈欠，不由自主地說：「好睏呀！」

小老鼠、小白兔、大公雞一看，無不抱頭鼠竄……

故事啟示

吹牛的人，充其量只能算是「紙老虎」，一旦實力雄厚的「真老虎」出現在面前，它只會落荒而逃。所以，不斷地給自己充電吧，機遇與成功，永遠只青睞有準備有實力的人。

商人和水手

有位商人和兒子一起出海遠行。他們隨身帶了滿滿一箱子珠寶，準備在旅途中賣掉，但他們沒有向任何人透露過這一祕密。一天，商人偶然聽到了水手們的談話。原來，水手們已經發現了他的珠寶，並且正在策劃謀害他們父子倆，以掠奪這些珠寶。

商人聽了之後很害怕，在自己的小屋內來回地走動，試圖想出擺脫困境的辦法。兒子問他出了什麼事情，於是父親把聽到的全告訴了他。

年輕人大叫道：「和他們拼了！」

「不，他們會制伏我們的！」父親回答說。

「難道要把珠寶交給他們嗎？」

「也不行，他們會殺人滅口的。」

沒過多久，商人滿腔怒氣地衝上了甲板，叫喊道：「你這個蠢兒子！你向來就不聽我的忠告！」

「老頭子！你說的每一句話都無法讓我聽進去！」兒子也喊著回答。

父子倆的行為引起了水手們的注意，他們好奇地聚集觀看。突然，老人衝向他的小屋，拖出了他的珠寶箱。

「忘恩負義的東西，我寧願死於窮困，也不會讓你繼承我的財富。」商人說完這些話，打開珠寶箱。水手們的眼睛都直了，裡面的珠寶價值連城。商人又衝向了欄桿，在別人阻攔他之前將寶物全都投入了大海。

過了一會兒，父子倆都直直地盯著那個箱子，然後兩人抱在一起，為他們所做的事而哭泣不止。後來，當他們單獨一起待在小屋時，父親說：「再沒有其他的辦法可以救我們的命了，我們只能這樣做！」

「是的，您這個法子是最好的。」兒子答道。

輪船駛進碼頭後，商人與他的兒子急急忙忙地來到城市的地方法官那裡。他們指控水手們的海盜行為和所犯的意圖謀殺罪，法官下令逮捕了『那些水手。

法官問水手們是否看到老人把他的珠寶投入了大海，水手們都一致說看到過。於是，法官判他們有罪。

法官問道：「一個人在什麼樣的情況下才會捨棄他一生的積蓄而不顧呢？只有當他的生命遇到危險時才會這樣去做。」水手們主動賠償了商人的珠寶，法官饒了他們的性命。

故事啟示

成功的人不僅在順境中擁有獨到的眼光，能運用自己的智慧，取得別人難以企及的成就，而且他們在危難之際，也能夠用智慧擺脫危險的侵害。

男子與老人

一個神情抑鬱的男子坐在咖啡廳角落的一張桌子旁，一個人悶悶地喝著咖啡。在他不遠處的另一張桌子旁，坐著一位老人，老人一直在關注著這個男子。

終於，老人走上前去，對男子說：「您一定遇上了什麼難題，如果您願意告訴我的話，我希望可以幫助您。」

男子看了老人一眼，冷冷地說：「你幫不了我，我的問題太多了。」

老人掏出名片，遞給他，接著說道：「如果您相信我的話，我想帶您去一個地方。」

男子沒有拒絕，隨老人坐車來到了郊外。下車後，老人指著一排排的墓碑說：「您看見了嗎，只有躺在這裡的人，才是沒有問題的。」

男子的眉頭開始放鬆，他把他的難處向老人娓娓道來⋯⋯

故事啟示

人生是一個不斷遇到問題，並不斷解決問題的過程。沒有問題的人生，是不存在的。只要活著，問題就會接踵而來。只有解決問題，你才會快樂；只有解決問題，你才會幸福；只有解決問題，你才學會了生活。

互相批評的畫家

在巴黎有兩位畫家都享有盛名。這兩人不相往來，卻又密切注意著彼此的一舉一動，但是兩人心裡誰也不服對方。

兩人時常在媒體上互相指責批評：「他最近的一部作品，布局一點都不協調，簡直就是塗鴉。」要不然就是「他的畫蒼白無力，亂七八糟，不知所云！」

一次，其中一位畫家為了趕上一個國際大展，在工作室中夜以繼日地連續畫了三天三夜，除了繪畫之外，什麼都不聞不問，甚至連吃飯睡覺都在工作室裡。

就在作品快要完成的時候，有一位朋友來看他，這時畫家正在修飾作品中人物的表情。朋友剛要開口，還沒說出半個字，畫家忽然出聲大叫：「我那個死對頭，一定會在這裡雞蛋裡挑骨頭的！」

朋友不解地問他：「你既然知道他會批評這個地方，為什麼不把它畫好呢？」

畫家微微一笑回答：「我就是故意為了讓他批評才這麼畫的，如果他不再批評，我的創意也就沒有了。」

朋友這才告訴畫家他原本要說的是：「他昨天因為一場意外的車禍去世了。」

畫家手裡的畫筆一下子滑落在地上。

從此，這個畫家再也沒有獨具創意的作品出現了。

故事啟示

對手的存在讓我們可以看清楚自己。生活中缺少了對手，就好比在大海上航行失去了羅盤。

兩位書法家

有兩位書法家，練習書法的風格迥然不同。

一位極其認真地模仿古人，講求每一筆每一畫都要形似神似，長此以往，他寫的字跟古人的字唯妙唯肖，幾乎可以以假亂真。

另一位則恰恰相反，不僅苦練，還要求筆筆都要與古人有所不同，順情而致，順勢而趨。這樣，他才覺得自己的字有所突破。

一天，兩位書法家相遇了。第一位書法家嘲笑第二位書法家：「請問仁兄，您的字有哪一筆是古人的啊？」

第二位書法家聽了並不生氣，而是笑瞇瞇地反問了一句：「也請問仁兄，您的字究竟哪一筆是您自己的？」

第一位書法家聽了，頓時張口結舌。

故事啟示

生命的價值在於創造。如果你一味地跟在別人屁股後面學，那你只能做一輩子的學徒若想成為大師，就得有所創新，與眾不同。

賣藝人和富翁

很久以前，有個窮苦的賣藝人，他老是埋怨自己的命運不好。他每天工作時總是心不在焉，回到家裡後也不好好鑽研技術，而是天天跑到鄰近的富翁家裡去串門子。因此，他的顧客越來越少，日子也一天比一天更難過。

這一天，賣藝人又到富翁的家裡去串門子。他輕輕地敲敲門，小心翼翼地走進富翁的客廳。客廳裡的陳設既考究又華美。他摘下帽子，畢恭畢敬地給主人鞠躬。

「你缺什麼？」富翁問，「我見你常來我家串門，見了我就鞠躬，最後又不聲不響、兩手空空地走回家去。說吧！你想要什麼就開口，千萬別客氣。」

「謝謝您，老爺。」賣藝人恭敬地說，「我到您這兒來是想看一看有錢人是怎麼過日子的。這樣，多少可以排遣我心裡的鬱悶。用自己的眼睛

欣賞富翁的奢華，也算是窮漢的一種樂趣。很可惜，我們卻沒有這樣的福分，在你們周圍住著的都是像我這樣的窮光蛋。他們的生活沒有什麼可看的，你們的愁悶又從何排遣呢？」

故事啟示

「臨淵羨魚，不如退而結網。」那些不把精力用在工作上，不努力奮鬥去創造美好生活，而只會消極地羨慕別人的富裕並自以為是的人是十足的蠢人。

不做書本的奴隸

古時候有一個名叫王壽的書生，在外地求學。他酷愛讀書，樂此不疲。那時的書，是抄寫在竹片上，再用皮革串起來的。王壽為了抄書，在自己家的房前房後種滿了竹子。他每天的時間除了吃飯睡覺都用來借書、抄書、看書。

有一年，王壽的母親去世了，他要到東周奔喪。他隨身背了一些書，準備途中抽空看看。這些書很重，只走了幾里路，他就累得喘不上氣來。他只好坐在路口休息，並隨手抽出一冊書來讀。

這時有個叫徐馮的隱士從此處路過，見他背著這麼多書，就停下來跟他打招呼，並說：「你讀這麼多書，有什麼用？」

王壽是第一次聽見有人否定讀書，不禁愣住了。

徐馮笑笑說：「人是要做事情的。做事，要依據不同的時間、不同的環境而有所不同。比如少年時、歡愉時，可以狂放一些；老成時、主持禮儀時，就應該持重一些；國家太平時可以出來治事；國家動盪時最好退而隱居。所以，聰明的人做事情不是一成不變的。書是記載言論和思想的。

言論和思想又是由於人的勤奮思考而產生的，所以人的智慧並不是以藏書多少來衡量的。你是聰明人，為什麼不去勤於做事和勤於思考，卻要背著這累人的東西到處走呢？」

王壽聽了，如夢初醒，再三拜謝徐馮，還當場燒了自己所帶的書，一身輕鬆地去了東周。

這個王壽，幸虧有高人指點，使他大徹大悟，要不然一輩子就被這些「死知識」耽誤了。

故事啟示

我們往往以為，讀書學習是連在一起的，不是兩個詞，而是一個詞，好像讀書就是學習，學習就是讀書。其實，學習未必是讀書，讀書也未必是學習。無論是知識、經驗，還是做人做事的理念，未必都是從書本上得來的。只要能學到而且有用，無論是從哪裡得來的，都是學習。

一念的智慧

劉邦得了天下之後大封功臣，已封了二十餘人，其他有功的將領，日夜都在爭論誰的功勞大，得不出結論，因此沒有繼續下去。

有一天，劉邦在洛陽南宮，遙遙望見將領們三五成群，經常在洛水沙灘上聚會。劉邦問張良：「他們談些什麼？」

張良說：「難道你不知道他們正在謀反？」

劉邦說：「天下已經安定，為什麼還要反？」

張良說：「陛下原來不過是一介平民，靠他們的效忠，才取得天下。而今，您當了皇帝天子，封的全是您的親戚和老友，殺的全是您的仇家。

這些將領生怕您從此不再封賞，又生怕久而久之，您想起他們過去偶然犯的錯，會興起殺機。軍心不穩，所以才聚在一起，密謀叛亂。」劉邦很憂愁地問張良應該怎麼辦？

張良說：「您生平最憎恨、最厭惡，而大家又都知道的是誰？」

劉邦說：「雍齒，他跟我有舊怨，又不斷欺負侮辱我，我早就想把他殺掉了；只因他立下不少功勞，於心不忍。」

張良說：「請立刻冊封雍齒，其他人的異謀自然平息。」於是劉邦擺下筵席，封雍齒為什方侯，然後下令催促宰相、檢察官們迅速評估各將領的功勞，用來作為分封的根據。筵席之後，將領們皆大歡喜。

張良是劉邦的智囊，趁著劉邦詢問的機會，促使劉邦檢討反省，改變心意。只有在上位的人不徇私，當下屬的不猜疑，國家才能安定。像張良這樣的人，史學家司馬光認為是最懂得規勸的人。

故事啟示

規勸和被規勸的人，都必須有轉識成智的功夫。他們在一念之間可能殺人，轉念之間就可以安邦定國。

一棵不知名的樹

前幾年，晶晶的家從鄉下搬到城裡。

新家是一棟二層小屋，樓下是一個大院子，院子裡還長著前主人種下的蔬菜。自從他們搬進來後，院子裡的菜地就漸漸荒蕪了。過了兩年，不知什麼時候原來長著菜的那塊地裡長出了一棵小樹，大家都不知道是什麼樹。

一天，晶晶摘了一片樹葉帶到學校遞給生物老師。老師看了後說：「這應該是李子樹的樹葉。」回到家裡晶晶就告訴父母，這是一棵李子樹。

後來，爺爺從鄉下來了。爺爺剛進門，晶晶就對他說：「爺爺，你看我們這裡有一棵李子樹！」爺爺一看，「這哪是李子樹，李子樹我還沒見過嗎？」爺爺笑了笑說：「這是一棵櫻桃樹，就快開花了！」

於是，晶晶一家一直等著櫻桃樹開花，等著品嘗新鮮的櫻桃。小樹終於開花了，花謝後結了一些很小的果子，可是還沒長大就慢慢地都掉光了。一直到前年，晶晶家拆遷時，一個工人喊道：「這是誰家的核桃樹，再不遷走就沒了？」

「這不是一棵櫻桃樹嗎？怎麼會是核桃樹呢？」晶晶問那個工人。

「櫻桃樹？你看那樹葉底下不是結了一個核桃嗎？」晶晶順著工人手指的方向看過去，果真有一個核桃掛在那裡。

十幾年過去了，晶晶一家一直把一棵核桃樹當成櫻桃樹。要不是它結了果的話，恐怕到現在他們還在等著吃櫻桃呢？

故事啟示

當感到人們對你的評價不公平時，你的辯解只是徒勞。如果希望人們看清自己，那就拿出自己的行動，用自己的成果來證明自己。

第十章
豁達面對人生，人生終將美好

如果當下的人生已經令自己不太滿意，而且不管你如何面對都無法改變。那麼你所能做的就是豁達地面對現在的處境，積極進取，為將來能夠獲得美好的人生而努力。如此一來，你才可能在將來無悔於自己的人生。

賺到的全是快樂

在一個小鎮裡有一對夫妻。男人在外面開了一家公司，生意興旺。他沒日沒夜地忙碌，很少在家。兒子去很遠的地方讀書，幾個月才回家一次。女人一個人在家裡，終日無所事事，日子過得很不快樂。

男人想讓她快樂起來，就讓女人去親戚朋友家串串門子，跟他們聊聊天、打打麻將。於是，女人去親戚朋友鄰居家裡串門子、聊天、打麻將，果然開心了一段時間，但話題聊完了，麻將打膩了，她又變得不開心了。

有一天，女人對男人說自己想開間花店。在女人看來，這裡還沒有人開，一定能賺錢。男人同意了，花店很快開張了。女人每天去花店做生意，她變得忙碌起來。來買花的人很多，女人做得很開心。

可是過了幾個月，男人算了一筆細帳，發現女人根本不是經商的料。她經營的花店不但不賺錢，反倒賠進去不少。

一個朋友問他：「你老婆的那間花店還開嗎？」

他說：「還開。」

「賺了多少？」

他笑了笑說：「錢是一分沒賺到，賺的全是快樂。」

故事啟示

這個世界就是這樣，並不是每個人都有錢，有錢的人也不一定都快樂。然而，有錢和快樂哪一個更重要？賺快樂比賺錢更重要。

與歡樂同行

接連遭遇了失戀、失業以及友情的背叛等諸多情感與心理打擊後，俊偉對人生失去了信心。他常常感嘆自己付出了那麼多，為什麼只收獲了如此多的傷心與失望？

為了逃避熟人的眼光與他們無處不在的憐憫，他獨自前往陌生的城市尋找一個安身立命的地方。然而，求職十分困難，他心裡不由得暗暗地打了一個寒顫。好在最後一刻，他找到了一份醫院打工的工作，而這份工作也是因為當時「SARS」流行，人們對醫院這個地方避而遠之留出來的空缺。

在這樣的生活中，俊偉的心裡哪還有青春的快樂？想想與他同齡的人都已經事業有成或者漸入正途，而他卻獨自流浪在外，淒涼之感就像冬天的寒風呼嘯不止。

一位年輕的護士經常和他一起值班，看出了他沉悶的心情，就經常開導俊偉：生活中的不如意不要放在心中，要多想想美好的未來。她經常用她那好聽的嗓音給他朗誦普希金的詩：假如生活欺騙了你，不要憂鬱也不要憤慨，相信吧，快樂的日子就要到來。

看到俊偉有了笑意，她就像哲人似的對他說：在生活中，你笑對生活，就會得到歡樂的心情；你若惆悵著行走，就只能收獲惆悵的心境。

有一天，那個年輕的小護士沒有來，以後也一直都沒有來。俊偉問醫院其他的人，才知道這個小護士已經離開了這個世界。她患有白血病，一直沒有找到合適的骨髓配型。直到生命的最後，她都把微笑帶給每一位病人。

俊偉想到自己所經歷的痛苦和她承受的一切相比，是多麼微不足道。俊偉一下子釋然了。

此後，俊偉學著忘掉苦難和不幸，在心裡裝滿快樂。一時不能完全丟掉的悲苦，他也會把它們壓縮到最小的程度，讓自己的心情與幸福快樂接觸得多一些。日子果然不斷地變得明亮起來，未來也在他不斷地尋找中漸漸地明朗清晰起來。

故事啟示

每個人的生活中都會出現大大小小的挫折，無論遇到什麼樣的挫折，我們都應該以快樂的心態對待生活。這樣，幸運女神就會永遠在我們身邊。背負不幸攀登，心中承受的就是苦難；帶著快樂行走，你就會被快樂感染。

微笑面對死神

一座火山爆發後，隨之而來的土石流狂瀉而下，迅速流向山腳下不遠處的一個小村莊。農舍、良田、樹木，一切都沒有躲過被毀的劫難。

滾滾而來的土石流驚醒了一位正在睡夢中的小女孩。流進屋內的土石流已上升到她的頸部。小女孩只露出雙臂、頸和頭部。及時趕來的營救人員圍著她一籌莫展。因為對於遍體鱗傷的她來講，每一次的拉扯無疑是一種更大的肉體傷害。此刻房屋早已倒塌，她的雙親也被泥石流奪去了生命，她是村裡為數不多的倖存者之一。

當記者把攝影機對準她時，她始終沒叫一個「疼」字，而是咬緊牙微笑著，不停地向營救人員揮手致謝，兩隻手臂做出表示勝利的「V」字形。她堅信政府派來的救援部隊一定能救她。可是，營救人員最終也沒能從固若金湯的泥石流中救出她。而她始終微笑著揮著手，直到一點一點地被泥石流所淹沒。

在生命的最後一刻，她臉上沒有一點痛苦失望的表情，反而洋溢著微笑，而且手臂一直保持著「V」字形。那一刻彷彿延伸為一個世紀，在場的人含淚目睹了這莊嚴而又悲慘的一幕，心裡都充滿了悲傷。世界靜寂，只見靈魂獨舞。

故事啟示

死神可以奪去人的生命，卻奪不去在生死關頭那個「V」字所蘊涵的精神。穿透靈魂的微笑，常常在生命邊緣蘊涵著震撼世界的力量，讓生命所有的苦難如輕煙一般飄散。

我比你更快樂

富人用憐憫的口氣對窮人說：「不用說，你的痛苦與煩惱一定比我多。」

「為什麼？」窮人問。

富人說：「我擁有那麼多的財富，但我還是不知足，每天還在為賺更多的錢而苦惱不已！」

「你是說我會因為不能擁有財富而更加苦惱嗎？」窮人問道。

「是的。」富人說。

窮人開心地笑了，說：「恰恰相反，聽了你的話，我覺得我比你更富有，也更快樂了！」

「為什麼？」富人問。

窮人說：「因為我內心非常充實快樂，這筆財富你能買到嗎？」

故事啟示

金錢不是萬能的，你所有的財富買不到一天的時間。人活著不是只以賺錢為目的，應學會享受人生。人生最大的財富是內心的快樂，而非建立在富與窮的概念上。只有知足，才會常樂。

喜歡的天氣

用餐的客人問服務生：「明天的天氣預報如何？」

服務生肯定地說：「會是我喜歡的天氣。」

客人不解地問：「你怎麼知道正好是你喜歡的天氣？」

服務生說：「我發現環境不是經常能如我意，所以，我便學習歡喜地去面對我所遇到的一切。因此，明天的天氣一定是我喜歡的。」

故事啟示

你的態度決定你的心情，影響你的健康，甚至改變你今天的際遇。凡事多往好處想，這是心理健康之道，也是幸福快樂的不二法門。

無法流淚就微笑

故事的主角叫辛蒂。她不同於正常人的地方在於她住在美國一座山丘上一間特殊的房子裡。這間房子是一間不含任何有毒物、完全以自然物質搭建而成的，裡面的人需要透過人工灌注氧氣，並只能以傳真與外界聯絡。

事情發生在 1985 年，當時她拿起殺蟲劑滅蚜蟲，卻感覺到一陣痙攣，原以為那只是暫時性的症狀，不料竟伴隨自己的後半生。殺蟲劑內含的化學物質使辛蒂的免疫系統遭到破壞。從此，她對香水、洗髮水及日常

生活中可能接觸到的化學物質一律過敏，連空氣也可能使她的支氣管發炎。這種「多重化學物質過敏症」是一種慢性病，目前無藥可醫。

患病的頭幾年，辛蒂睡覺時口水流淌，尿液變成了綠色，汗水與其他排泄物還會刺激背部，形成疤痕。辛蒂所承受的痛苦是常人難以想像的。1989 年，她的丈夫吉姆以鋼與玻璃為她蓋了一個無毒的空間，一個足以逃避所有威脅的「世外桃源」。辛蒂所有吃的、喝的都得經過選擇與處理，她平時只能喝蒸餾水，食物中不能有任何化學成分。

多年來，35 歲的辛蒂沒有見過一棵花草，聽不見悠揚的聲音，感覺不到陽光、流水。她躲在無任何飾物的小屋裡，飽嘗孤獨之餘，還不能放聲地大哭。因為她的眼淚跟汗一樣，可能成為威脅自己的毒素，但堅強的辛蒂並沒有在痛苦中自暴自棄。

她想，事實既已如此，自暴自棄只能毀滅自己，自己所能做的就是不僅為自己，也為所有化學汙染物的犧牲者爭取權益而奮戰。生活在寂靜的無毒世界裡，辛蒂卻感到很充實。因為不能流淚的疾病，讓她選擇了微笑。

故事啟示

無法流淚就微笑，看似無奈的表白，實則是歷經磨難後的坦然。人的一生不可能不經歷風雨，不遇到挫折，不要抱怨生活對自己的苛刻，重要的是用什麼樣的心態對待人生。在困苦的逆境中掌握方向，不屈奮鬥，迎接苦難的挑戰，自會迎來人生的另一片天地。

趕考秀才遇見出殯

兩個秀才進京趕考，途中遇見出殯的隊伍。

甲秀才覺得晦氣、倒楣，碰上這種不吉利的事情，肯定不是好兆頭。乙秀才覺得高興，看見棺材就想到，棺材 —— 當官發財，象徵我一定能考中。

後來，甲秀才名落孫山，乙秀才高中榜首。他們都覺得自己碰到的事情十分的靈驗。

故事啟示

同樣的兩個人，遇到同樣的事情，因為不同的心態，而產生不同的結果。不管面對什麼事情，我們都要保持積極向上的樂觀精神，方能笑傲人生。

陌生環境裡的微笑

傍晚時分，忙碌了一天的子揚拖著疲憊不堪的身子，被瘋狂的人群擠上了一輛幾乎要飽和的車子。

擁擠的人群，悶熱的車廂，再加上堵塞的交通，子揚幾乎要窒息了，心情更是壞到了極點。忽然，他發現趴在前面一位中年婦女肩上的小女孩，正在用奇怪的眼光看著自己。子揚心想，她也許是被自己的表情嚇壞了。

為了讓她轉移目光，子揚勉強地揚了揚嘴角，給了她一個敷衍的笑容。然而，使他大為震驚的是，她隨後也給了子揚一個燦爛的笑容。更奇怪的是，當子揚與這個小女孩一次又一次地交換彼此的微笑時，他已經完全忘記了繁忙的工作、擁擠的人群以及那悶熱的車廂了，只覺得彷彿有一種新鮮的血液正在不斷地流入自己的體內，倍感年輕與精神。

長久的微笑能使人年輕。就算是最短的微笑，也會使人增添勇氣。這大概就是微笑的力量吧！

雖然時隔已久，但是那個小女孩天使般的微笑仍時時浮現在子揚的眼前，不斷提醒著他要對別人微笑，也要對自己微笑。

故事啟示

學會在陌生的環境裡微笑，是一種自尊、自愛、自信的表示。學會在陌生的環境裡學會微笑，你也就學會了怎樣在陌生人之間架起一座友誼之橋，掌握一把開啟陌生人心扉的金鑰匙。

兩個水桶

兩個水桶一起被吊在井口上。

其中一個水桶對另一個水桶說：「你看起來似乎悶悶不樂，有什麼不愉快的事嗎？」

「唉，」另一個水桶回答，「我常常在想，生活好沒意思。經常是才重新裝滿，隨即又空著下去。」

「啊，原來是這樣，」第一個水桶說，「我倒不覺得如此。我一直是這樣想：我們空空地來，裝得滿滿的回去！」

故事啟示

很多事情，站在不同的角度，便會有不同的看法。與其愁苦自怨，倒不如換個角度，轉變一下心情。正面的思想帶來積極的效果，負面的思想帶來消極的效果，選擇哪一種在於你自己。

四個人過鐵索

有一處地勢險惡的峽谷，澗底奔騰著湍急的水流，而所謂的橋則是幾根橫亙在懸崖峭壁間光禿禿的鐵索。

一行四人來到橋頭，一個盲人、一個聾子以及兩個耳聰目明的正常人。四個人一個接一個抓住鐵索，凌空行進。

結果呢？盲人、聾子過了橋，一個耳聰目明的人也過了橋，另一個則跌下深淵喪了命。

難道耳聰目明的人還不如盲人、聾人嗎？

是的！他的弱點恰恰源於耳聰目明。

盲人說：「我眼睛看不見，不知山高橋險，心平氣和地攀索。」

聾人說：「我耳朵聽不見，不聞腳下咆哮怒吼，恐懼相對地減少很多。」

那個過了橋的耳聰目明的人則說：「我過我的橋，險峰與我何干？激流與我何干？只管注意落腳穩固就夠了。」

故事啟示

積極地面對周圍的環境，不要被虛張聲勢所威嚇，因為那多半都是紙老虎。唯有一顆坦然面對而又積極進取的心，才可排除虛張聲勢對你的威嚇。

暴風雨過後的工地

一位工程師帶隊修築一條河堤，突然暴風雨來臨，所有的機器設備來不及撤走，就被大水淹沒了，剛剛起步的工程也被全部摧毀了。

洪水退去後，留下遍地泥濘和亂七八糟的機器。工人們看到被破壞的工地，不禁悲從中來。

「你們怎麼都哭喪著臉？」工程師笑著問大家。

「你沒看見嗎？」一個工人哭喪著臉說，「工地全完了！」

「我不這樣認為，」工程師爽朗地說，「雖然現在遍地泥濘，機器東倒西歪布滿泥漿，但我看到的是蔚藍的晴空，當太陽出來後，泥濘還會長久嗎？」

這位工程師就是後來成為汽車業鉅子的亨利·福特。

故事啟示

以積極的心態面對突來的困難，你會發現，並非全無希望。振作精神，就一定能夠將希望實現。

老太太的擔憂

有位老太太生了兩個女兒，大女兒嫁給了傘店老闆，小女兒當上了洗衣坊的女老闆。於是，老太太整天憂心忡忡，每逢遇上下雨天，她擔心洗衣作坊的衣服晾不乾；每逢遇上晴天呢，她又生怕傘店的雨傘賣不出去，天天為女兒擔憂，日子過得十分憂鬱。

後來，一位聰明人告訴她：「老太太，您真是好福氣！下雨天，您的大女兒家生意興隆；大晴天，你的小女兒家顧客盈門，哪一天您都有好消息啊！」

故事啟示

在現實生活中，很多人總是被事情的陰暗面困擾著，從來都沒有換個角度去想一下。天氣還是老樣子，只是腦筋變了變，生活的色彩竟然煥然一新。

電話中的聲音

某公司的人力資源主管為了找一個電腦博士幾乎傷透腦筋，他最後找到一個非常好的人選，剛剛從名牌大學畢業。

幾次電話交談後，人力資源主管知道還有幾家公司也希望博士去，而且都比他們的公司大，比他們的公司有名。當博士表示接受這份工作時，人力資源主管非常高興，也非常意外。

博士上班後，人力資源主管問他：「為什麼放棄其他更優厚的條件而選擇我們公司？」

博士說：「我想是因為其他公司經理的話語聽起來總是冷冰冰的，商業氣息很重，讓我覺得好像求職應徵只是另一次生意上的往來而已。但您的聲音，聽起來很真誠。我似乎看到，電話的那一邊，您正在微笑著與我交談。」

故事啟示

微笑不用成本，卻創造出許多價值。微笑能讓人覺得你親切可愛；微笑能使人覺得你從容不迫；微笑能化解壓抑的氣氛；微笑使生活變得輕鬆。微笑，是人生最重要的力量。

十二次的微笑

在飛機起飛前，一位乘客請求空姐為他倒一杯水吃藥。空姐很有禮貌地說：「先生，為了您的安全，請稍等片刻。等飛機進入平穩飛行後，我會立刻把水送過來，好嗎？」

十五分鐘後，飛機早已進入了平穩飛行狀態。突然，乘客服務鈴急促地響了起來，空姐猛然意識到：糟了，由於太忙，她忘記幫那位乘客倒水了！當空姐來到客艙，看見按響服務鈴的果然是剛才那位乘客。她小心翼翼地把水送到那位乘客跟前，面帶微笑地說：「先生，實在對不起，由於我的疏忽，耽誤了您吃藥的時間，我感到非常抱歉。」

這位乘客抬起左手，指著手錶說道：「怎麼回事，有妳這樣服務的嗎？」空姐手裡端著水，心裡感到很委屈。但是，無論怎麼解釋，這位挑剔的乘客都不肯原諒她的疏忽。

接下來的飛行途中，為了補償自己的過失，每次去客艙給乘客服務時，空姐都會特意走到那位乘客面前，面帶微笑地詢問他是否需要水，或者別的什麼幫助。然而，那位乘客餘怒未消，擺出一副不合作的樣子。

臨到目的地前，那位乘客要求空姐把留言本送過去，很顯然，他要投訴這名空姐。此時，空姐心裡雖然很委屈，但是仍然不失職業道德，顯得非常有禮貌，而且面帶微笑地說：「先生，請允許我再次向您表示真誠的歉意，無論你提出什麼意見，我都將欣然接受您的批評！」

那位乘客臉色一緊，嘴巴本準備說什麼，可是卻沒有開口。他接過留言本，開始在本子上寫了起來。當飛機安全降落，所有的乘客陸續離開後，空姐心想：「這下完了。」

沒想到，等她打開留言本，卻驚奇地發現，那位乘客在本子上寫下的並不是投訴信，相反的，是一封熱情洋溢的表揚信。是什麼使得那位挑剔的乘客最終放棄了投訴呢？

在信中，空姐讀到這樣一句話：「在整個過程中，您表現出真誠的歉意，特別是您的十二次微笑，深深打動了我，使我最終決定將投訴信寫成表揚信。您的服務品質很好。下次如果有機會，我還將乘坐這家航空。」

故事啟示

微笑可以挽救生命，微笑可使官司勝出，微笑可以消除隔閡，可見，微笑的力量真的是舉足輕重、不容忽視。只有微笑，才能使我們享受到生命底蘊的甘醇，超越悲歡。

長相不佳的「醜醜」

公司辦公室來了一位新同事。有幾個好事的女孩給他取了個外號叫「醜醜」，他確實長得不太好看，矮矮的個子，胖乎乎的，臉上還有一塊胎記。這個外號很快在公司裡傳開了。有些人甚至找藉口跑到辦公室來看他到底長成什麼樣子。

辦公室的同事認為他一定會很生氣，因為誰都看得出來他們是來做什麼的。沒想到這位「醜醜」不但不生氣，還滿臉微笑，熱情地做自我介紹，主動和他們聊天。

他的微笑說不上迷人，卻讓人感到暖洋洋的。不知不覺當中，他和辦公室的其他人都成了好朋友。現在「醜醜」已經成為一個暱稱了。

有一次，一個同事忍不住問他：「你知不知道你剛來的時候，大家都怎麼看你？」

他笑著說：「肯定是說這人長得真醜！從小就這樣了。」

同事接著又問：「那你還笑得出來？」

他笑了一下，講了自己的故事：小的時候，同學都拿他的長相開玩笑，替他取了各種難聽的外號，甚至連他的原名都被人忘記了。

對此，「醜醜」當然相當的自卑，但媽媽卻經常鼓勵他：「天生我材必有用！雖然你長得不好看，但只要你用功讀書，將來考上好大學，他們佩服你還來不及呢！」

從那以後，「醜醜」把心思都用在了課業上，不再去理會同學們對自己的稱呼與看法。最後，他如願以償地考上了國立大學。在大學裡，他仍然把心思用在課業上，更不在意別人說他什麼了。出社會後，他很快成為某間工廠的核心技術人員。

「醜醜」說，在苦笑與微笑之間繞了個圈子，他終於明白了，只有微笑才能拉近人與人之間的距離。

故事啟示

每當黎明醒來，給自己一個微笑，驅走心頭大大小小的不快；每天上班路上，給朋友一個微笑，帶給對方一天的快樂。人生路漫漫，帶著微笑啟程，你就會擁有一張永久的通行證。

讓自己學會微笑

在進入一家家具公司之前，她先後做過不少工作——承包過農田，賣過襪子，還賣過冰棒，但是都沒有賺到錢。她是個已離異的女人，沒有年齡優勢，長相不出眾，學歷也低。但她必須到外面去謀生，孩子還小，生活重擔都壓在了她的身上。就在這種情況下，她應徵到這家由新加坡人投資的家具公司當工人。

最初同意留下她的是那位領班，為人很正直。她很珍惜這份工作，除了本職工作外，還盡量做些力所能及的分外工作。半年後，她被轉為正式工人。

有一次，一個木材商因為木料驗收問題和他們的老闆發生了激烈爭吵。在領班的推薦下，她介入了這件事，處理得很完善。她也由此得到了老闆的賞識，並獲得了一千元獎金。

這件事過去後，她高興了一陣子，但馬上又被悲觀的現實拉回到愁眉苦臉的狀態中。需要補充的是，她在這個家具公司工作了一年多時間，基本上就沒有展露過笑臉，而且，天天穿著那套老舊的工作服，即使是下了班也懶得脫下來，就更不用提打扮和化妝了。那段時間她的生活真是一團糟。

後來，領班榮升為公司經理助理。在大家的眼中，他留下的領班位置非她莫屬。但很意外的，經理助理提議讓另外一個人來頂替他的空缺。她有點疑惑地接受了這個結果。一天，經理助理把她叫去，對她說：「妳怎麼每天都沒有笑容呢？」

她說：「就我們眼前這些工作還需要笑嗎？」

經理助理顯得嚴肅起來：「還真讓妳說對了。依我看，做什麼都需要笑。妳要是會微笑，做同樣的事，就能比別人省不少力氣；相反的，如果天天緊繃著臉，要取得同樣的成績，妳就要比別人多付出勞動，因為妳的呆板損害了你的努力。我們之所以把領班這個位置安排給另外一個人，就是因為她比妳樂觀。」

故事啟示

給生活一個真誠的微笑，在疲憊枯燥的生活裡，我們將擁有一份灑脫和美麗。如果生活中的我們都學會微笑，那麼朋友之間、同事之間相處得會更加融洽，生活將會以另一種色彩出現在我們的眼前。

鳥兒和松鼠

在一個春光明媚的早晨，有一隻漂亮的鳥兒站在樹枝上歌唱，樹林裡到處充滿了牠甜美的歌聲。

一隻松鼠從樹洞中探出頭來，大聲喊道：「閉上你的嘴，不要發出這種可怕的聲音。」

鳥兒回答：「你看，新鮮的空氣，美好的景色，綠得發亮的樹葉，燦爛的陽光，我的內心無比歡暢，我無法不歌唱。」

「是嗎？」松鼠眼中充滿迷惑，「這個世界美麗可愛嗎？根本不可能。世界上的任何事情都是毫無意義的。我憑藉多年的生活經驗，很清楚這一點。」

快活的鳥兒反駁說：「松鼠先生，你到我這兒看看吧！看看太陽、看看森林，看看這美麗可愛的世界，呼吸一下新鮮空氣，你就會有和我同樣的感受！來吧，讓我們的歌聲響遍世界。」

故事啟示

烏雲與悲傷總與悲觀為友，美好與快樂總與樂觀相伴。感受每一刻的清新空氣，感受每一刻的溫暖陽光，學會享受每一刻的生活。

沒鞋穿與沒有腳

在講到自己從不抱怨命苦時，著名詩人薩迪說了他的一次遭遇。

一次，薩迪沒有錢買鞋，只能赤腳到教堂去。在走進教堂前，他確實感到沮喪和不幸，但當他在禮拜堂裡看到一位沒有腳的人時，才發覺自己並非是這個世界上最不幸的人，從此他不再以窮困得沒有鞋子為苦。

為此，薩迪寫下了如下的詩句：

「在飽足人的眼中，燒鵝好比青草；在饑餓人的眼中，蘿蔔便是佳餚。」
「人們在沙漠中口渴難耐時所期望的，並非一袋鈔票或珠寶，而是一瓢能解渴的涼水。人們在身無分文時所期望的，並非腰纏萬貫，而是能解決有米之炊。」

故事啟示

在不知足時，想到還有比你更艱難的人，你便會發現自己生活得也很幸福。一個人，只要盡了自己最大的努力去創造，就算沒有辜負此生。

全然滿足的人

有一個老人在自家門口的一塊空地上，豎起一塊牌子，上面寫著：「此地將送給一無所缺、全然滿足的人。」

一個富有的商人，騎馬經過此處看到這個告示牌，心想：「此人既要放棄這塊土地，我最好捷足先登把它要來。我是個富有的人，擁有一切，完全符合他的條件。」

於是，他叩門說明了來意。

「您真的全然滿足了嗎？」老人問他。

「那當然，我擁有我所需要的一切。」

「果真如此，那您還要這塊土地做什麼？」

故事啟示

人的欲望沒有滿足的時候，越是富有的人，占有欲越強烈。人世間的痛苦大多都是來自於欲望的不滿足。企圖透過物質的富足帶來精神的快樂是不可能的。

落水的年輕人

有個年輕人仗著膽子大，在過一座很窄的橋時也不肯下車，結果連人帶腳踏車一頭栽進了河裡。河水有一人多深。就在大家的驚呼聲中，這個年輕人從水裡冒了出來。圍觀的人們把他拉了上來。

上岸後，這個年輕人沒有半絲的驚慌，反而哈哈大笑起來。人們都很奇怪，以為他嚇瘋了。有人便問他：「你怎麼還笑啊？」

「為什麼不笑？」年輕人笑著反問道，「我好好地活著，又沒受一點傷，難道不值得笑嗎？」

故事啟示

活著，就是上天給我們最大的恩賜。悲觀者的眼裡看到的盡是不幸；樂觀者卻能在不幸中看到幸運。好好珍惜每一天，對於活著的我們來說，一切都是美好的。

解脫煩惱的祕方

一個年輕人四處尋找解脫煩惱的祕方。他見到山腳下綠草叢中一個牧童在那裡悠閒地吹著笛子，十分逍遙自在。

年輕人走上前詢問：「你那麼快活，難道沒有煩惱嗎？」

牧童說：「騎在牛背上，笛子一吹，什麼煩惱都沒有了。」

年輕人試了試，煩惱仍在。於是，他只好繼續尋找。

年輕人來到一條小河邊，見到一位老翁正專注地釣魚，神情怡然，面帶悅色，於是便上前問道：「您能如此投入地釣魚，難道心中沒有什麼煩惱嗎？」

老翁笑著說：「靜下心來釣魚，什麼煩惱都忘記了。」

年輕人試了試，卻總是放不下心中的煩惱，靜不下心來。於是，他又往前走。他在山洞中遇見一位面帶笑容的長者，就又向他討教解脫煩惱的祕方。

老年人笑著問道：「有誰綁住你沒有？」

年輕人答道：「沒有啊？」

老年人說：「既然沒人綁住你，又何談解脫呢？」

年輕人想了想，恍然大悟，原來他是被自己設置的心理牢籠束縛住了。

故事啟示

若要從煩惱的牢籠中解脫，首先要放下心中一切雜念。正如蕭伯納所說，痛苦的原因只因花費了太多的時間去擔心自己是否幸福。

微笑的魔力

著名作家、享譽世界的安托萬．德．聖-修伯里曾是一名非常優秀的飛行員。但不幸的是，在參加一次戰鬥的過程中，他陷入了魔掌。

在獄中，一想到明天就可能被拉出去槍斃，他不禁陷入極端的惶恐與不安中。他想抽支香菸，但卻沒有火柴。安托萬鼓起勇氣向警衛借火。警衛打量了他一眼，冷漠地把火遞給了他。

當警衛幫他點火時，他們的視線接觸在一起，安托萬下意識地對著警衛微笑了一下。在這一剎那，這抹微笑如同鮮花般打破了他們心靈之間的隔閡。警衛的嘴角不自覺地也出現了笑容。警衛的眼神中少了當初的那股凶氣，並開口問：「你有小孩嗎？」

安托萬手忙腳亂地翻出了全家福照片。警衛也掏出了照片，開始講述

他對家人的期望與計畫。兩人說著說著……警衛突然打開牢門，悄悄帶安托萬從後面的小路逃離監獄，之後便轉身走了，不曾留下一句話。

微笑，溝通了兩顆心靈，挽救了一條生命。這就是微笑的魔力。

故事啟示

微笑是護膚品，塗抹在臉上，我們會更加美麗；微笑是鎮定劑，面對人生的叢生荊棘和驚濤駭浪，我們會克服困難，勇往直前。微笑著的人，善於把生活的種種意外和收穫與微笑一起，調成雞尾酒喝下去，因而就擁有了一份面對生活困境，跨越生活障礙的勇氣。

蝸牛和青蛙

有一隻蝸牛總是對一隻青蛙很有成見。

有一天，忍耐許久的青蛙問蝸牛說：「蝸牛先生，我是不是有什麼地方得罪了您，所以您這麼討厭我。」

蝸牛說：「您有四條腿可以跳來跳去，我卻必須背著我沉重的殼，貼在地上爬行，所以心裡很不是滋味。」

青蛙說：「家家都有本難念的經。您只是看見我們的快樂，沒有看見我們的痛苦而已。」

這時，有一隻巨大的老鷹突然來襲，蝸牛迅速地躲進殼裡，青蛙卻被一口吃掉了。

故事啟示

享受你的生活，不必與人比較。羨慕別人常帶給我們更多的痛苦，多想想自己所擁有的，將會帶給我們更多的感恩及幸福。

孿生兄弟

一位父親欲對孿生兄弟的兒子們做「性格改造」。一天，他買了許多色澤鮮豔的玩具給一個孩子，又把另一個孩子送進了一間堆滿馬糞的車庫中。

第二天清晨，父親看到得到玩具的孩子正泣不成聲，便問：「為什麼不玩那些新玩具呢？」

「玩了就會壞的。」孩子仍在哭泣。

父親嘆了口氣，走進車庫，卻發現那個被關在車庫中的孩子正興高采烈地在馬糞裡掏東西。

「告訴你，爸爸，」那孩子得意洋洋地向父親宣稱，「我想馬糞堆裡一定還藏著一匹小馬呢！」

故事啟示

悲觀是成功道路上的有害細菌，它會不斷地繁殖擴散，把人的心靈籠罩在陰影之下，使人失去進取的動力；而樂觀則如同明朗天空中的陽光，給人無窮無盡的鬥志和勇氣。因此，一定要做個樂觀的人，不要讓悲觀占據你的心靈。

王子選新娘

很久以前，在夏威夷有一對雙胞胎王子。有一天，國王想為兒子娶媳婦了，便問大王子喜歡什麼樣的女性。

王子回答：「我喜歡瘦削的女孩。」知道了這個消息的年輕女性都想：「如果順利的話，或許能攀上枝頭做鳳凰。」於是，大家爭先恐後地開始減肥。

不知不覺間，島上幾乎沒有胖的女性了。不僅如此，因為女孩們一碰面就互相比較誰更苗條，甚至出現了有人餓死的情況。

但後來事情的變化急轉直下，大王子因為急病過世了，倉促間國王決定由弟弟來繼承王位。於是，國王想為小王子娶媳婦，便問他同樣的問題。

「比起瘦削的女孩，我比較喜歡豐滿的女孩。」小王子說。

得知消息的島上年輕女性，又開始大吃大喝以求增肥。不知不覺間，島上幾乎沒有瘦的女性了。島上的食物被吃得亂七八糟，為預防饑荒而儲存的糧食也幾乎被吃光了。

最後，王子所選的新娘，卻是一位不胖不瘦的女性。

王子的理由是：「不瘦不胖的女性最健康。」

故事啟示

你的缺陷可能是你的優勢。不要一味地掩飾自己的缺陷，也大可不必努力克服自己的缺陷去迎合世俗。積極面對你的缺陷，放對了地方，缺陷也能變成優勢。

美麗的心情

一位女士在珠寶店的櫃檯前挑選珠寶，她把裝著幾本書的包放在旁邊。這時，一位男士也來到櫃檯前看珠寶，女士小心地把包包移開。男士卻十分生氣地瞪著女士，覺得受到了侮辱，然後就離開了珠寶店。

女士感到莫名其妙，自己又沒把他當壞人，只是好意為他挪出空間。女士也沒了心情，出門開車回家了。

在回去的路上，女士的車和一輛卡車同時抵達一個路口。女士以為卡車一定會仗著車大，搶先衝過去，下意識地減慢速度讓行，沒想到卡車先停了下來，司機探出頭來，微笑著示意女士先過。

女士開車過了路口，滿腔的不快一掃而光。

故事啟示

不要因為別人的壞情緒而影響了自己的心情。給別人一個微笑，會換來更多的微笑。

黃金變成了石頭

有一個旅行者要遠行的時候，智者把他帶到一座金庫門前，對他說：「你可以隨便拿取，但是有一個條件，你必須在路上永遠帶著它們，讓它們陪伴你全部的旅程，不能丟棄。」

於是，旅行者拿了三塊黃金。他很遺憾，由於行李太多，他只能拿三塊。

但就在行程開始的第二天早晨，旅行者一覺醒來，發現黃金全部變成了石頭。這些石頭對他來說毫無用處。

旅行者在不得不背負石塊前行的痛苦中，也暗自慶幸：「啊，幸虧我只拿了三塊。」

故事啟示

在悲傷面前不能氣餒，在快樂面前不能忘形。把悲傷看做是快樂提前的獎賞，把忘形的快樂看做是悲傷的前兆，這樣才算擁有了一個健康的心態。

悲傷的富人

一個滿面愁苦的人來到上帝面前：「主啊，我是個富人，但是人人都好像十分恨我。生活就像是一場戰爭，充滿爾虞我詐的廝殺。您幫幫我吧！」

「那你就停止廝殺呀！」上帝說。富人停止了廝殺。

沒過多久，富人第二次來到上帝面前：「主啊，可是我還是感到生活的壓力，它真是副沉重的擔子呀！」

「那你就卸掉擔子呀！」上帝說。富人非常氣憤。

不久，富人失去了所有的一切，包括他的財富和他的家人。他第三次來到上帝的面前：「主啊，我什麼都失去了，生活裡只剩下悲傷了。」

「那就不要悲傷呀！」上帝說。不再富有的富人似乎料到上帝會這樣說，這一次他沒有生氣也沒有失望，他來到一座山裡住下。

一天，他突然悲從中來，號啕大哭起來，一直哭了幾天幾夜，直到眼淚都哭乾了。他抬起頭，看見和煦的陽光正普照著大地。他再次來到上帝那裡：「主啊，生活到底是什麼呢？」

上帝笑著說：「一覺醒來又是新的一天，你沒看見正升起的太陽嗎？」

故事啟示

生活就是一天一天地過著日子，生活是歡樂，也是悲傷；是幸福，也是痛苦；是得意，也是失意；是放棄，也是擁有。每個人都有自己不同的生活，讓我們平靜地享受這屬於自己的生活。

希爾頓的微笑服務

1919 年，希爾頓把自己辛苦賺來的 3,000 美元以及父親留給他的 12,000 美元全都投資飯店了，開始了他在飯店業的冒險生涯。

憑藉著精準的眼光與良好的管理，希爾頓的資產很快就由 15,000 美元奇蹟般地擴增到幾千萬美元。他欣喜地把這個好消息告訴了自己的母親。

可是，母親意味深長地對希爾頓說：「我想，你錢多錢少對我來說，跟以前沒有什麼兩樣……你必須掌握比幾千萬美元更值錢的東西：你除了對顧客誠實外，你還得想辦法讓在希爾頓酒店住過的人還想再來住。你得想一種簡單、容易，又不花錢且長期有效的辦法來吸引顧客。只有這樣，你的酒店才有前途，也才能持續經營。」

母親的話讓希爾頓猛然醒悟，自己的酒店確實面臨著這樣的問題。那麼如何才能用既簡單、容易，又不花錢且長期有效的辦法來吸引顧客呢？

希爾頓想了又想，始終沒有想到一個好辦法。於是，他每天都到商店和酒店參觀，以顧客的身分來感受一切。他終於得到了一個答案：微笑服務。只有這種服務才能實實在在地吸引顧客。

從此之後，希爾頓就在飯店裡引入了「微笑服務」的經營理念。他要求每一個員工不管多麼辛苦，都要對顧客報以微笑，就連他自己也隨時保持微笑的姿態。

在美國經濟危機爆發的幾年中，雖然有數不清的大飯店紛紛倒閉，最後僅剩下 20%的旅館，就是在這樣殘酷的環境中，希爾頓酒店的服務人員依然保持著微笑。因此，經濟危機引起的大蕭條剛剛過去，希爾頓酒店就率先進入了黃金時代，並將觸角延伸到世界各地。

故事啟示

當你在黑夜裡踽踽獨行時，微笑會讓你看到希望的曙光；當你在事業上遭遇挫折時，微笑會重新揚起你前進的風帆；當你在生活中被雞毛蒜皮壓得喘氣不暢時，微笑會再度撐起一片豔陽天。微笑，是生活永恆的表情；微笑，是人生誠摯的伴侶。

小女孩和小松鼠

一個小女孩坐在公園的長椅上發愁，她被一場車禍奪去了一條腿。

她一定不知道，在她旁邊的草叢裡，有一隻小松鼠正悄悄地看著她。牠已經好幾天沒吃東西了，此刻正羨慕地看著小女孩陷入遐想：「如果我是這個小女孩該多好啊，哪怕是個只有一條腿的小女孩呢。」

故事啟示

不要總羨慕別人所擁有的，而要想想自己擁有的。其實，自己擁有的很多東西都是別人沒有的。好好珍惜，幸福快樂就會時常縈繞在你身邊。

放鬆自己的心情

有一個成功的企業家長期以來都過著繁忙緊張的生活，每天忙於生意與交際應酬。他每天都起得很早，有時甚至連早餐都來不及吃就得趕著去上班開會，一整天忙得不可開交，經常到三更半夜才得以休息。然而，事情好像總是做不完的樣子，時間永遠不夠用。因此，他覺得日子過得很累。

有一天，他比平常起得更早，四周還很安靜。他起身來到花園，看見花木的枝條有些雜亂，就拿起剪刀稍微修整了一下，然後沖了一杯咖啡坐下來，靜靜地欣賞眼前的一切。這個早上他過得神清氣爽，一整天都精神飽滿，心情十分愉快，他發現這種感覺很好。

從此，每天他都抽出一些時間，到花園裡放鬆自己，讓自己忙裡偷閒，體驗那種心情放鬆的樂趣。

故事啟示

生活的壓力可能讓你過得很累，適當抽一點時間放鬆心情，選擇一種讓自己愉快的方法，慰勞自己疲憊的身心，適當地休息，才能走更長遠的路。

牛與屠夫

有一天，許多頭牛聚在一起討論，牠們都想殺死宰牛的屠夫，因為屠夫從事屠殺牠們的職業。牠們聚集在一起，商量辦法，磨利牠們的角，準備戰鬥。

有一頭耕過許多田地的老牛說：「屠夫確實宰殺我們，但他是用精巧的手藝來殺我們，減少了我們的痛苦。如果沒有這些手藝高明的屠夫，而讓其他人來宰殺，我們就更加痛苦了。你們要知道，雖然我們可以殺死屠夫，但人們總還是要吃牛肉的。」

故事啟示

如果災難和死亡是不可避免的，就要勇敢地面對它。與其痛苦地死去，不如痛快地死去。

兩個農夫

兩個農夫種了同樣的農作物，取得了同樣的收成。

一個農夫想，今年雖然有了收成，但與那些很富有的人相比卻微不足道，人家一年的收入是自己的十倍乃至百倍，豐收反而使他變得更加痛苦。

另一個農夫則想，今年的收成比去年多了近三成，不僅夠一家人吃穿，而且還有儲蓄，如果這樣下去，漸漸就可以成為一個很富有的人了。他為此快樂無比。

故事啟示

事情就是這樣，同一件事情從不同的角度去思考，得出的結論也是不同的。快樂和悲觀同時存在，關鍵是自己要去尋找快樂還是尋找悲傷。

卓雅和持刀的男人

卓雅小姐打開門時，發現一個持刀的男人正惡狠狠地盯著自己。卓雅靈機一動，微笑著說：「這位朋友，您真會開玩笑！是要推銷菜刀吧？我喜歡，我要一把……」

「您很像我過去的一位好心的鄰居，看到您真的很高興，您要咖啡還是茶……」卓雅邊說邊讓男人進屋。

本來面帶殺氣的歹徒慢慢地靦腆起來，有點結巴地說：「謝謝，哦，謝謝！」

最後，卓雅真的買下了那把鋒利的菜刀。陌生的男人拿著錢，在轉身離去的時候，他說：「小姐，妳將改變我的一生！」

故事啟示

微笑的人並非沒有痛苦和眼淚，只不過我們應該把痛苦和眼淚化作心裡的一盞明燈，照耀前行的道路。微笑是一種魅力，掩蓋著振作、成熟和堅強：微笑是一種風度，飽含著友善、豁達和樂觀。

老天爺的故意刁難

有一位做生意的少年，剛在城裡完做一筆豐厚的交易，身上帶著大筆的錢，騎著馬趕路回家。

這幾天的天氣向來晴朗，不知怎麼的，途中卻忽然雷雨大作，將少年淋成了落湯雞，他漸漸心生不滿，心想一定是老天爺故意刁難他。

少年一邊趕路一邊避雨，走走停停，經過一處濃密的樹林時，突然跳出了一個強盜，手中握著一把老式獵槍對準少年。

強盜威脅說：「快把身上的錢全部交出來！否則我一槍斃了你。」

「我跟你無冤無仇，請不要傷害我，請你不要開槍。」少年慌張地乞求著。

強盜面露凶光地說：「我是這座森林的老大，想經過這裡的人都要留下過路費，看你是要留下命還是留下錢。」

這時，突然一聲雷響，驚動了少年的馬匹，馬兒發出一陣嘶鳴。強盜想威嚇少年，於是對空鳴槍，沒想到槍竟然沒響。

機不可失，少年連忙快馬加鞭，逃離那座樹林，終於擺脫了強盜的追擊。

少年鬆了一口氣，自嘲地說：「唉！剛剛還抱怨老天爺下大雨故意刁難我。如果天氣晴朗的話，強盜的彈藥沒有受潮，我一定難逃殺身之禍。」

故事啟示

人生不如意事十之八九，若你的想法是積極樂觀的，縱使不順遂之事頻頻發生，亦能逢凶化吉。只要不違背良心，踏實誠懇，一切自有天時、地利、人和的相助。

過期的青春：

人生沒有那麼多「早知道」，拋開不必要的負面心態，讓命運之神再度青睞

編　　著：莫宸，江城子
發 行 人：黃振庭
出 版 者：崧燁文化事業有限公司
發 行 者：崧燁文化事業有限公司
E-mail：sonbookservice@gmail.com
粉 絲 頁：https://www.facebook.com/sonbookss/
網　　址：https://sonbook.net/
地　　址：台北市中正區重慶南路一段六十一號八樓 815 室
Rm. 815, 8F., No.61, Sec. 1, Chongqing S. Rd., Zhongzheng Dist., Taipei City 100, Taiwan
電　　話：(02)2370-3310
傳　　真：(02)2388-1990
印　　刷：京峯彩色印刷有限公司（京峰數位）
律師顧問：廣華律師事務所 張珮琦律師

定　　價：420 元
發行日期：2022 年 10 月第一版
◎本書以 POD 印製

國家圖書館出版品預行編目資料

過期的青春：人生沒有那麼多「早知道」，拋開不必要的負面心態，讓命運之神再度青睞 / 莫宸，江城子編著 . -- 第一版 . -- 臺北市：崧燁文化事業有限公司 , 2022.10
面；　公分
POD 版
ISBN 978-626-332-807-5(平裝)
1.CST: 成功法 2.CST: 自我實現
177.2　　111015546

電子書購買

臉書